Felix R. Paturi

Schnurfiguren aus aller Welt

Hugendubel

Die Deutsche Bibliothek – CIP-Einheitsaufnahme
Paturi, Felix R.:
Schnurfiguren aus aller Welt / Felix R. Paturi. – 2. Aufl. – München:
Hugendubel, 1988
(Homo ludens)
ISBN 3-88034-378-0

2. Auflage 1992

Umschlaggestaltung: Johann Rüttinger, Uehlfeld
Produktion: Tillmann Roeder, München
Satz: Uhl + Masopust, Aalen
Druck und Bindung: Bosch-Druck, Landshut

ISBN 3-88034-378-0

Printed in Germany

Inhalt

Abb. 1 »Ma«, die »Spinne«, eine Figur von der Insel Saibai
in der Torres Strait
Bildquelle: Wolfgang Laade

Das Spiel, das die Welt umspannt

Geister und Schamanen

Die Eskimos vom Noatak-Fluß im Norden Alaskas bereiteten ein Fest vor. Sie bauten ein Tanzhaus, versammelten sich dort und schickten Läufer in die Nachbarstadt, um Gäste einzuladen. – »Ich selbst,« erinnert sich später Alak, ein Eskimo, der seine Jugend am Noatak-Fluß verbrachte, »ich selbst und ein anderer Junge wurden losgeschickt, um mehr Speisen für das Fest zu holen. Während wir fort waren, machten einige Kinder trotz der Warnung der älteren Leute ziemlichen Radau. Als ich zurückkam, schien alles normal, aber plötzlich hörte man außerhalb des Hauses einen lauten Knall und ein Geräusch wie das Rascheln trockener Tierhäute. Das Geräusch bewegte sich rund um das Haus, bis es die Tür erreichte, eine einfache Öffnung, die ein Fellvorhang verdeckte. Sogleich begann ein Nebelschwaden hereinzufließen, und hinter ihm, im Nebel versteckt, betrat der Geist der Schnurfiguren den Raum. Erst strahlten die Lampen hell auf, dann wurde ihr Schein langsam matter und matter. Wir saßen reglos, die Angst ließ uns erstarren. Eine Lampe nach der anderen erlosch, und niemand bewegte sich, obwohl ab und zu ein alter Mann rief: »Will denn niemand hinausgehen?« Im Haus wurde es dunkler und dunkler, und mein Großvater, der auf einer der Bänke saß, rief mich zu seiner Seite hinüber. Ich rannte schnell, denn ich fürchtete mich sehr, und mein Großvater nahm mich auf seine Knie. Fast alle Lampen waren erloschen, als ein alter Mann plötzlich mit einer davon hinausrannte und um das Haus lief. Der Luftzug im Freien blies die Lampe aus, aber die Leute zündeten sie wieder an, und danach auch alle anderen Lampen. Der Geist verschwand, und alles schien wieder normal zu sein; doch plötzlich wurde die Hand des alten Mannes eiskalt, und er saß taub und reglos da. Sein Bruder fragte ihn, was mit ihm sei, aber er konnte nicht antworten. Schließlich machten einige anwesende Schamanen von ihren magischen Kräften Gebrauch, und am Morgen konnte sich der alte Mann wieder bewegen, nur seine Sprache fand er erst später wieder. Hätte er nicht eine der Lampen hinausgetragen, bevor alle verlöschten, wäre jeder einzelne von uns gelähmt worden und gestorben.«

Alaks Bericht stammt aus der Zeit um 1915. Es ist durchaus nicht die einzige Gruselgeschichte dieser Art. Der Geist der Schnurfiguren ist in Alaska sattsam bekannt und gefürchtet. Alak gibt keinen Grund für das Erscheinen des Gespensts im Tanzhaus an, und er erklärt auch das raschelnde Geräusch nicht näher, das das Nahen dieses Herrn der Schnurfiguren ankündigte. Der Eingeweihte weiß Bescheid. Irgendeines der Kinder im Festsaal hat sicher eine endlose Bindfadenschlaufe zwischen seinen Fingern geschickt und kunstfertig zu Schnurfiguren verschlungen. Das hat den Geist angelockt. Er hat sich seine dürren Eingeweide aus dem uralten Leib gerissen und mit dem trockenen Gedärm selbst Schnurfiguren aufgespannt. Daher rührte das Rascheln, das so klingt wie knisterndes Pergament.

Wo immer der böse Geist auftaucht, verlöschen langsam die Lichter. Und wenn es nicht gelingt, ihn zu vertreiben, bevor die letzte Lampe ausgegangen ist, dann tötet er alle Anwesenden. Entledigen kann man sich seiner auf verschiedene Weise: Man kann eine Lampe aus dem Raum tragen und mit ihr um das Haus rennen, wie der alte Mann in Alaks Bericht es machte. Man kann aber auch blitzschnell ganz bestimmte – von Region zu Region unterschiedliche – Schnurfiguren herstellen, vor denen der Geist weicht. Wenn man gerade keine Schnurschlaufe zur Hand hat, genügt es manchmal auch, nur die entsprechenden Fingerbewegungen auszuführen, die für das Erzeugen der speziellen Figur erforderlich sind. Gelegentlich läßt sich der Geist in eine Art Wettbewerb ein. Gelingt es dem Opfer, gewisse Figuren schneller zu vollenden als er selbst, dann zieht er sich zurück.

Keine Angst vor dem gefährlichen Unhold haben manche Schamanen. Ihr Zauber ist stärker als die magischen Kräfte der Spukgestalt. Sie beherrschen den Geist und können ihn sogar zu ihrem Diener beziehungsweise zu ihrem persönlichen Schutzgeist machen. Überhaupt haben die Schamanen – die in etwa den Medizinmännern bei den Indianern entsprechen – eine starke magische Beziehung zu den Schnurfiguren. Aqsiataq, ein Eskimo vom Colville-Fluß berichtete: »Manche Schamanen beherrschen diesen Geist. Ich sah einmal einen Schamanen seine Hände ausstrecken, als würde er eine Schnurfigur aufspannen, aber an seinen Fingern war kein Faden zu sehen. Einige der (anwesenden) Männer legten ihre Gürtel über die unsichtbare Schnur, und die Gürtel schwebten aufgehängt in der Luft.«

In einer anderen Erzählung vom Noatak-Fluß beschreibt Alak, wie der Geist der Schnurfiguren aussieht. Diesmal erscheint er einem von zwei »ungläubigen« Männern, die ihn für eine Märchenfigur halten und annehmen, die Schnurfiguren stammten ursprünglich von zwei Sternen, die man nur sieht, wenn die Sonne nach der langen Polarwinternacht erstmals wieder aufgeht. Wieder schickte der Geist Nebelschwaden aus, erschien dann aber selbst in der Gestalt eines uralten Mannes. Den zwei anwesenden Schamanen gelang es, ihn zu vertreiben, bevor er den Ungläubigen lähmen und umbringen konnte.

Ebenfalls zu Beginn unseres Jahrhunderts berichtete eine Eskimofrau vom Cape Prince of Wales: »Im Gebiet der Tin City (einer verlassenen Zinnmine in der Nähe des Kaps) lebte einmal ein Junge, der all seine Abende damit verbrachte, Schnurfiguren zu machen. Eines Abends, als er sich dem üblichen Zeitvertreib widmete, betrat der Geist der Schnurfiguren das Haus, zog seine eigenen Eingeweide heraus und begann, ebenfalls Figuren zu produzieren. Die Mutter des Jungen riß ihrem Sohn die Schnur aus den Händen und schrie: ›Ich habe dir gesagt, du sollst nicht ständig dieses Spiel spielen.‹ Sie setzte sich dem Geist gegenüber auf den Fußboden und machte die Eröffnung A (je eine Doppelschlinge um Daumen, Zeigefinger und kleine Finger, mit der sehr viele Schnurfiguren beginnen), löste sie auf, machte sie erneut und löste sie wieder auf. Dann, unter dem Ausruf ›Ich war schneller als du‹ machte sie die Figur rasch ein drittes Mal und warf sie dem Eindringling ins Gesicht. Der Geist schob sich näher an die Türe, die Frau drängte ihm nach, und jeder versuchte nun, den anderen im Manipulieren der Schnur zu übertreffen. Endlich verschwand das Gespenst durch die Tür. – Die Geistesgegenwart der Frau hatte ihren Sohn und auch sie selbst gerettet.«

Abb. 2 Ein Stammeshäuptling im westlichen Hochland von Papua Neuguinea entwickelt eine Schnurfigur (Foto vor 1940)
Bildquelle: Archiv Honor Maude

Tabus

Der Ethnologe D. Jenness hat die hier wiedergegebenen Berichte und mehrere ähnliche Erzählungen während der kanadischen Arktisexpedition von 1913 bis 1918 aufgezeichnet und dabei auch verschiedene Verbote studiert, die die meisten Eskimostämme im Zusammenhang mit den Schnurfiguren beachten: Im ganzen Norden Alaskas und im Nordwesten Kanadas – an den Ufern der Beaufort See – gab es ein jahreszeitliches Tabu. Mit Schnurfiguren durfte man sich nur im Winter beschäftigen, wenn die Sonne nicht über den Horizont stieg. Mit dem Erscheinen des weißen Mannes ist dieser Aberglaube weitgehend verschwunden, aber noch Jenness berichtete, daß ein Eskimomädchen, das im Sommer Schnurfiguren zeigte, vorsorglich die Zelttür schloß, damit die Sonne nicht hinein-

Abb. 3 Eine Schnurfigur nimmt die Langeweile beim Haarekämmen auf Tahiti
Bildquelle: Archiv Honor Maude

strahlen konnte. – Einem anderen Völkerkundler, R. M. Anderson, führten im Frühling 1910 Eskimos am Coppermine-Fluß Schnurfiguren vor. Als von draußen ein merkwürdiges Geräusch in ihr Zelt drang, legten sie die Schnüre sofort beiseite und schlichen sich still davon. Ein Dolmetscher erklärte später dem Ethnologen, die Eskimos hätten geglaubt, ein böser Geist sei über sie gekommen, weil sie das Jahreszeitentabu verletzt hätten. Ein solcher Tabu-Bruch kann sogar Naturgewalten entfesseln. Als im Herbst 1915 ein junger Mann D. Jenness vor Sonnenuntergang einige Fadenspiele vorführte, machte ihn ein alter Eskimo für die Blizzards verantwortlich, die gerade wüteten.

Die Eskimos im Hudson-Bay-Gebiet teilen den Aberglauben ihrer Brüder in Alaska nicht. Sie machen ihre Schnurfiguren im Spätherbst, um die Sonne in den Maschen zu fangen und sie am winterlichen Verschwinden zu hindern. Allerdings dürfen sich hier keine Jungen an dem Spiel mit den Fadenschlaufen beteiligen. Nur für Mädchen, Frauen und erwachsene Männer ist es ungefährlich. Würde nämlich ein Junge Schnurfiguren praktizieren, dann könnte er in seinem späteren Leben als Jäger und Fischer leicht seine Finger in eine Harpunenleine verwickeln und sie dabei verlieren.

Von der Schöpfung bis ins Jenseits

Wer sich noch nie mit Schnurfiguren befaßt hat, kennt nicht den Zauber, der von ihnen ausgeht. Die merkwürdigen Eskimomythen mögen ihn befremden. Aber sie stehen keineswegs allein da. Wie ein magisches Netz umspannen die vergänglichen und immer wieder neuen Maschenwerke der »String figures«, wie die Ethnologen international die Schnurfiguren nennen, den Erdball. Es gibt keinen Kontinent, auf dem man nicht wenigstens einige derartige Fadenspiele kennt. Aber in manchen Regionen der Welt geht die Zahl der komplizierten Schnurmuster in die Hunderte. Das Fingerspiel mit den Schlaufen wird zur Manie, es erfaßt in regelrechten Epidemien Familien, Dörfer und schließlich ganze Landstriche, verschwindet dann plötzlich wieder für Monate, um irgendwann ebenso unvermittelt wieder aufzutauchen und um sich zu greifen. Volkstumsforscher haben herausgefunden, daß nicht Fußball, Handball oder sonst ein Ballspiel, nicht Kegeln oder Würfeln, nicht Sackhüpfen oder irgendeine andere spielerische Freizeitbeschäftigung historisch so lange und geographisch so weitverzweigte Wurzeln besitzt wie eben die »String figures«. Wohl schon vor Jahrtausenden wurden sie geknüpft, und die Bewohner der Gilbert-Inseln, eines Archipels in Mikronesien, sind sogar davon überzeugt, daß die Schnurfiguren so alt sind wie die Welt selbst.

Die genauen Zusammenhänge hat das Ethnologenehepaar H. C. und H. E. Maude – teilweise gestützt auf Aufzeichnungen des Erforschers religiöser und magischer Rituale, A. F. Grimble – herausgefunden: »Als am Anfang der Welt die Himmel von der Erde gehoben wurden, stand Na Ubwebwe, ein Halbgott, auf und führte während des langsamen Aufstiegs der Himmel eine Reihe von elf Schnurfiguren aus.« Noch heute sind sie auf den Gilbert-Inseln bekannt, und den Maudes gelang es, zehn davon aufzuzeichnen. Na Ubwebwe ist der Vater der Schnurfiguren. Er schuf sie zu Beginn der Welt, und er besteht darauf, daß jeder, der nach dem Tod in das Jenseits eintritt, gewisse Urfiguren beherrscht. Wenn ein Gilbert-Insulaner stirbt, dann tritt in der sogenannten »Tabe-Atu«-Zeremonie (das ist das Aufrichten des Kopfes der Leiche) ein »Weg-Ebener« an das Totenlager und vollführt dort in einem magischen Ritual fünf Schnurfiguren. Er bereitet den Verstorbenen damit auf seine Reise ins Jenseits vor. Kurz nach seinem Ableben wandert nämlich dessen Geist längs einer Reihe von Atollen nach Norden, bis er zur Insel Makin gelangt. Dort wendet er sich nach Westen und eilt den Ländern der Ahnen zu, Neineaba und Bouru. Unterwegs begegnet er Nei Karamakuna, einer Frau mit einem Vogelschnabel, die seine Tätowierungen fortpickt, oder – wenn er nicht tätowiert ist – seine Augen. Wenig später trifft der Geist Na Ubwebwe, der vor ihm eine Reihe von Schnurfiguren ausführt. Der Geist des Verstorbenen muß sie ebenfalls produzieren. Nur wenn ihm das fehlerfrei gelingt, darf er passieren, sonst verfängt er sich in den Schnüren und bleibt gefesselt hängen. Die Figurenserie beginnt und endet mit einem einfachen, Na Ubwebwe genannten Muster, das der Herr der Schnurfiguren auch als erstes erfand, als die Himmel sich erhoben.

Mythische Fadenspieler

Wie die Eskimos bringen übrigens auch die Gilbert-Insulaner ihre Schnurfiguren mit der Sonne in Zusammenhang. Aus irgendeinem unbekannten Grund fürchtet sich die Sonne – die in der Gilbert-Mythologie männlich ist – davor, abends am Westhimmel im Dunkel zu versinken. In einer Zeremonie helfen ihr die Inselbewohner dabei. Zwischen den Fingern ihrer der Sonne entgegengestreckten Arme spannen sie die Schnurfigur »Taai« oder »Namakaina« (»Sonne« oder »Mond«) auf und singen dazu »Tiroron, tiroron! Taroron, taroron! E kakana kere n Nei Kamakonokone.« (»Rolle, rolle! Rolle, rolle! Er (die Sonne) ißt die Genitalien von Nei Kamakonokone«). Der Sinn dieser Worte ist verloren. Er mag wohl auf einen uralten Mythos zurückgehen. Aber die Worte der Tiroron-Formel wurden von Generation zu Generation weiter überliefert. A. F. Grimble vermutet einen Zusammenhang mit dem trickreichen mythischen polynesischen Helden Maui, der ein Sohn der Sonne war und seinen Tod im Bauch der alten Frau des Westens, im Lande des Sonnenuntergangs, fand.

Die Bewohner der Mikronesierinsel Palau schreiben die Segnungen ihres Volkes den Chalid zu, Geisterwesen, die in den Himmeln über Palau ein herrliches Land bewohnen. Die Chalid besuchten sie früher gelegentlich und brachten ihnen das Geld, das Feuer, das Land und das Meer und auch das Schnurfigurenspiel. Chalidebóal, Geschenk der Chalid, nennen es die Insulaner deshalb. Auch für sie ist es also eine Gabe gottähnlicher Wesen.

Als Geschenk numinoser Gestalten betrachten auch die nordamerikanischen Navaho-Indianer die Schnurfiguren. Sie glauben, die mythischen Spinnenleute hätten ihre Vorväter das Fadenspiel gelehrt, während der benachbarte Stamm der Zuñi davon ausgeht, die verschlungenen Muster repräsentieren den geknüpften Schild des Kriegsgottes selbst und nur der Name des Spiels stamme von der Großmutter Spinne. In-

Abb. 4 Die Schnurfigur »Baby« (»Mapet«) von der Insel Saibai spricht für sich selbst
Bildquelle: Wolfgang Laade

teressanterweise fand der Mathematiker und Schnurfigurenenthusiast Thomas Storer im Navaho-Reservat Old Oraibe unlängst eine bisher unbekannte Schnurfigur, die das »Waffelmuster« des indianischen Friedensschilds repräsentiert und auch selbst als Friedenssymbol gewertet wird.

Eine sehr eigenwillige Auffassung vom Ursprung der Schnurfiguren haben die Yirkalla, einer der zahllosen australischen Ureinwohnerstämme, der im Norden des fünften Kontinents, in der Nähe von Buckingham-Bay, lebt. Wie die meisten »Aborigines« glaubten die Yirkalla, daß in der Urzeit Traumwesen die Welt einst mit schöpferischer Lebenskraft erfüllten. Solche Traumgestalten waren offenbar auch die mythischen Schwestern Wawalik, die in Mudawa lebten. Die »Maidka-uma«-Sage berichtet, daß diese beiden Mädchen die ersten Schnurfiguren machten. Die Schwestern werden als Wanderer in einem fremdartigen Land beschrieben, in dem sie von allen Tieren, Pflanzen und anderen Dingen, die ihnen begegneten, sogleich Schnurfiguren herstellten. Auch sie selbst und ihre Handlungen bildeten sie gegenseitig in Schnurmustern ab. In Jelganu zum Beispiel sahen sie ein Opossum. Sie töteten es, zogen seine Eingeweide heraus und machten eine Schnurfigur von einem Opossum. So oder ähnlich ist in einer langen Liste die Entstehung von nicht weniger als 92 Figuren beschrieben. Immer sind der Ort und das Objekt angegeben, oft wird das dargestellte Motiv in wenigen Worten mit einer Handlung – etwa dem Töten und dem Entfernen der Eingeweide – verbunden. Die Schwestern stellten mit ihren Schnüren laufende Vögel und Vogelnester, Fische, Schildkröten, verschiedene Säugetiere oder eine Schlange und einen Wurm ebenso dar wie Yamswurzeln, Palmen, Tümpel, das Abfüllen von Kokosnüssen in eine Tragetasche, den Sonnenauf- und -untergang oder gar das Menstrualblut der jeweils anderen Schwester. Sehr wahrscheinlich ist der Maidka-uma-Mythos recht alt, doch verarbeitet er bereits ein historisches Ereignis, das die steinzeitlich lebenden Yirkalla vor Zeiten sehr beeindruckt haben muß, denn »bei Guluana wandten sich die Schwestern um und sahen eine Prau (ein großes indonesisches Segelschiff) der Baijini nahen. So machten sie Figuren von ihrem Mast, der Prau selbst, ihrer Kabine, von Trepang (einer getrockneten chinesischen Seegurke) in einem Loch, einer Metallaxt, einem Metallmesser, einer Flagge, einer Bronzekanone, einem Revolver, von Kaliko (einem feinen Baumwollgewebe) und schließlich von der Vulva einer Baijini-Frau.« Nach weiteren Begegnungen wanderten die Schwestern von einem mythischen Ort zum anderen, bis sie schließlich auf Jappa Jappa, das zwischen den Inseln Milingimbi und Elcho liegt, von einer Schlange verschlungen wurden.

Noch im Sommer 1948 gelang es dem Völkerkundler Frederick D. McCarthy, nicht weniger als 79 der in der Yirkalla-Legende erwähnten Figuren zu sammeln und ihre Machart zu beschreiben. Darüber hinaus registrierte er weitmehr als hundert andere Schnurfiguren der Yirkalla. Dabei fand er heraus, daß die Figuren, denen der Mythos besonderen religiösen Wert beimißt, ausschließlich von Männern produziert werden dürfen, während die meisten anderen von Frauen vorgeführt werden.

Abb. 5 »Kani ukia« nennt der Fadenspieler auf der Gilbert-Insel Onotoa diese Figur
Bildquelle: Gerd Koch

Verstrickte Situationen

Noch im 20. Jahrhundert kommt den Schnurfiguren bei den Yirkalla und anderen australischen Ureinwohnern eine wichtige sozio-magische Bedeutung zu. McCarthy berichtet: »Wenn ein Jugendlicher oder ein junger unverheirateter Mann, der durch ein altes Camp geht, die Schnur aufheben würde, die irgendeine Frau weggeworfen oder verloren hat, dann würden ihn nicht nur die Verheirateten bestrafen, sondern der Ehemann würde ihn einer Liebesaffäre mit seiner Frau verdächtigen. Solche Schnüre dürfen von niemandem als den unmittelbaren männlichen Verwandten der Frau berührt werden. – Sollte ein Mann die Schnur einer Frau verbrennen, dann würde sie entweder erblinden oder ihr Körper würde infolge einer Harnsperre aufschwellen und sie müßte sterben. – Gäbe eine Frau ihre Schnur einem Mann, würde sie ihn damit zu einem Liebesabenteuer einladen. Ihr Gemahl hätte dann das Recht, diesen Mann zu bestrafen. – Ein Mann, der die Schnur einer Frau stiehlt, würde sehr wahrscheinlich von ihrem Ehemann angegriffen, denn dieser würde den Diebstahl als Absicht auffassen, seine Frau zu verhexen oder in Liebesmagie zu verstricken. – Wirft ein Mann eine Schnur fort und eine Frau hebt sie auf und trägt sie in ihrem Haar, dann weiß ihr Gemahl, daß sie mit dem Schnurbesitzer eine Affäre verbindet. Würde er ihn ausfindig machen, so wäre ihm Strafe gewiß, auf jeden Fall aber würde der Ehemann seine Frau mit einer Keule verprügeln. – Nimmt eine Frau die Schnur eines Mannes und versteckt sie in ihrer Handtasche, dann bedeutet das, sie möchte gerne mit ihm anbändeln und ihn im Busch treffen. Findet der Ehemann das heraus, dann hat er das Recht, den Schnurbesitzer zu einem Speerduell auf Leben und Tod herauszufordern. – Schickt ein Yirkalla-Mann eine Schnur und ein Liebeslied zu einer Frau in einem fernen Camp, dann wird sie diesem Liebeszauber gehorchen und bei der nächsten Gelegenheit zu ihm kommen.«

Besonders unauffällig und oft selbst von Betroffenen unbemerkt arbeitet ein Schnurzauber beim australischen Wadaman-Stamm am Oberlauf des Daly-Flusses im westlichen Arnhem-Land: Macht ein lediges Mädchen neben dem Lagerfeuer oder im Camp eine Schnurfigur, so kann deren Schatten durch die Beine in den Körper eines männlichen Besuchers eindringen.

Abb. 6 »Fakamatakupeti«, »Netzwerk« heißt zutreffend die Figur, die diese junge Schöne von der Ellice-Insel Niutao vorführt
Bildquelle: Gerd Koch

Auch ein Mann kann eine Frau mit Schnurfigurenmagie für sich gewinnen und in ihr auf diese Weise sexuelles Verlangen nach ihm wecken.

Schnurzauber

Auch in anderen Gebieten haben die Schnurfiguren noch bis ins 20. Jahrhundert ihre magische Bedeutung bewahrt. So beschrieb der deutsche Ethnologe Georg Höltker, daß er bei seinen Feldforschungen in Neuguinea zwischen 1936 und 1939 einen Fruchtbarkeitszauber mit Schnurfiguren entdeckte. Ähnliche Berichte gehen auf mehrere Missionare zurück, die in den ersten Jahrzehnten unseres Jahrhunderts bei den Papuas und auf verschiedenen Inseln Melanesiens arbeiteten. »Damit das Laubwerk der Yams üppig sprosse und grüne und sich ausbreite, wird von den Kai-Leuten am Huon-Golf (Neuguinea) das Fadenschlingen gespielt«, schrieb als erster der Missionar Keysser. »Man spielt das Fadenspiel, damit die Brotfrüchte hervorkommen«, erwähnte der Missionar Bögershausen von der Insel Matupit. Der Missionar A. Ballantyne berichtete, daß auf der Goodenough-Insel die Fadenspiele in einem bestimmten Monat gespielt werden müssen, sonst bringen sie »Unheil über die Gärten«. Auch muß der Bau von Vorratshäusern von zeremoniellen Schnurfiguren begleitet werden. Sogar Pflanzungsdiebe lassen sich auf dieser Insel durch Fadenspiele auffinden und entlarven. Der Ethnologe G. Landtmann beobachtete in British Neuguinea, daß die Bauern vom Kiwai-Stamm die jungen Sprosse der Yamspflänzchen mit Fäden an ihre Stützen binden, mit denen sie zuvor bestimmte Schnurfiguren machten. Sie glauben, daß die Ranken sich dann in der richtigen Richtung um die Streben winden. Manche Pflanzer hängen solche magischen Schnüre auch nur auf die jungen Triebe oder werfen sie hier und da in ihren Gärten auf den Boden.

Die einsetzende Kolonialisierung und vor allem die Missionierung gegen Ende des vergangenen Jahrhunderts und zu Beginn des 20. Jahrhunderts haben vielerorts die mythische Bedeutung der Schnurfiguren stark zurückgedrängt. Die Europäer spielten diese Spiele nicht, und da man ihnen als hochentwickelten Vorbildern in allem nacheiferte, hielt man Fadenspiele nur allzu oft plötzlich für Aberglauben oder für die primitive Freizeitbeschäftigung der einfachen Landbevölkerung. Besonders in den wachsenden Städten der Welt, die man später »die Dritte« nannte, verschwanden sie. Die Eltern sahen es nicht mehr gern, wenn ihre Kinder Schnurfiguren knüpften, statt sich den wichtigeren Schulaufgaben zu widmen. Und viele allzu eifrige christliche Missionare versuchten, die alten Volksbräuche als verabscheuungswürdigen Aberglauben auszurotten. Denn nicht selten waren mit den Schnurfiguren nicht nur Fruchtbarkeits- und Liebesmagie verbunden, sondern auch eine gewisse Orakelfunktion. So benutzten die Wailaki-Indianer in Kalifornien eine bestimmte Schnurfigur dazu, das Geschlecht eines ungeborenen Kindes zu bestimmen. Und die Nunivak-Eskimos knüpften an eine gewisse Figur Wetterprognosen.

Den Missionaren kamen bei ihren Bestrebungen, Schnurfiguren auszurotten, manchmal gewiß ältere Tabus gelegen. Und an solchen fehlte es vielerorts nicht. Wie schon erwähnt, war es bei Eskimostämmen verboten, Fadenspiele im Sommer zu praktizieren, und kleine Jungen durften sich schon gar nicht damit befassen. Weit verbreitet ist die Auffassung, Schnurfiguren werden immer dann gefährlich, wenn man sich ihnen zu ausgiebig widmet. Daran ist gewiß etwas Wahres. Auch moderne Schnurfigurenenthusiasten – unter ihnen nicht wenige Mathematikprofessoren, Topologen und Wissenschaftstheoretiker – verfallen nicht selten dem magischen Zauber des uralten Spiels und vernachlässigen darüber zeitweise Weib, Kinder und Beruf. Es liegt deshalb nahe, daß besorgte Eltern seit eh und je ihre Sprößlinge mit Schauermärchen vom zu häufigen Schnurfigurenspiel abhalten wollten. Nur allzu oft wurden die Erwachsenen dann selbst ein Opfer ihrer Phantasie. So berichtete der Volkstumsforscher Hans Lynge in seinem Buch »Inegpait« noch 1955 aus Grönland: »Der Informant Isaq erzählt: ›Das Spiel ajarârneq (Schnurfiguren) darf nicht überstrapaziert werden. Einmal hielten sich mehrere Familien in der Herbstsiedlung Nûgsawaq in Auwpilagteq zur Walroßjagd auf, und eines abends unterhielten sie sich mit ajarârneq-Spielen. Um Mitternacht ging mein Onkel Adarsawaq ins Freie, um auszutreten, und sah mit Überraschung einen gigantischen Eisberg, der seine Sicht versperrte. Er war so gewaltig, daß mein Onkel ihn als Ganzes gar nicht übersehen konnte, Teile davon blieben im Süden und Teile im Norden verborgen. Er kam herein und berichtete davon, und alle gingen hinaus, um ihn zu sehen. Der Eisberg war so hoch, daß man den Gipfel nur erkannte, wenn man den Kopf in den Nacken warf. Angst ergriff alle, und niemand wagte, laut zu sprechen ... Früh am nächsten Morgen war der Eisberg verschwunden. In Sichtweite gab es nur noch einen ganz kleinen Eisberg. Die Leute begriffen daraufhin, daß sie das Spiel zu ausgiebig gespielt hatten. Deshalb sagten sie ihren Schnurfiguren spielenden Kindern stets: ›Hört rechtzeitig auf, oder ein Unglück wird geschehen.‹«

Nicht selten betreffen Schnurfiguren-Tabus Geschlechter oder Altersgruppen. Bei manchen Papua-Stämmen dürfen nur verheiratete Männer gewisse Figuren produzieren. Bei den Toba-Indios Südamerikas widmen sich überhaupt nur Männer – meist im mittleren Alter – dem Fadenspiel. Bei den ebenfalls südamerikanischen Karaja-Indios und anderen Stämmen spielen im allgemeinen nur Kinder. Unter Erwachsenen ist dieser Zeitvertreib hier offenbar verpönt. Bei den

Motilon-Indios wiederum befassen sich nur Mädchen mit Schnurfiguren.

Völlig andere Tabus galten im alten Abessinien, wo vor allem Hirten mit den Fäden spielten. Sie erfanden immer neue Figuren, und die Erfinder wahrten streng das Geheimnis der Machart, es sei denn, sie brachten es einem Freund in aller Form zum Geschenk.

An Verboten hat es nie gefehlt, wo die Religion im Spiel ist. Seien es die alten Riten selbst, seien es Einflüsse von Fremdreligionen, Einschränkungen gab es immer wieder, aber erst die Christianisierung zahlreicher Eingeborenenstämme in aller Welt in unserem Jahrhundert hat den alten Spielzauber weitgehend überdeckt. Was in vielen Gebieten der Welt erhalten geblieben ist, sind mythische Gedichte und Gesänge, mit denen der Schnurfigurenspieler das Entstehen seiner Muster begleitet. Doch oft genug haben nur die Reime selbst bis heute überlebt. Ihre Bedeutung ist längst vergessen. »Amen Biri o roeta« (»die Leute von Biri sind wie Vögel«), heißt der traditionelle Begleittext einer Schnurfigur aus dem Inselstaat Nauru. Hier ist der Zusammenhang mit der Überlieferung noch bekannt. Biri war ein mythisches Land, dessen Einwohner so große Ohren hatten, daß sie mit ihnen fliegen konnten. »Du kommst und kommst und überzeugst ihn, aber er springt beiseite. Wo sind seine Knochen?«, heißt es bei einer anderen Nauru-Figur. Der Sinn ist dunkel. Oft genug sind sogar die Worte selbst unverständlich, denn sie entspringen Stammesdialekten, die heute niemand mehr spricht.

Schnüre, Missionare und Wissenschaftler

Für die Wissenschaft der Ethnologie bedeuten Schnurfiguren nicht nur Bindeglieder zu uralten Mythen, sie liefern auch sehr wertvolle Anhaltspunkte über kulturelle Kontakte. Anhand der Verbreitungsgebiete verschiedener Schnurfigurenfamilien schließen die Experten auf frühe Völkerwanderungen, auf Handelsbeziehungen und andere Begegnungen zwischen verschiedenen Kulturen. Schnurfiguren ließen sich leicht gegenseitig übernehmen, und wenn fertige Muster, Machart und womöglich auch der Name oder die begleitenden Gesänge mehrerer Figuren in zwei weit auseinander liegenden Gebieten übereinstimmen, läßt sich daraus sicher auf menschliche Begegnungen oder wenigstens auf

Abb. 7 Die britische Ethnologin Kathleen Haddon, Tochter jenes Arztes, der 1902 die Schnurfiguren-Terminologie entwickelte, war selbst eine berühmte String-Figure-Expertin
(Foto vom 14. Juni 1956)
Bildquelle: John Fairfax & Son

einen gemeinsamen Ursprung der Figuren schließen.

Selbst ein kurzer Überblick über die zahlreichen verschiedenen »Diffusions-Theorien«, die Schnurfigurenforscher in unserem Jahrhundert entwickelt haben, würde aber den Rahmen dieses Büchleins bei weitem sprengen. Statt dessen sei eine globale Übersicht gegeben: Ein Hauptschwerpunkt des Fadenspiels liegt im gesamten pazifischen Inselraum zwischen der Westküste des amerikanischen Doppelkontinents und der Landbrücke von Hinterindien über Indonesien nach Australien. Im Nordwesten reicht dieses Gebiet bis Japan und Korea. Manche Forscher sehen in dem ozeanischen Bereich die eigentliche Heimat der Schnurfiguren. Von da aus sollen sie einmal zu den Indianern und Indios Amerikas gelangt sein, zum anderen nach Australien und schließlich über Indien nach Afrika. Ein weiterer Schwerpunkt liegt im nördlichen Polargebiet. Er umfaßt Nordostsibirien, Alaska, den

Norden Kanadas mit seiner Inselwelt und auch ganz Grönland. Manches spricht dafür, daß er sich vom ozeanischen Formenkreis weitgehend unabhängig entwickelt hat, denn seine Figuren unterscheiden sich in den Mustern und auch in der Machart zum größten Teil grundlegend vom ozeanischen Typus. Bezeichnend ist, daß beide Hauptgebiete, Ozeanien und die arktische Region, die reichste Schnurfigurenmythologie kennen, während in den Ausstrahlungsregionen, vor allem in ganz Afrika und Südamerika, die Fadenspiele weitgehend als reiner Zeitvertreib ohne magische Bedeutung gespielt werden.

Eine Sonderstellung nimmt der europäisch-asiatische Raum ein. Hier gibt es nur sehr wenige Figuren, die von vielen Forschern als »eurasischer Typus« bezeichnet werden, von anderen unter dem angelsächsischen Begriff »Cat's cradles« zusammengefaßt werden. Sie erschöpfen sich im Wesentlichen in dem klassischen, auch in Deutschland gut bekannten »Abheben«, bei dem zwei Spieler abwechselnd eine ganze Folge von einfachen Figuren erzeugen, sowie in einem knappen Dutzend weiterer Fadenspiele. Viele Spekulationen haben sich damit beschäftigt, warum der eurasische Bereich – und übrigens auch der arabische Raum Nordafrikas und der Golfregion – so extrem arm an Schnurfiguren ist. Ich möchte hierfür einen eigenen Erklärungsversuch anbieten. Ausgerechnet die älteste erhaltene Aufzeichnung, die eine Anweisung zur Herstellung einer Schnurfigur betrifft, stammt aus Europa, genauer gesagt, aus dem römischen Imperium. Um 400 n. Chr. beschrieb der griechische Arzt Oribasius von Pergamon – er war Hausmedikus von Kaiser Julianus – in seinem »Iatrikon Synagogos« eine Schnurfigur, die er »plinthius« nannte. Erstaunlicherweise entsprechen ihre Machart und das fertige Muster genau dem ozeanischen Typus. Der Arzt hatte für die Figur mit ihrer symmetrischen zentralen Öffnung eine praktische Anwendung gefunden. Er schlang sie um den gebrochenen Unterkiefer eines Patienten, band die vier seitlichen Schlaufen der Figur über dem Kopf zusammen und stellte so den Kiefer in idealer Lage für die Heilung ruhig. Im Alltag blieb diese Figur weder in Italien noch in Griechenland erhalten, und gäbe es nicht das »Iatrikon«, wäre sie völlig in Vergessenheit geraten. Ich glaube, daß es noch um die Zeitwende auch im eurasischen und nordafrikanischen Raum zahlreiche Schnurfiguren gegeben haben könnte, die aber innerhalb weniger Jahrhunderte alle regelrecht ausgerottet wurden. Der Ethnologe James Hornell berichtet von den Fiji-Inseln, daß dort alle möglichen ehemaligen kultischen Bedeutungen der Schnurfiguren durch die christlichen Missionare bekämpft wurden, und daß heute zahlreiche Figuren entsprechend diskriminierende Bezeichnungen tragen, z. B. »Teufel«. Hornell vermutet, daß so mancher Katechist oder Pastor in fanatischem Übereifer versuchte, seine Schäfchen von allem fernzuhalten, was sie möglicherweise an ihre früheren Götter oder Helden erinnern könnte. Vergleicht man die schnurfigurenarmen Gebiete Europas, Asiens und Nordafrikas mit den klassischen Ausbreitungsbereichen der großen monotheistischen Religionen, der mosaischen, der christlichen und des Islam, so stellt man eine erstaunliche Übereinstimmung fest. Andererseits aber finden sich in den alten religiösen Schriften deutliche Hinweise auf die frühere Existenz von Schnurfiguren und darauf, daß sie zu bekämpfen seien. Ein mir befreundeter schottischer Geistlicher, der sich selbst ausgiebig mit Schnurfiguren befaßt, erwähnte, daß er in den Apokryphen – den nicht kanonischen jüdischen und christlichen Zusatzschriften zum Alten und Neuen Testament – Anspielungen auf Schnurfiguren erforscht. Und in der 113. Sure des Korans, der Offenbarungsschrift der Muslime, heißt es: »Im Namen Gottes, des Gnädigen, des Barmherzigen. Sprich: ›Ich nehme meine Zuflucht beim Herren der Morgendämmerung . . . vor den Übungen der Knotenanbläserinnen‹.« Ältere Korankommentare erklären, daß hier die Zauberinnen gemeint seien, die magische Knotenfiguren knüpfen, sie anblasen und darüber Verwünschungen sprechen, um so Unheil zu stiften. Dies sei eine übliche Praxis im vorislamischen Arabien gewesen. Vielleicht ist auch das ein Hinweis auf die alte Tradition der Schnurfiguren und ihre Bekämpfung durch die monotheistischen Religionen.

Die moderne Schnurfigurenforschung ist ein Kind des 20. Jahrhunderts. Zwar erwähnte schon 1843 erstmals ein Autor namens Dieffenbach das Vorkommen von Fadenspielen in Neuseeland, und um dieselbe Zeit beschrieb ein Thomas Petrie Schnurfiguren aus Australien, doch blieben derartige frühe Texte die Ausnahme. Neben weiteren Abhandlungen über australische Figuren traten 1864 Berichte von

Eskimofadenspielen und solche aus Polynesien auf. 1878 erwähnte der Missionar Turner erstmals Papua-Figuren, und 1888 sowie 1898 entstanden die ersten reich bebilderten Berichte von A. C. Haddon von einer ethnologischen Expedition in die Torres Straits, eine Meerenge nördlich von Australien. Haddon wurde zum begeisterten Anwalt der Schnurfigurenforschung. Erste Berichte über schwarzafrikanische Fadenspiele stammen aus dem Jahre 1904, sie befaßten sich mit Bantu-Schnurfiguren. Ab 1912 veröffentlichten ethnologische Zeitschriften dann – wenn auch noch sehr selten – Arbeiten über Figuren südamerikanischer Indios. Später stellte sich heraus, daß in Mittelamerika schon die Mayas das Fadenspiel kannten. Wohl den ersten weltweiten Überblick gab – soweit das damals schon möglich war – 1906 die amerikanische Autorin Caroline Furness Jayne, die mit ihrem umfangreichen Werk zugleich die ganze Vielfalt der Schnurfiguren bei den nordamerikanischen Indianern vorstellte.

Zwei Ärzte sorgen für Systematik

Das große, zündende Ereignis in der Geschichte der Schnurfigurenforschung war und ist noch heute ausgerechnet eine Arbeit von zwei Ärzten und nicht etwa von Volkstumsforschern. Die Doktoren M. D. Rivers und A. C. Haddon besuchten um die Jahrhundertwende die Torres Straits und veröffentlichten 1902 in der bekannten britischen ethnologischen Fachzeitschrift »Man« einen siebenseitigen Artikel, der mit folgenden Worten beginnt: »Zahlreiche Reisende haben berichtet, daß sich viele mehr oder weniger primitive Völker mit der Produktion von Schnurfiguren vergnügen.« Die Ärzte erklären dann, daß sie in allen ihnen bekannten Arbeiten nur zwei Versuche einer Beschreibung der Herstellungsmethode fanden und fahren fort: »Der Mangel verfügbaren Materials muß der beachtlichen Schwierigkeit zugeschrieben werden, die man üblicherweise beim Lernen oder Aufzeichnen der Figuren erfährt. Um diese Schwierigkeit auf ein Minimum herabzusetzen, haben wir ein Nomenklatur- und Beschreibungssystem entwickelt, das es möglich macht, jede Operation mit vergleichsweise wenigen Worten zu erklären.« Weil die Urheber Ärzte waren, fiel das System denn auch reichlich medizinisch aus. Die Rede ist von »radialen« und »ulnaren«, »proximalen«, »distalen«, »palmaren« und »dorsalen« Schnüren; und die Anweisungen zur Herstellung der Figuren klingen nicht selten wie der Bericht eines Anatomen, der die menschliche Hand beschreibt. Aber der internationale Erfolg spricht für die beiden Mediziner. Ihre Arbeit löste eine wahre Explosion von exakten Berichten über Schnurfiguren in aller Welt aus, und die Flut ist bis heute nicht abgeebbt. Nach wie vor bedienen sich die meisten Autoren mehr oder weniger genau der anatomischen Terminologie von Rivers und Haddon, und wer sich wirklich ernsthaft mit der faszinierenden Welt der Schnurfiguren befassen will, dem bleibt nichts anderes übrig, als sich die sechs von den beiden Ärzten eingeführten zentralen Begriffe zu eigen zu machen. Ohne sie wird er mehr als 80 Prozent der Fachliteratur nicht verstehen.

Fachsprache wie in der Medizin

Das Wichtigste: eine Schlinge

Die weltweite Verbreitung der Schnurfiguren bringt es natürlich mit sich, daß dieses Spiel unter vielen Namen bekannt ist. Bei den Ethnologen hat sich zwar international die englische Bezeichnung »String figures« eingebürgert, aber auch unter ihnen gibt es Experten, denen ein einziger Name für die ganze Vielfalt der Formen und Macharten nicht genügt. Sie unterscheiden sorgfältig zwischen den eigentlichen »String figures», den »Schnurfiguren«, und den »Cat's cradles« oder »Fadenspielen«, bei denen weniger das fertige Muster als der Herstellungsprozeß im Vordergrund steht, wobei oft kontinuierlich eine Figur aus der anderen hervorgeht. Daneben haben sich auch Begriffe wie »String catch« eingebürgert, ein Spiel, bei dem sich in einer Figurenschlinge ein Finger, eine Hand oder etwa ein Hölzchen verfangen; oder der »String trick«, der meist in der Entfesselung kompliziert umschlungener Finger besteht. In der Praxis geht das alles oft gleitend ineinander über, und der Streit über exakte Abgrenzungen ist wohl mehr akademischer Natur. Ich will ihn hier geflissentlich übergehen. Auch mit der Vielfalt der lokalen Namen für die Schnurfiguren – etwa »pehe« auf den Marquesas-Inseln, »hei« auf Hawaii, »whai« in Neuseeland, »isisu« auf den Salomonen oder »Ajarautit« bei den Copper-Eskimos – und mit deren Bedeutung mögen sich die Fachleute auseinandersetzen.

Um an dem Spiel in der Praxis Freude zu finden, genügt es, jene wenigen Begriffe zu lernen, die erforderlich sind, um die folgenden Anweisungen für über hundert der schönsten Schnurfiguren der Welt zu verstehen. Die Ausdrücke gehen im großen und ganzen auf die Ärzte Rivers und Haddon zurück. Ich will sie anhand von drei Beispielen beschreiben.

Zunächst brauchen Sie natürlich eine geeignete Schnurschlinge. Das Material, das die Eingeborenen verwenden, ist schwer zu beschaffen und im allgemeinen auch keineswegs ideal. Je nach Region reicht es von Lianen-Rindenfasern (Australien) über Pandanus-Blattstreifen oder Bastschnüre (Polynesien) bis zu langen Geflechten aus Mädchenhaaren (Nauru) und zu Rentiersehnen (Eskimos). Was sich in unseren Breiten und in unserer technischen Zeit besonders anbietet, sind Schlingen aus geflochtener Perlon- oder Nylonschnur von etwa vier Millimetern Stärke. Man bekommt dieses Material in den meisten Bastelgeschäften, in Baumärkten und natürlich in Seilereien. Es hat den Vorteil, daß es nicht fusselt, nach der ersten halben Spielstunde auch kaum noch krangelt, und daß man gelegentlich entstehende Schnurgewirre leicht wieder lösen kann. Besonders praktisch ist bei diesen Kunstfaserschnüren, daß sie sich mühelos zu knotenfreien Endlosschlingen verschweißen lassen. Am leichtesten geht das mit einem kleinen Lötkolben, aber auch ein über einer Gasflamme erhitztes Brotmesser eignet sich, und im Notfall tut es einfach ein Feuerzeug. Beide Enden der Schlaufen werden angeschmolzen und schnell gegeneinandergepreßt. Durch Drehen zwischen den Fingern läßt sich die Verbindungsstelle – solange sie plastisch ist – dann noch etwas abrunden. Am besten fertigen Sie sich gleich eine Auswahl derartiger Schnurschlingen in verschiedenen Längen an. Zum Üben empfiehlt sich bei einfacheren Figuren eine Schnurlänge von zwei Metern, die also eine einen Meter lange Endlosschlinge abgibt. Die meisten Figuren in dem vorliegenden Buch gehören aber zum Feinsten der Welt und sind entsprechend kompliziert. Für sie wird eine Zwei-Meter-Schnur fast immer zu kurz sein. Hier bieten sich Schlingen aus 2½, 3, 3½ und manchmal sogar 4 Metern an.

Zwei Männer und ein Schlitten

Zum Erklären der Fachausdrücke anhand der drei Figuren dieses Kapitels eignet sich eine Zwei-Meter-Schlinge. Ist sie zur Hand, kann es losgehen: Halten Sie zunächst beide Hände mit nach oben weisenden Fingern und mit einander zugewandten Handflächen vor sich, etwa so wie beim katholischen Gebet. Legen Sie nun die Schnurschlinge über beide Daumen und entfernen Sie die Hände nach rechts und links so weit voneinander, bis die Schnur gespannt ist. Die Handflächen bleiben dabei zueinander parallel. Stecken Sie nun von unten (der Fachausdruck heißt: von »proximal«) die kleinen Finger beider Hände in die entsprechenden Daumenschlaufen. Das Ergebnis heißt unter Experten *Position I.* Jetzt haben Sie drei verschiedene Schnurabschnitte an jeder Hand: eine vordere (»radiale«) Daumenschnur, eine Schnur vor der Handfläche (eine »palmare« Schnur) und eine hintere (»ulnare«) Kleinfingerschnur.

Die Begriffe *radial, ulnar* und *palmar* sind wichtig. Warum es nicht einfach mit »vorne« und »hinten« geht, läßt sich leicht erklären. Drehen Sie in der letzten Stellung (Position I) Ihre Hände einmal so von sich fort nach außen, daß die Finger nach unten weisen. Jetzt haben Sie plötzlich eine »vordere« Kleinfingerschnur und eine »hintere« Daumenschnur. Das würde irritieren. Die Bezeichnungen »radial« und »ulnar« aber ändern sich nicht, denn »radial« ist bei den Medizinern die Seite der Hand, an der die Unterarmspeiche ansetzt (also die Daumenseite); »ulnar« bezeichnet die Ellenseite, also die Kleinfingerseite der Hand. Und »palmar« bezieht sich immer auf die Handfläche, die ja auch im Englischen »palm« heißt. Verläuft eine Schnur nicht vor der Handfläche, sondern überspannt sie den Handrücken, so nennt man sie *dorsal.* »Palmar« und »dorsal« kann man auch kurze Schnurstücke nennen, die etwa nur an einem oder zwei Fingern entlanglaufen und nicht an der ganzen Hand.

Machen wir weiter: Sie halten Hände und Schnur in »Position I«. Nun nähern Sie die Hände einander und fahren mit dem Zeigefinger der rechten Hand von *proximal,* das heißt von der Handwurzel aus in Richtung der Fingerspitzen, hinter die Palmarschnur der linken Hand. Danach gehen die Hände wieder soweit auseinander, bis alle Schnüre gespannt sind. Das Bild ist jetzt folgendes: An der linken Hand haben Sie eine Daumenschlaufe und eine Kleinfingerschlaufe. Beide bestehen je aus einer radialen und einer ulnaren Schnur. Man spricht von der radialen und der ulnaren Daumenschnur und der radialen und ulnaren Kleinfingerschnur. An der rechten Hand haben Sie eine radiale Daumenschnur, eine radiale Zeigefingerschnur, eine ulnare Zeigefingerschnur, eine ulnare Kleinfingerschnur und eine Palmarschnur. – Klar? Dann geht es weiter: Bewegen Sie die Hände wieder aufeinander zu und fahren Sie mit dem linken Zeigefinger von distal, das heißt in Richtung von den Fingerspitzen zur Handwurzel hin, durch die rechte Zeigefingerschlaufe und innerhalb dieser Schlaufe von proximal hinter die rechte Palmarschnur, die Sie mit dem Rücken des linken Zeigefingers aufnehmen. Hände trennen. Nun haben Sie an jeder Hand je eine radiale und eine ulnare Daumen-, Zeigefinger- und Kleinfingerschnur. Diese Position ist sehr wichtig, denn mit ihr beginnen die meisten Schnurfiguren. Sie heißt *Eröffnung A* (»Opening A«), und Sie sollten sie sich merken.

Führen Sie jetzt beide Zeigefinger von distal in die jeweiligen Daumenschlaufen und nehmen Sie auf ihrem Rücken die radialen Daumenschnüre auf. Befreien Sie die Daumen von ihren Schlaufen. Sie haben jetzt auf jedem Zeigefinger übereinander zwei Schlaufen, also folgende Schnüre: eine radiale proximale und eine ulnare proximale Zeigefingerschnur, die gemeinsam die proximale (untere) Zeigefingerschlaufe bilden, sowie eine radiale distale und eine ulnare distale Zeigefingerschnur. Außerdem gibt es an jeder Hand eine radiale und eine ulnare Kleinfingerschnur. – Immer noch klar? Dann geht es weiter: Bewegen Sie jeden Daumen proximal an beiden Zeigefingerschlaufen vorbei, nehmen Sie auf seinem Rücken beide ulnaren Zeigefingerschnüre auf und ziehen Sie diese proximal an den beiden radialen Zeigefingerschnüren vorbei. Entlassen Sie die Zeigefinger von allen Schnüren. Führen Sie die Zeigefinger von distal in die Kleinfingerschlaufen. Übernehmen Sie diese auf die Zeigefinger – die Kleinfinger werden dadurch frei. Führen Sie jeden Kleinfinger von proximal durch beide Daumenschlaufen und durch die Zeigefingerschlaufe und ziehen Sie in seiner Beuge die radiale Zeigefingerschnur durch beide Daumenschlaufen bis in die Gegend der Handwurzel. Halten Sie sie dort fest. Arrangieren Sie mit Hilfe der Mittelfinger die radialen Daumenschnüre so, daß die Schnur, die direkt von Daumen zu Daumen verläuft, distal liegt. Schieben Sie die Zeigefingerschlaufen möglichst weit in Richtung der Fingerspitzen. Beugen Sie die Zeigefinger in radiale Richtung und über die radiale distale Daumenschnur – die Schnur, die direkt von einem Daumen zum anderen verläuft. Nehmen Sie diese Schnur mit der Zeigefingerbeuge auf und rotieren Sie den Zeigefinger durch seine eigene alte Schlaufe hinweg erst in ulnare, dann in distale Richtung. Dabei verliert er die alte Schlaufe und nimmt eine neue

Schlaufe auf, die Sie gleichzeitig vom Daumen entlassen. Schnüre spannen.

Wenn Sie alles richtig gemacht haben, muß jetzt jede Ihrer Hände so aussehen: Daumen und Zeigefinger weisen nach oben und tragen je eine Schlaufe. Mittel- und Ringfinger sind frei von Schnüren und mehr oder weniger stark gekrümmt, und der kleine Finger weist zur Handwurzel und trägt wiederum eine einzelne Schlaufe. Die radialen Daumenschnüre verlaufen in Richtung Figurmitte, unter der ulnaren Kleinfingerschnur hindurch, um sich wenig später im Zentrum der Figur zu kreuzen. Führen Sie die Hände aufeinander zu und stecken Sie den linken Daumen von proximal in die rechte Daumenschlaufe (also parallel zum rechten Daumen). Befreien Sie den rechten Daumen von seiner Schlaufe und führen Sie ihn sofort von proximal in beide linke Daumenschlaufen. Fäden zwischen den Händen spannen. Stecken Sie beide Daumen von proximal in die jeweiligen Zeigefingerschlaufen. Sie haben jetzt zwei proximale und eine distale Daumenschlaufe. Heben Sie mit Daumen und Zeigefinger der rechten Hand die beiden radialen proximalen Daumenschnüre der linken Hand über die radiale distale Daumenschnur und anschließend auch über die Daumenkuppe hinweg und lassen Sie sie zwischen Daumen und Zeigefinger fallen.

Der Vorgang, bei dem eine (oder mehrere) proximale Schlaufe(n) über eine distale hinweg und völlig vom betreffenden Finger abgehoben wird (werden), nennt man mit einem Fachausdruck *Navaho,* weil ihn die Navaho-Indianer häufig praktizieren und er bei ihren Figuren erstmals beschrieben wurde. Sie sollten sich auch diesen Begriff merken. Er kommt bei den Figurenbeschreibungen öfters vor.

Wiederholen Sie nun die letzte Bewegung entsprechend an der rechten Hand. Die Kurzanweisung hierfür lautet: Navaho rechten Daumen mit beiden proximalen Schlaufen. Ziehen Sie dann die Zeigefinger vorsichtig aus ihren Schlaufen heraus, ohne die Schnüre zwischen den Händen zu spannen. Stecken Sie die Zeigefinger von distal in die Daumenschlaufen und übernehmen Sie diese Schlaufen von den Daumen auf die Zeigefinger. Achten Sie dabei darauf, daß die Schlaufen ganz oben auf den Zeigefingerspitzen sitzen, also auf dem letzten Fingerglied. Strecken Sie die Zeigefinger mit den Schnüren soweit wie möglich nach oben und die Kleinfinger mit ihren Schlaufen soweit wie möglich nach unten. Die Handflächen weisen aufein-

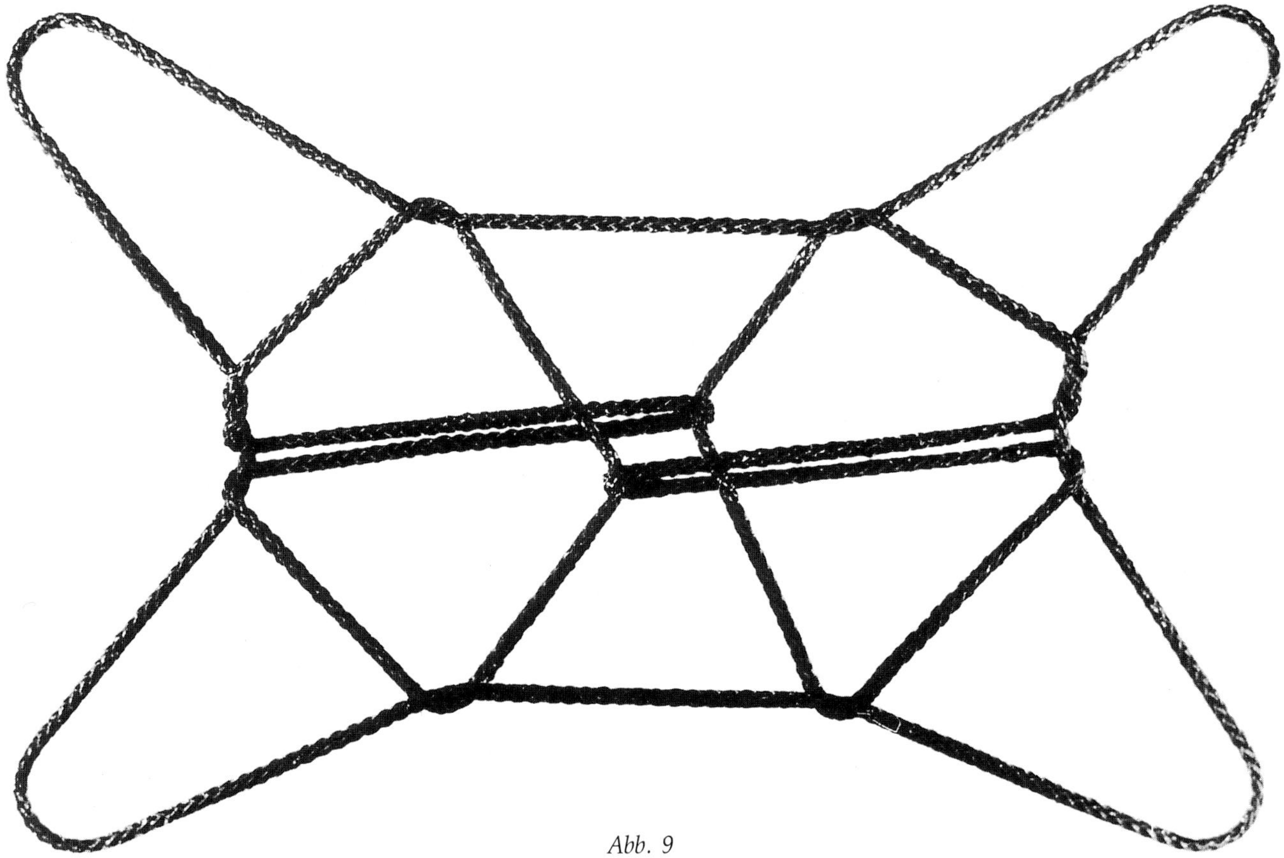

Abb. 9

ander zu. Spannen Sie die Schnüre zwischen den Händen straff. Ihre erste Schnurfigur ist fertig. Sie stammt von den Eskimos und stellt zwei Männer dar, die in entgegengesetzte Richtung an einem Schlitten zerren. (Abb. 9)

Viele Sterne

Mit der Beschreibung der zwei Schlittenzieher haben Sie im Grunde alles Wichtige gelernt. Übung gibt Routine. Und an ihr soll es nicht fehlen. Die Figuren in diesem Buch sind allerdings nicht so langatmig beschrieben wie das erste Beispiel. Deshalb folgt hier gleich noch eine – einfache – Übungsfigur mit einem »Rezept im Telegrammstil«. Zu diesem Stil gehört unter anderem, daß sich alle Anweisungen immer auf beide Hände beziehen, sofern nicht etwa ausdrücklich vermerkt ist »linker Daumen«, »rechter Mittelfinger« usw. Die folgende Figur stammt von den Navaho-Indianern und heißt »viele Sterne«.

1. Eröffnung A.

2. Daumen greift distal zur Zeigefingerschlaufe proximal in die Kleinfingerschlaufe und nimmt die radiale Kleinfingerschnur auf.

3. Mittelfinger greift distal zur Zeigefingerschlaufe und zur Palmarschnur proximal in die Daumenschlaufe und nimmt die ulnare Daumenschnur auf.

4. Daumen entlassen.

5. Daumen greift von distal durch die Zeigefingerschlaufe, nimmt auf seinem Rücken die ulnare Kleinfingerschnur auf und zieht diese durch die Zeigefingerschlaufe.

6. Kleinfinger entlassen.

7. Daumen greift distal an der Zeigefingerschlaufe und proximal an der Mittelfingerschlaufe vorbei und nimmt auf seinem Rücken die ulnare Mittelfingerschnur auf. – Mittelfinger entlassen.

8. Zeigefinger nimmt von proximal die ulnare distale Daumenschnur auf (Daumen und Zeigefinger bekommen dadurch eine gemeinsame distale Schlaufe).

9. Navaho Daumen.

10. Navaho Zeigefinger.

11. Von der radialen zur ulnaren Daumenschnur verläuft distal eine Schnur, die die Daumenschlaufe schließt. Kleinfinger zieht in seiner Beuge diese Schnur nach proximal durch die Daumenschlaufe hindurch zur Handwurzel.

12. Daumen befreien. Fertige Figur (Abb. 10) zwischen den hochgestreckten vordersten Zeigefingergliedern und den nach unten gekrümmten Kleinfingern aufspannen.

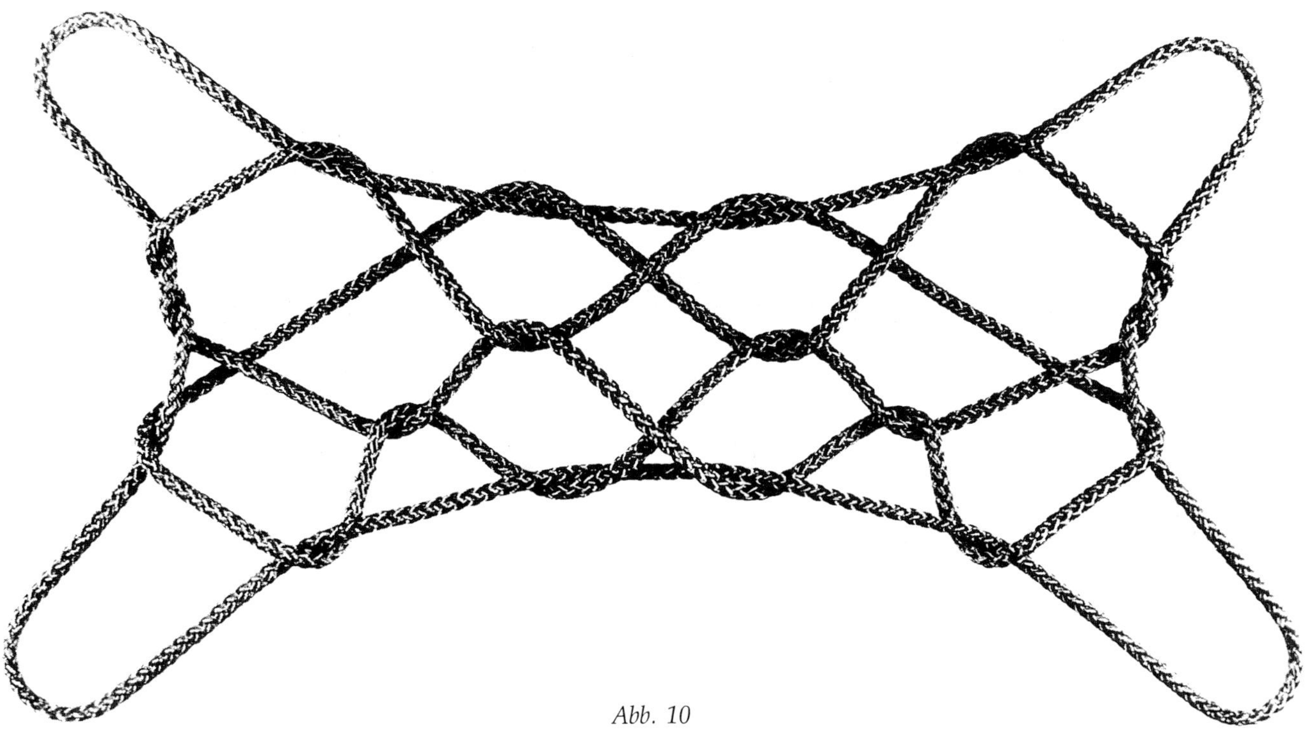

Abb. 10

Eine Blüte und zwei Blätter

Eine dritte Übung soll Sie noch mit einer häufig vorkommenden Art des Präsentierens oder Aufspannens der fertigen Figur vertraut machen, die sich in der Fachsprache als »Caroline Extension« (»Karolinen-Aufspannung«) eingebürgert hat, weil sie zuerst auf den Karolinen-Inseln beobachtet wurde. Hier das Beispiel:

1. Eröffnung A.

2. Kleinfinger rotiert (mitsamt seiner Schlaufe um 360 Grad) in ulnare Richtung. (In Klartext: Er greift über seine eigene ulnare Schnur, dann proximal zu seiner eigenen Schlaufe und richtet sich wieder auf. Das geht leichter, wenn gleichzeitig der Daumen die ulnare Daumenschnur und die Zeigefingerschlaufen niederhält.)

3. Zeigefinger rotiert in ulnare Richtung.

4. Daumen rotiert in radiale Richtung.

5. Daumen greift von distal in die Zeigefingerschlaufe und zieht radiale Zeigefingerschnur in Richtung Handwurzel.

6. Zeigefinger greift von distal durch die Kleinfingerschlaufe, dann von proximal in die eigene Schlaufe, fährt distal an der proximalen Daumenschnur vorbei und nimmt diese auf seinem Rücken auf. Er zieht sie durch die Zeigefinger- und durch die Kleinfingerschlaufe hindurch und streckt sich dabei.

7. Daumen, noch zur Handwurzel weisend, nimmt mit seinem Rücken die ulnare Kleinfingerschnur auf und entläßt zugleich die beiden von ihm niedergehaltenen Schnüre. Dabei kehrt er in seine normale Position zurück.

8. Kleinfinger entlassen.

9. Kleinfinger greift von distal in die distale Zeigefingerschlaufe und übernimmt diese.

10. Zeigefinger entlassen.

11. Zeigefinger greift von distal in die Daumenschlaufe und übernimmt diese.

12. Daumen greift von proximal erst durch die Kleinfingerschlaufe und dann durch die Zeigefingerschlaufe.

13. Zeigefinger entlassen.

14. Zeigefinger und Daumen pressen an ihren Wurzeln gemeinsam die beiden ulnaren Daumenschnüre fest (bis zur fertigen Figur).

15. Zeigefinger greift von proximal in distale Daumenschlaufe, streckt sich wieder und nimmt dabei auf seinem vordersten Glied die ulnare distale Daumenschnur mit.

16. Die Kuppen von Mittel- und Ringfinger pressen die ulnare Kleinfingerschnur soweit wie möglich in Richtung Handwurzel. Dabei wenden sich die Hände so, daß die Handflächen vom Spieler fortweisen.

Die Bewegungen 11 bis 16 heißen *Caroline-Ende*, die Bewegungen 14 bis 16 sind die eigentliche *Caroline-Extension*. – Die Figur (Abb. 11), die Sie so aufgespannt haben, stammt übrigens von der pazifischen Insel Nauru und heißt Iburingijo (Blüte des »Ijo«, einer dort heimischen Calophyllum-Art).

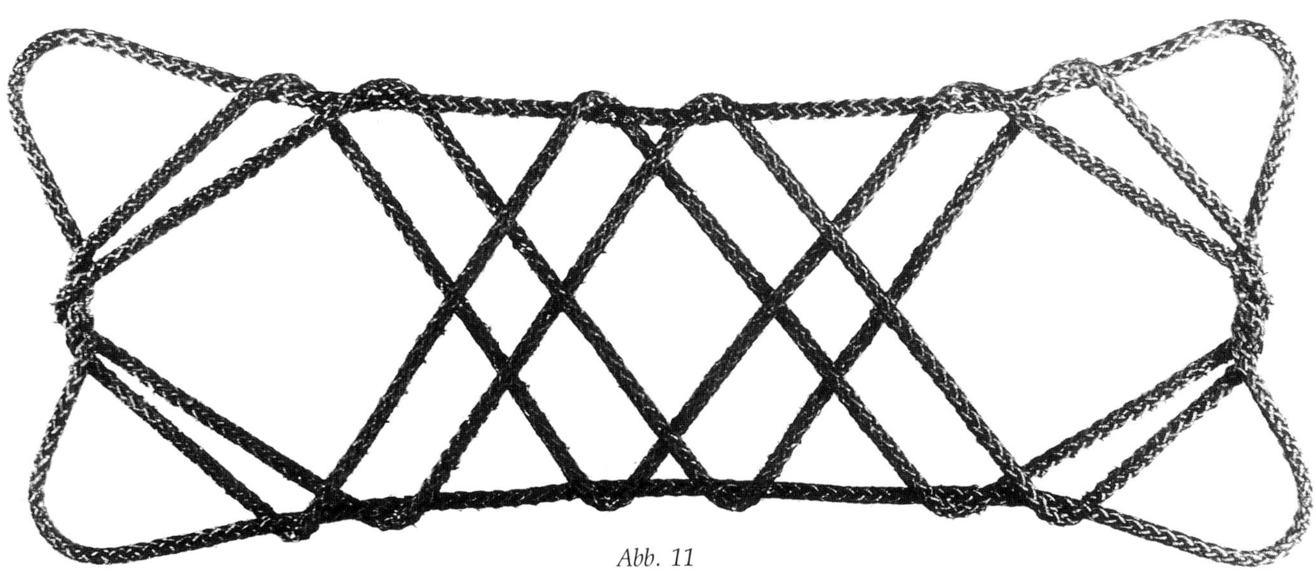

Abb. 11

Bevor Sie sich an die in den folgenden Kapiteln geschriebenen Figuren wagen, sollten Sie die drei einfachen Übungsbeispiele noch einige Male wiederholen und dabei jeweils den Beschreibungstext mitlesen. Dann haben Sie alle wesentlichen Grundkenntnisse, um sich die faszinierende Welt der Schnurfiguren zu erschließen. Letzte Hinweise sollen Ihnen dabei helfen: Schnurfiguren lassen sich am besten dadurch wieder auflösen, wenn man ihre obere und untere Spannschnur jeweils in der Mitte faßt und einfach auseinanderzieht. Neben dem Namen jeder Figur stehen in diesem Buch zwei Zahlen, eine arabische und eine römische. Die arabische Zahl gibt die jeweils günstigste Schlingenlänge an (250 bedeutet also z. B. eine Schlinge aus einer 250 cm langen Schnur). Die römische Zahl I bedeutet »leicht«, also für Anfänger geeignet, II deutet »mäßig schwierig« an. Und III verkündet: »für Experten«. – Viel Spaß.

Schnurfiguren aus Europa und Asien

Ausgerechnet der große Doppelkontinent, der sonst generell als die Wiege der Kultur gilt, ist sehr arm an Schnurfiguren. Vielleicht liegt es gerade an dieser kulturhistorischen Sonderstellung. Einmal standen gewiß die großen monotheistischen Religionen dem magischen Spiel mit dem Faden feindlich gegenüber, zum anderen aber verdrängen auch die Errungenschaften der Zivilisation die Schnurfiguren, was sich in unserem Jahrhundert weltweit zeigt. Schnurfiguren lassen sich schließlich nicht praktisch verwerten – oder doch? Das einzige bekannte Beispiel stammt aus dem alten Europa, genauer gesagt aus dem Römischen Reich:

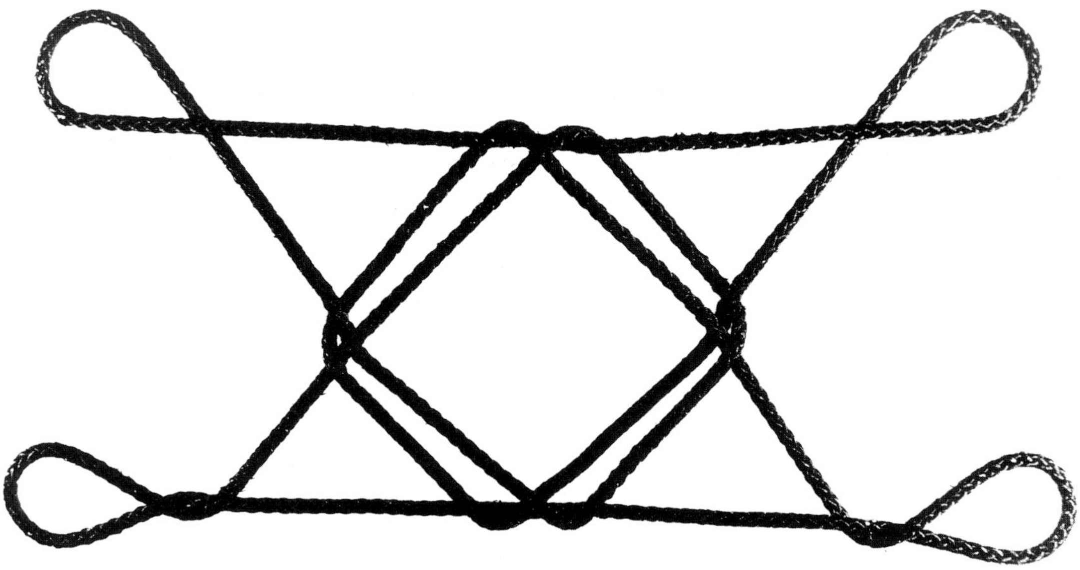

Abb. 12

Plinthius (200/I)

1. Opening A.

2. Ringfinger greift distal zur Zeigefingerschlaufe von proximal in die Daumenschlaufe und nimmt die ulnare Daumenschnur auf. Daumen entlassen.

3. Zeigefinger greift distal an Ringfingerschlaufe vorbei von proximal in die Kleinfingerschlaufe und nimmt radiale Kleinfingerschnur auf. Kleinfinger entlassen.

4. Daumen greift von proximal durch die proximale Zeigefingerschlaufe, ulnar an der distalen Zeigefingerschlaufe vorbei und nimmt auf seinem Rücken distale ulnare Zeigefingerschnur auf, die er durch die proximale Zeigefingerschlaufe nach proximal hindurchzieht.

5. Radiale Ringfingerschnur zwischen Ring- und Mittelfinger festklemmen. Zeigefinger von beiden Schlaufen entlassen. – Figur vorsichtig zwischen Ringfingern und Daumen aufspannen. (Abb. 12)

Soll die Figur so verwendet werden, wie der Arzt Oribasius von Pergamon das in seinem Buch »Iatrikon Synagogos« um 400 n. Chr. vorschlug, dann muß eine 350-cm-Schlinge verwendet werden. Die Figur läßt sich damit aber etwas schwerer aufspannen. Oribasius steckte das gebrochene Kinn des Patienten durch die zentrale rautenförmige Öffnung der Figur und führte die Schlaufen der Ringfinger und Daumen beidseitig an den Wangen vorbei nach oben. Über dem Kopf band er alle vier Schlaufen zusammen. Das Kinn war gut fixiert und konnte in dieser Stellung heilen.

Ähnliche Figuren wie den »plinthius« des Oribasius gibt es in vielen Teilen der Welt, besonders im ozeanischen Inselraum und in Australien, doch auch in Zentralafrika. Dort aber werden sie nach völlig anderen Methoden angefertigt. In Europa ist das Muster heute zwar unbekannt, interessanterweise taucht aber eine fast gleiche Figur in Indien, genauer gesagt in den Provinzen Gujarat und Kathiawar auf, wo sie »Bagli-no-kotho« (»Kranichnest«) beziehungsweise »Kuvo-karvo« (»Brunnengraben«) heißt. Die Machart unterscheidet sich im Prinzip kaum von der altgriechisch-römischen, aber sie ist viel weniger »elegant«:

1. Opening A.

2. Ringfinger greift distal zur Zeigefingerschlaufe von proximal in Daumenschlaufe und übernimmt diese.

3. Daumen und Zeigefinger nehmen die Kleinfingerschlaufe der gegenüberliegenden Hand vom Kleinfinger ab, stecken sie von distal durch die Zeigefingerschlaufe und hängen sie über den Daumen.

4. Zeigefinger entlassen und Figur vorsichtig spannen.

Entdeckt hat die indische Figur der britische Kolonialbeamte James Hornell im Jahre 1931.

Abb. 13

Abb. 14

Noch bei einer zweiten Figur, die ebenfalls weltweit verbreitet ist, gibt es interessante Parallelen zwischen Europa, wo sie besonders auf den Britischen Inseln gespielt wird, und Indien. In Europa ist sie als das »Anleinen von Lochiels Hunden« bekannt, in Assam heißt sie »A'keng« (»Hühnerfuß«) und wird dort etwas anders hergestellt. Das fertige Muster gleicht dem europäischen allerdings nur auf den ersten Blick, dafür hat die indische Figur den Reiz, sich zu einem »Ni-kot-lha-kot« (»Sonnen-Tor-Mond-Tor«) weiterentwickeln zu lassen:

Sonnen-Tor-Mond-Tor (200/I)

1. Opening A.

2. Ringfinger greift von distal in Daumenschlaufe und übernimmt diese.

3. Kleinfinger greift distal durch Ringfingerschlaufe, nimmt auf seinem Rücken die eigene radiale Schnur auf und kehrt zurück.

4. Navaho Kleinfinger.

5. Zeigefinger entlassen und Hände rasch auseinanderziehen.

Die zwischen Ring- und Kleinfingern entstandene Figur ist »A'keng«, der »Hühnerfuß«. (Abb. 13)

6. Daumen greift proximal an allen Schnüren vorbei, nimmt alle Schnüre auf und kehrt zurück.

7. Rechter Mittelfinger greift von proximal hinter die proximale linke Palmarschnur (die ulnare Kleinfingerschnur) und nimmt sie auf.

8. Linker Mittelfinger greift von distal durch die rechte Mittelfingerschlaufe und von proximal hinter die proximale rechte Palmarschnur und nimmt diese auf.

9. Kleinfinger und Daumen entlassen und die fertige Figur langsam und vorsichtig zwischen Ring- und Mittelfinger aufspannen.

Der offene Schnurring in der Mitte ist das »Ni-kot-lha-kot« (»Sonnen-Tor-Mond-Tor«) (Abb. 14). Die Figur wird schöner, wenn der Daumen von proximal in die Mittelfingerschlaufe greift und beim Aufspannen hilft.

Erstmals beschrieben hat diese Figur 1941 der deutsche Ethnologe H. E. Kauffmann.

Abb. 15

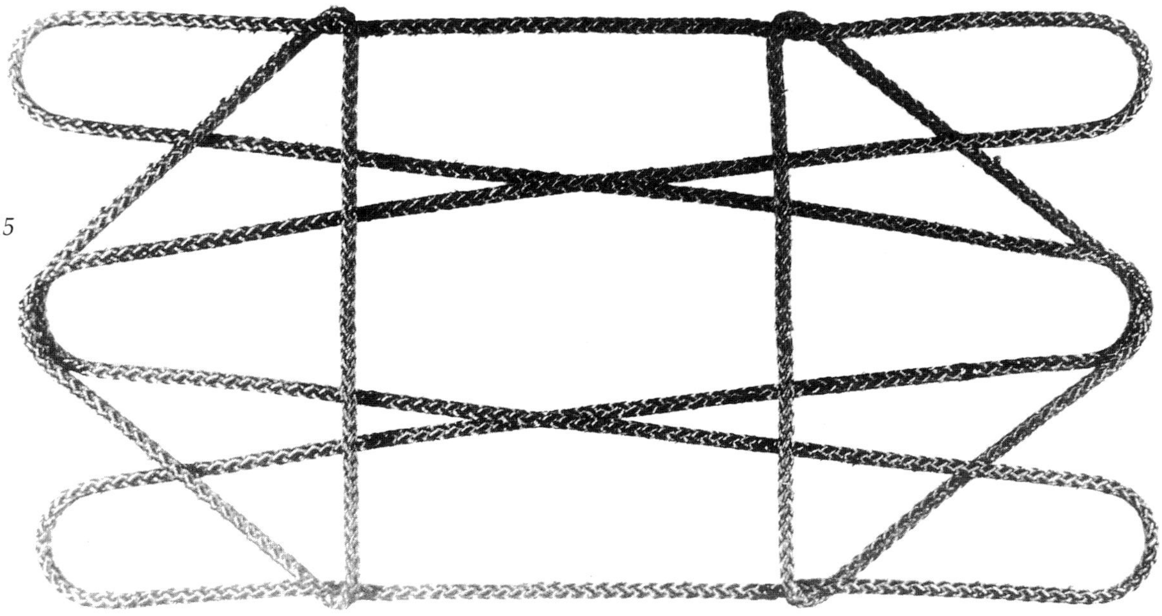

Muslimische Totenbahre (250/I)

1. Schnurschlinge um beide Handgelenke spannen.

2. Daumen greift proximal an ulnarer Schnur vorbei und nimmt diese auf.

3. Kleinfinger greift proximal an radialer Handgelenkschnur vorbei und nimmt diese auf.

4. Rechter Mittelfinger fährt von proximal hinter die beiden gekreuzten Palmarschnüre der linken Hand und nimmt diese auf.

5. Linker Mittelfinger greift von distal durch die rechten Mittelfingerschlaufen und innerhalb dieser von proximal hinter die beiden gekreuzten Palmarschnüre der rechten Hand und nimmt diese auf.

6. Daumen und Zeigefinger heben die dorsale Handgelenkschnur der gegenüberliegenden Hand über alle fünf Finger und lassen sie palmar fallen. – Figur spannen.

In dem fertigen Muster (Abb. 15) sehen indische Muslime eine gute Abbildung von »Janaja dagna« oder »Janaja chattri«, ihrer typischen Totenbahre. Der Brite James Hornell hat diese Figur 1930 entdeckt. Ein Muslim zeigte sie ihm in Nausari. Entläßt man die Mittelfinger und spannt die Schnüre zwischen Daumen und Kleinfingern erneut, dann entwickelt sich eine einfache weitere Figur: »Chasma«, ein »Spiegel«. Gemeint ist damit das große Rechteck, das im Zentrum entsteht.

Von Indien zurück nach Europa. Das allgemein bekannte Spiel »Abheben«, bei dem zwei Spieler wechselweise verschiedene einfache Schnurmuster produzieren, will ich hier nicht beschreiben. Es ist so oft in der Literatur behandelt worden, daß sich das hier erübrigt. Und wer es tatsächlich nicht kennen sollte, der mag sich in seinem Freundeskreis belehren lassen. Irgendjemand kennt das Spiel bestimmt. Statt dessen soll die Figurenserie »die Kerzen« folgen, die in England und Schottland populär ist, wo sie der Spieler oft mit einer Geschichte begleitet, die die einzelnen Muster miteinander in Zusammenhang bringt:

Abb. 16

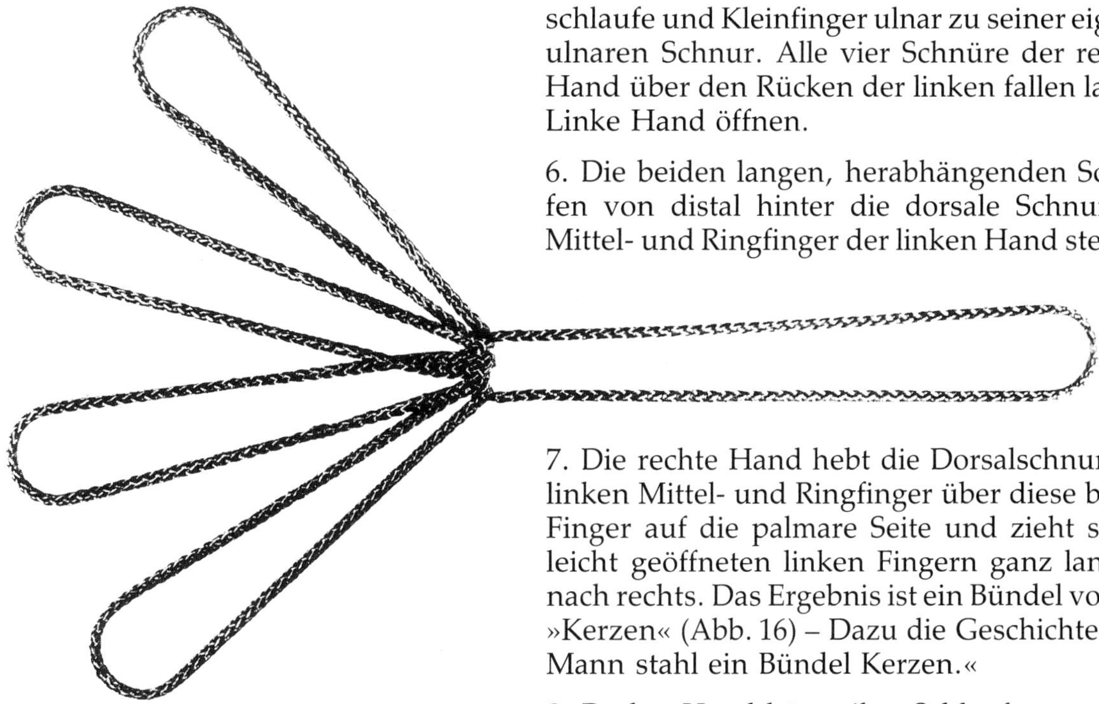

schlaufe und Kleinfinger ulnar zu seiner eigenen ulnaren Schnur. Alle vier Schnüre der rechten Hand über den Rücken der linken fallen lassen. Linke Hand öffnen.

6. Die beiden langen, herabhängenden Schlaufen von distal hinter die dorsale Schnur von Mittel- und Ringfinger der linken Hand stecken.

7. Die rechte Hand hebt die Dorsalschnur vom linken Mittel- und Ringfinger über diese beiden Finger auf die palmare Seite und zieht sie bei leicht geöffneten linken Fingern ganz langsam nach rechts. Das Ergebnis ist ein Bündel von vier »Kerzen« (Abb. 16) – Dazu die Geschichte: »Ein Mann stahl ein Bündel Kerzen.«

8. Rechte Hand hängt ihre Schlaufe so auf den linken Daumen, daß dieser von proximal durch die Schlaufe greift. – »Der Mann hängte das Kerzenbündel an einen Haken.«

9. Rechter Zeigefinger greift von distal hinter die Dorsalschnur des linken Mittelfingers, rechter Mittelfinger von distal hinter die Dorsalschnur des linken Ringfingers. Die rechten Finger heben die Schnüre vorsichtig über die beiden linken Finger und ziehen sie ebenso vorsichtig nach rechts. – Die Geschichte: »Der Mann setzte sich auf einen Stuhl und schlief ein.« Die linke Hand hält zwei Stuhlbeine und die Sitzfläche, die rechte Hand die lange steife Lehne.

10. Linken Daumen entlassen. – »Als der Mann aufwachte, nahm er eine Schere (das ist die Figur jetzt), um das Kerzenbündel aufzuschneiden.«

11. Linken Kleinfinger entlassen und mit der rechten Hand nur soweit spannen, bis die entstehende freie Schlaufe etwa in der Mitte der Figur ist. – »In diesem Augenblick kam ein Polizist mit seinem Schlagstock (das ist die Figur) herein.«

12. Rechten Mittelfinger entlassen. – »Der Polizist zog ein Paar Handschellen heraus und verhaftete den Mann.«

Diese Schnurfigurenserie beschrieb erstmals 1903 der schottische Geistliche J. Gray in etwas vereinfachter Form und im selben Jahr die Engländerin Margaret A. Hingston aus Somerset.

Die Kerzen (200/I)

1. Die linke Hand mit der Handfläche nach oben halten. Schlinge über die vier Finger (nicht über den Daumen) legen, so daß eine Palmarschnur, eine radiale Zeigefinger- und eine ulnare Kleinfingerschnur entstehen.

2. Mit der rechten Hand linke radiale Zeigefingerschnur dorsal um Zeigefinger führen und zwischen diesem und Mittelfinger auf die palmare Handseite. Ulnare Kleinfingerschnur entsprechend um den Kleinfinger führen, bis sie zwischen diesem und dem Ringfinger auf der palmaren Seite herauskommt.

3. Linke Hand aufrichten. Die Finger der rechten Hand ziehen die linke Palmarschnur zwischen der ulnaren Zeigefinger- und der radialen Kleinfingerschnur etwas heraus und legen sie über Mittel- und Ringfinger der linken Hand auf den Handrücken.

4. Der rechte Zeigefinger greift von distal in die linke Zeigefingerschlaufe, zieht diese etwas heraus und wird dann von distal in die linke Kleinfingerschlaufe gesteckt. Beide Schlaufen soweit wie möglich nach rechts ziehen.

5. Linke Hand so schließen, daß Zeigefinger radial zu seiner radialen Schnur greift, Mittelfinger von distal durch die Zeigefingerschlaufe, Ringfinger von distal durch die Kleinfinger-

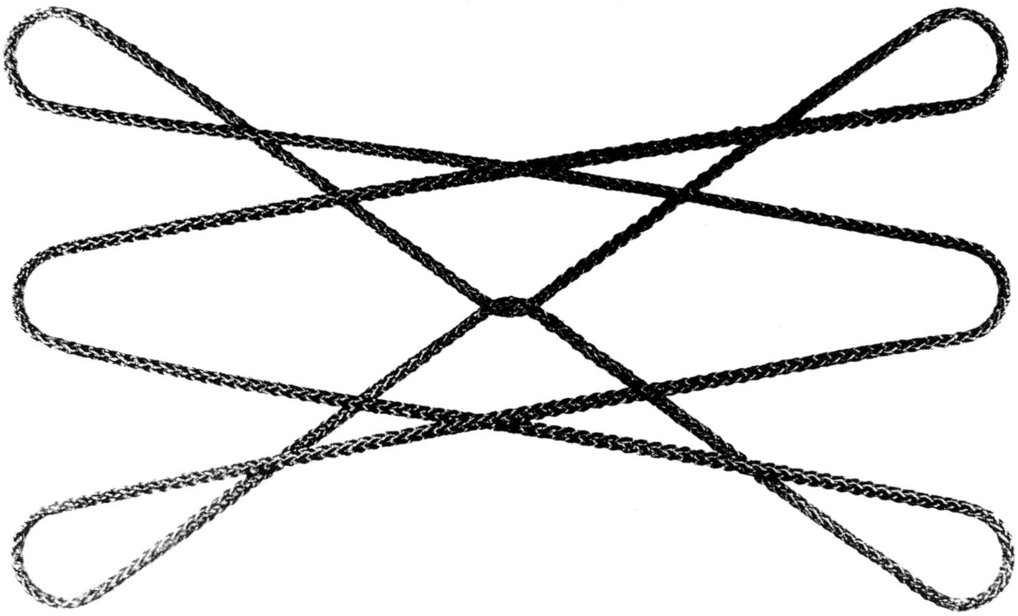

Abb. 17

Eine originelle, weil bewegliche Schnurfigur, stammt aus der Schweiz. Sie imitiert die Nadelbewegung einer Nähmaschine und wurde wahrscheinlich erst in unserem Jahrhundert erfunden.

S'grossi und s'glaini Naimaschinli (250/I)

1. Schnurschlinge um beide Handgelenke spannen.

2. Die rechte Hand faßt die radiale Schnur in der Nähe der linken Handwurzel und wickelt sie einmal in ulnarer Richtung um das linke Handgelenk.

3. Die linke Hand faßt die ulnare Schnur in der Nähe der rechten Handwurzel und wickelt sie einmal in radialer Richtung um das rechte Handgelenk.

4. Rechter Kleinfinger nimmt von proximal linke palmare Handgelenkschnur auf.

5. Linker Kleinfinger nimmt durch die rechte Kleinfingerschlaufe hindurch von proximal rechte palmare Handgelenkschnur auf.

6. Daumen nimmt von proximal die radiale Kleinfingerschnur auf (wie bei Position I).

7. Die Mittelfinger nehmen wechselweise die Palmarschnüre der gegenüberliegenden Hände auf (ähnlich Opening A).

8. Daumen und Zeigefinger heben die beiden dorsalen Handgelenkschnüre der gegenüberliegenden Hand über alle fünf Finger und lassen sie auf der palmaren Seite fallen.

9. Figur spannen. Die Daumen nähern sich einander, während sich die Kleinfinger voneinander entfernen. Danach nähern sich die Kleinfinger einander, während sich die Daumen voneinander entfernen. Beide Bewegungen wechseln ständig ab, so daß der »Nähmaschineneffekt« sichtbar wird (Abb. 17).

Aus der »großen Nähmaschine« läßt sich leicht eine »kleine Nähmaschine« entwickeln, indem einfach die Kleinfinger ihre Schlaufen entlassen. Die »kleine Nähmaschine« arbeitet dann zwischen Daumen und Mittelfinger.

Die beiden Nähmaschinen« sammelte 1969 H. R. Haefelfinger in einem Vorort von Basel.

Schnurfiguren aus Afrika

Südlich der Sahara kennt praktisch jeder afrikanische Stamm Schnurfiguren. Verglichen mit jenen aus Ozeanien, Australien und vom amerikanischen Doppelkontinent sind sie meist relativ einfach, aber es gibt doch eine ganze Zahl schöner Muster und origineller Fertigungstechniken. Unsere kleine Auswahl vom Schwarzen Kontinent beginnt mit dem ältesten Thema der Welt: mit »Mann und Frau«.

Abb. 18

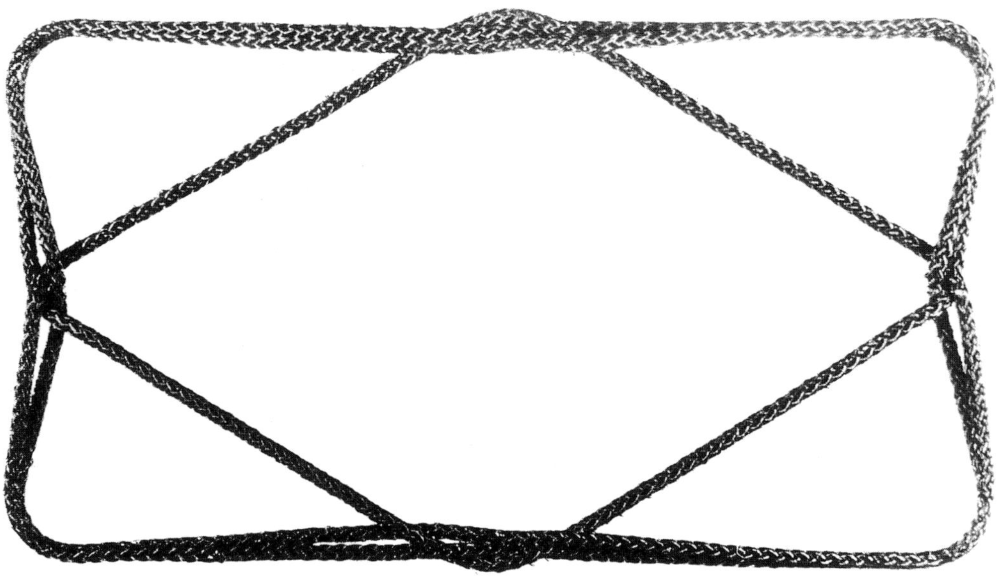

Mann und Frau (200/I)

1. Opening A, wobei aber statt der Zeigefinger die Mittelfinger benutzt werden.

2. Daumen und Zeigefinger heben die Daumenschlaufe von der gegenüberliegenden Hand, bewegen die Schlaufe distal an der Mittelfingerschlaufe vorbei, stecken sie von proximal durch die Kleinfingerschlaufe und hängen sie als distale Schlaufe auf den Kleinfinger.

3. Daumen und Zeigefinger heben die proximale Kleinfingerschlaufe der gegenüberliegenden Hand über die distale und nehmen sie völlig vom Kleinfinger ab. Sie schieben diese Schlaufe von distal durch die Mittelfingerschlaufe und hängen sie auf den Daumen.

4. Mittelfinger entlassen. Die radialen Kleinfingerschnüre zwischen Klein- und Ringfinger festklemmen. Schnüre vorsichtig spannen. – Die fertige Figur ist mit dem »plinthius« des Oribasius identisch. Der doppelte Ring in der Mitte ist »de«, die »Frau«.

5. Hände nach außen drehen, bis die Finger nach unten weisen und die Figur auf den Tisch legen. Alle Finger entlassen. Von oben her Zeigefinger zwischen den äußeren Schnüren des Doppelkreises und der oberen Spannschnur in die Figur stecken, Daumen zwischen den inneren Schnüren des Doppelkreises und der unteren Spannschnur. Vor jedem Daumen und Zeigefinger liegt jetzt ein Viertel des Doppelkreises. Daumen und Zeigefinger greifen unter ihrem – aus je zwei Schnüren bestehenden – Viertel hindurch ins Zentrum der Figur und dort wieder nach oben.

6. Hände in normaler Position (Finger nach oben, Handflächen parallel) halten und Figur spannen. – Das große rautenförmige Schnurviereck in der Mitte ist »kumba« der »Mann« (Abb. 18). Er läßt sich in die »Frau« zurückverwandeln, wenn man einfach Daumen und Zeigefinger nach proximal in das Zentrum der Figur taucht und die dabei aufgenommenen Begrenzungsschnüre der Raute nach außen zieht.

Die Figur fand um 1930 die englische Forscherin E. E. Evans-Pritchard beim Stamm der Azande im Sudan. – Ebenfalls aus dem Sudan stammt die folgende Figur:

Abb. 19

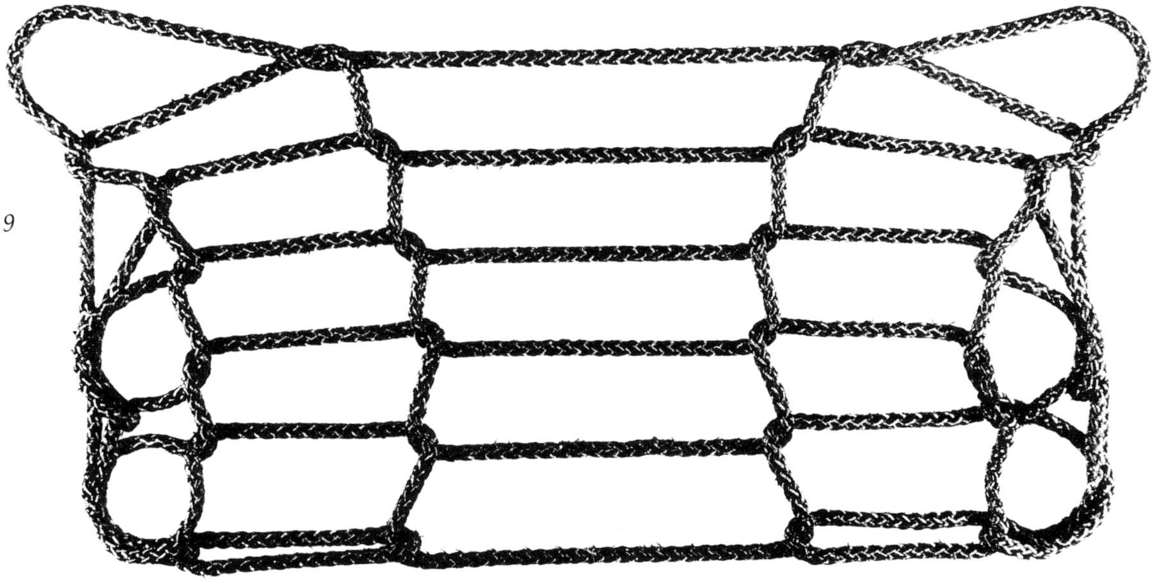

Bettmatte (300/I)

1. Die Schnurschlinge wird auf jeder Hand dorsal um den Zeigefinger, palmar um den Mittelfinger und dorsal um den Ringfinger geführt. (Es gibt dann eine radiale Zeigefinger-, eine palmare Mittelfinger- und eine ulnare Ringfingerschnur an jeder Hand.)

2. Die Mittelfinger nehmen von proximal die palmare Mittelfingerschnur der gegenüberliegenden Hand auf (ähnlich wie Opening A).

3. Linke Hand mit dem Rücken nach oben halten. Daumen und Zeigefinger der rechten Hand ziehen die linke dorsale Ringfingerschnur etwa zwei Zentimeter in die Höhe und legen sie, die ulnare Schnur nach proximal schwenkend, über die dorsale Mittelfingerschnur. Diese Schnur wird durch die auf sie gelegte Schlaufe hochgezogen und wiederum um 90 Grad gegen den Uhrzeigersinn gedreht auf die dorsale Zeigefingerschnur gelegt. Auch diese wird durch die auf sie gelegte Schnur hochgezogen und dann über den linken Daumen gehängt.

4. Bewegung 3 spiegelbildlich an der rechten Hand ausführen.

5. Hände in Normalstellung (Finger nach oben, Handflächen parallel) bringen und Schnüre spannen. Zwischen den Händen verlaufen jetzt sechs Schnüre praktisch parallel. Daumen nehmen von proximal die erste (radiale) dieser Schnüre auf. Navaho Daumen.

6. Daumen nehmen von proximal die zweite der parallelen Schnüre auf (linker und rechter Daumen *dieselbe* Schnur). Navaho Daumen. – In gleicher Weise werden die dritte bis sechste Schnur behandelt.

7. Kleinfinger greift von distal in die Daumenschlaufe und übernimmt diese. – Figur spannen.

Um die Figur aufzulösen, entläßt man einfach die Kleinfinger und spannt die Fäden.

Der Name der Figur, »'Angarib«, bezeichnet das geflochtene Bett der Eingeborenen (Abb. 19). Diese Figur, von James Hornell 1938/39 im damals anglo-ägyptischen Sudan aufgezeichnet, ist vielleicht eine der für Afrika typischsten Schnurfiguren. Sie ist auf dem ganzen Schwarzen Kontinent weit verbreitet. Ihr Name variiert von »Hängematte« bis »Zaun«. Bei den Yoruba im Südwesten Nigerias fand John Parkinson eine fast gleiche Figur unter der Bezeichnung »Ile Unde«, was soviel bedeutete wie »Papageienkäfig«. Hier nehmen in Bewegung 6 die Daumen als zweite, dritte, vierte und fünfte Schnur links und rechts jeweils nicht dieselbe, sondern verschiedene (einander symmetrisch genau entsprechende) Schnüre auf. Im fertigen Muster ergeben sich dadurch in der Figurenmitte zwei gekreuzte Schnurpaare.

Abb. 20

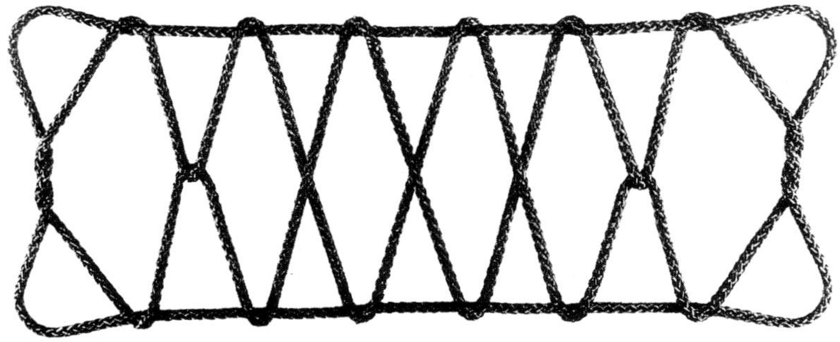

Abb. 21

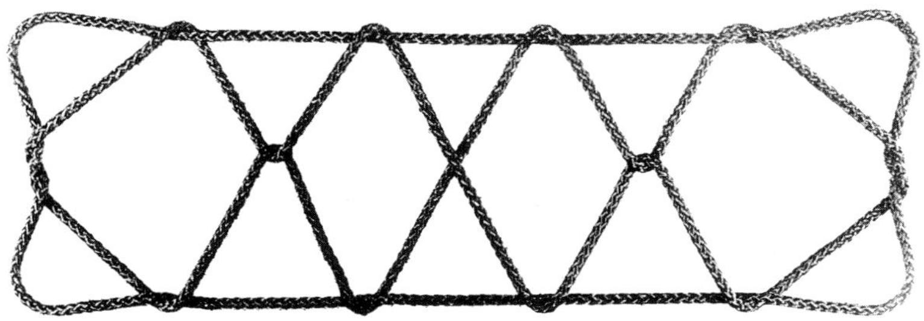

Sechs Augen (250/I)

1. Opening A.

2. Daumen entlassen.

3. Daumen bewegt sich proximal an der Zeigefingerschlaufe vorbei und fährt von proximal in die Kleinfingerschlaufe. Daumen rotiert um 360 Grad in ulnare Richtung, wobei er die ulnare Kleinfingerschnur aufnimmt.

4. Daumen greift von distal in die Zeigefingerschlaufe und nimmt die ulnare Zeigefingerschnur auf.

5. Kleinfinger entlassen.

6. Kleinfinger greift distal zur radialen Zeigefingerschnur von proximal in die Daumenschlaufe und nimmt die proximale ulnare Daumenschnur auf.

7. Daumen entlassen.

8. Daumen bewegt sich proximal zu allen Schnüren, nimmt auf seinem Rücken die ulnare Kleinfingerschnur auf und kehrt in seine Normalstellung zurück.

9. Bewegungen 4 bis 7 wiederholen.

10. Daumen bewegt sich distal zur Zeigefingerschlaufe und nimmt von proximal die radiale Kleinfingerschnur auf.

11. Daumen nimmt von proximal die radiale Zeigefingerschnur auf (unmittelbar an der Zeigefingerwurzel). Navaho Daumen.

12. Unmittelbar vor dem Daumen ist ein kleines Dreieck entstanden, das von der radialen Kleinfingerschnur gebildet wird, die sich um die Daumenschlaufe schlingt und dann zur Figurenmitte läuft. Zeigefinger greift von distal in dieses Dreieck hinein und bewegt sich dann rotierend in ulnare Richtung, bis er wieder nach oben weist. Während dieser Bewegung entläßt der Kleinfinger seine Schlaufe, die Hände drehen sich mit den Handflächen vom Spieler fort, und die Daumen weisen nach unten. Figur spannen.

Das fertige Muster heißt »Gama weta« (»sechs Augen«), ist aber auch als »Dosi« (»Fischfalle«) bekannt (Abb. 20). Es ist eine schöne Variante einer in ganz Afrika und Nordamerika weitverbreiteten Figur, »Gama nani« (»vier Augen«), die entsteht, wenn man bei Bewegung 3 mit dem Daumen die ulnare Kleinfingerschnur proximal zu allen Schnüren direkt aufnimmt (die Rotation entfällt dabei) und die Bewegungen 8 und 9 ausläßt. (Abb. 21).

Andererseits lassen sich »Gama waiyalwa« (»acht Augen«) herstellen, wenn man zwischen Bewegungen 7 und 8 die Bewegungen 3 bis 7 wiederholt. Das entstehende Muster muß anschließend mit den Zähnen noch etwas korrigiert werden.

James Hornell hat die vier, sechs und acht Augen 1928 beim Stamm der Mende in Sierra Leone gesammelt.

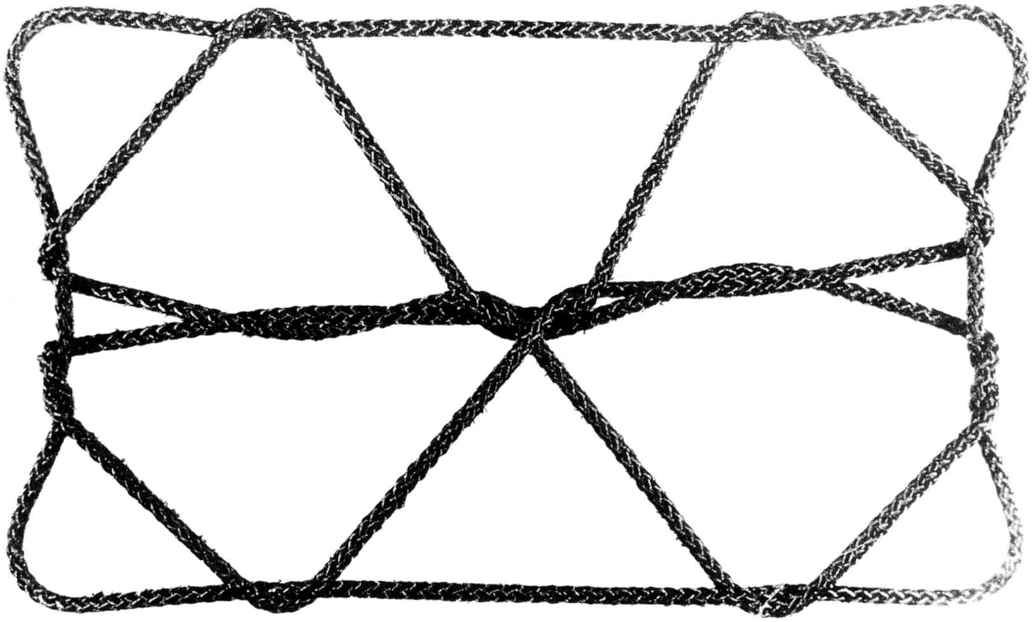

Abb. 22

Landschildkröte (200/I)

1. Position I.

2. Der rechte Mittelfinger schiebt sich von distal hinter die linke Palmarschnur und dreht seine Kuppe dann in radiale Richtung, bis er wieder nach oben weist. Schnüre spannen.

3. Durch die rechte Mittelfingerschlaufe hindurch greift der linke Mittelfinger von distal hinter die rechte Palmarschnur, zieht diese durch die rechte Mittelfingerschlaufe und rotiert um 90 Grad in radiale Richtung. Schnüre spannen.

4. Daumen greift distal an der Mittelfingerschlaufe vorbei von proximal in die Kleinfingerschlaufe und nimmt die radiale Kleinfingerschnur auf.

5. Mittelfinger krümmt sich zur Handwurzel über die palmare Schnur und durch die eigene Schlaufe hindurch und bleibt in dieser Position.

6. Zähne ziehen die proximale radiale Daumenschnur (sie verläuft gerade von Daumen zu Daumen) etwas auf den Spieler zu. Daumen bewegt sich distal zu seiner distalen Radialschnur, dann proximal zur Daumen-Mund-Schnur (die dabei von seinem Rücken gleitet) und schließlich wieder distal zu der gerade entlassenen Schnur, die er erst nach proximal und dann nach radial durch seine eigene Schlaufe hindurchzieht. Mund entlassen. Die Handflächen weisen am Ende dieser Bewegung nach unten, die Finger beider Hände aufeinander zu.

7. Kleinfinger entlassen, Handflächen nach unten wenden und Mittelfinger vom Spieler fortstrecken. Figur so zwischen Daumen und Mittelfingern aufspannen.

»Akyekyedíe« – so der Eingeborenenname der Figur – bedeutet in Ghana soviel wie »Landschildkröte« (Abb. 24). Eine »Wasserschildkröte« (»Osúdanna«) entsteht, wenn man statt der Bewegungen 2 und 3 mit den Mittelfingern einfach so verfährt, wie es üblicherweise die Zeigefinger bei Opening A tun.

Beide Figuren stammen wie die vorigen aus Aufzeichnungen von L. T. Griffith von 1921/22.

Ebenfalls aus Ghana stammt die folgende Figur:

Abb. 23

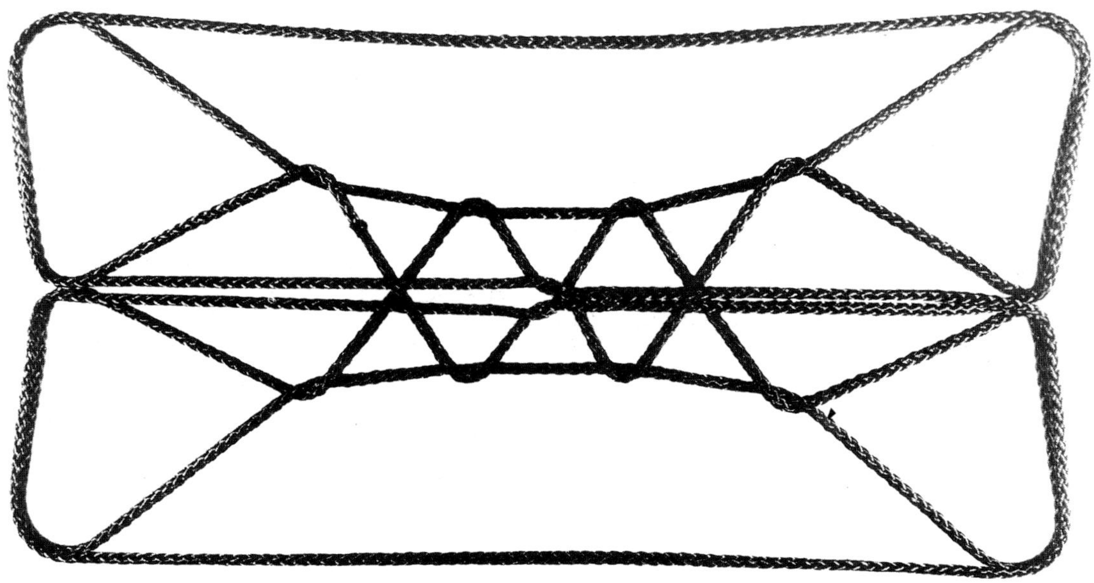

Leopardenfell (350/I)

1. Linken Arm horizontal halten, mit Fingern nach rechts und Handrücken oben. Schnurschlinge so über das Handgelenk legen, daß radial und ulnar je eine Hälfte der Schlinge als Schlaufe herunterhängt. Rechte Hand zwischen radialer proximaler und radialer distaler Schnur hindurchführen, distal an der ulnaren distalen Schnur vorbei, um diese nach proximal herum und wieder auf den Körper zu. Dabei wird auf dem rechten Handgelenk die ulnare distale Schnur zwischen beiden radialen Schnüren hindurchgezogen.

2. Rechte Hand greift von distal nahe der linken Handwurzel in die distale linke Handgelenkschlaufe und nimmt deren radiale Schnur auf. – Hände in normale Position (Finger nach oben, Handflächen parallel) bringen. Schnüre spannen.

3. Die Zähne nehmen erst die proximale radiale rechte Handgelenkschnur und dann zusätzlich die distale ulnare rechte Handgelenkschnur auf und ziehen beide gemeinsam zum Spieler.

4. Der Zeigefinger der linken Hand bewegt sich unter alle vier Mundschnüre, der Mittelfinger über sie. Beide Finger klemmen gemeinsam die Mundschnüre fest. Zähne entlassen.

5. Zwischen linken Zeige- und Mittelfingern stehen jetzt dorsal zwei Schnurschlaufen hoch. Die rechte Hand legt eine dieser Schlaufen in radiale Richtung dorsal um den linken Zeigefinger. Zeigefinger und Daumen der linken Hand klemmen die Schlaufe fest. Die andere Schlaufe wird in ulnare Richtung dorsal um den linken Mittelfinger gelegt und zwischen diesem und Ringfinger eingeklemmt.

6. Die distalen dorsalen Schnüre des linken Zeigefingers und Mittelfingers werden etwas von den Fingern weggezogen. In die entstehende dorsale Zeigefingerschlaufe wird von distal der rechte Zeigefinger, in die Mittelfingerschlaufe der rechte Mittelfinger gesteckt.

7. Linker Ringfinger und Daumen lösen ihren Griff. Rechter Zeige- und Mittelfinger heben ihre Schlaufen über die Kuppen von linkem Zeige- und Mittelfinger und gehen in Normalstellung. (Achtung: Die proximalen Schlaufen auf dem linken Zeige- und Mittelfinger bleiben erhalten!)

8. Spannen. Mit Daumen und Zeigefingern die beiden gekreuzten dorsalen Handgelenkschnüre der gegenüberliegenden Hand über alle Finger heben und palmar fallen lassen (die Eingeborenen machen das an beiden Händen gleichzeitig mit einer Schleuderbewegung). – Schnüre spannen.

9. Daumen greift von distal durch die Zeigefingerschlaufe und von proximal durch die Mittel-

Abb. 24

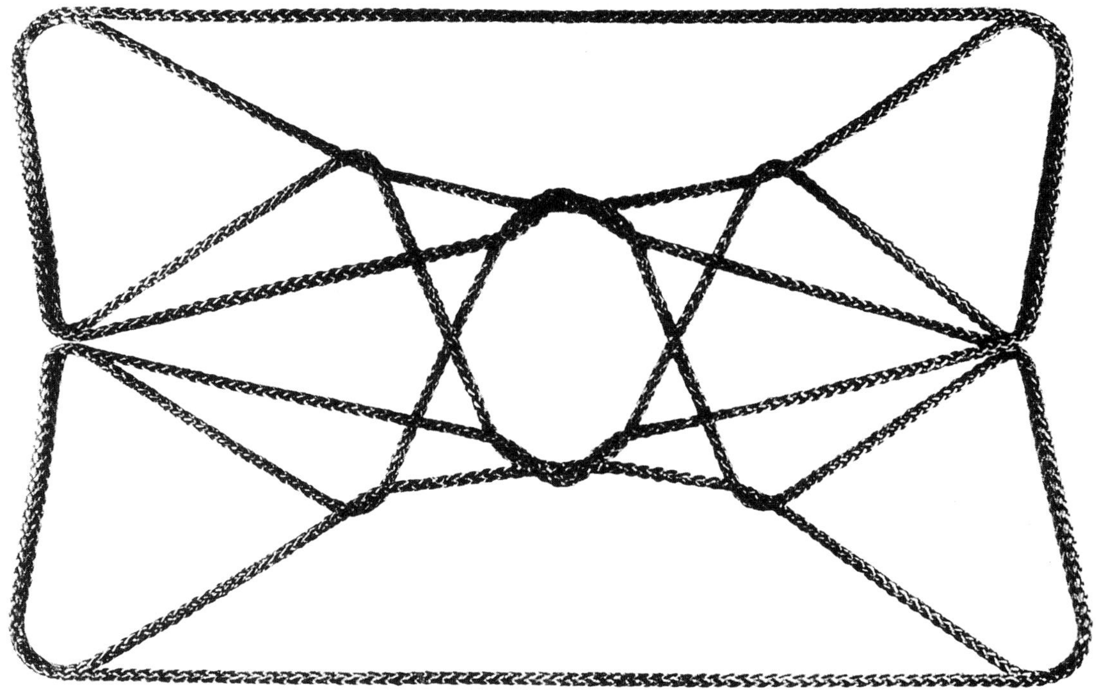

fingerschlaufe und nimmt auf seinem Rücken die ulnare Zeigefinger- und die radiale Mittelfingerschnur auf.

10. Mittelfinger rotiert in ulnarer Richtung einmal um seine eigene ulnare Schnur.

11. Die Daumenschlaufe wird durch die radiale Zeigefingerschnur geschlossen. Daumen greift distal zu dieser Schnur und zieht sie zur Handwurzel. Dabei verliert er seine beiden eigenen Schlaufen. Handflächen nach außen wenden. Spannen.

Die entstandene Figur aus vier Rauten heißt »geflügelte Ameisen« oder »Vögel im Busch« und ist eine Zwischenstufe, die jetzt weiterentwickelt wird:

12. Die Zähne nehmen mit Hilfe der Zunge die beiden einander umschlingenden Schnüre genau in der Mitte der Figur auf und ziehen sie zum Spieler hin. Mittelfinger entläßt seine distale Schlaufe. Daumen entlassen.

13. Bewegungen 4 und 5 wiederholen.

14. Die *mittleren* der drei dorsalen Schnüre des linken Zeige- und Mittelfingers werden jeweils etwas von den Fingern weggezogen und wie bei Bewegung 6 von Zeigefinger und Mittelfinger der rechten Hand von distal aufgenommen und von ihren Fingern abgehoben, wobei die distalen dorsalen Schlingen am linken Zeige- und Mittelfinger erhalten bleiben. Schnüre zwischen den Händen spannen.

15. Daumen bewegt sich distal zu beiden radialen Zeigefingerschnüren und proximal zu beiden ulnaren Zeigefinger- und beiden radialen Mittelfingerschnüren und nimmt auf seinem Rücken die letzteren vier Schnüre auf.

16. Mittelfinger rotiert in ulnarer Richtung um seine beiden eigenen ulnaren Schnüre.

17. Daumen zieht innerhalb seiner vier eigenen Schlaufen – die er bei dieser Bewegung entläßt – die beiden radialen Zeigefingerschnüre zur Handwurzel. Hände mit den Handflächen nach außen drehen. Figur spannen.

Die Figur hält eine Überraschung bereit. Je nachdem, welche der beiden Schlaufen bei Bewegung 13 (und zwar bei der Wiederholung der Bewegung 5) über den Zeigefinger und welche über den Mittelfinger gelegt wird, entstehen zwei recht unterschiedliche Muster. Das eine heißt »Ókyem ákyiri átea« (»Rückenfell eines Leoparden«) (Abb. 23), das andere »Nko bon áno« (»Papageiennest«) (Abb. 24).

Diese beiden reizvollen Figuren brachte der Brite L. T. Griffith 1921/22 von der Goldküste, dem heutigen Ghana, mit.

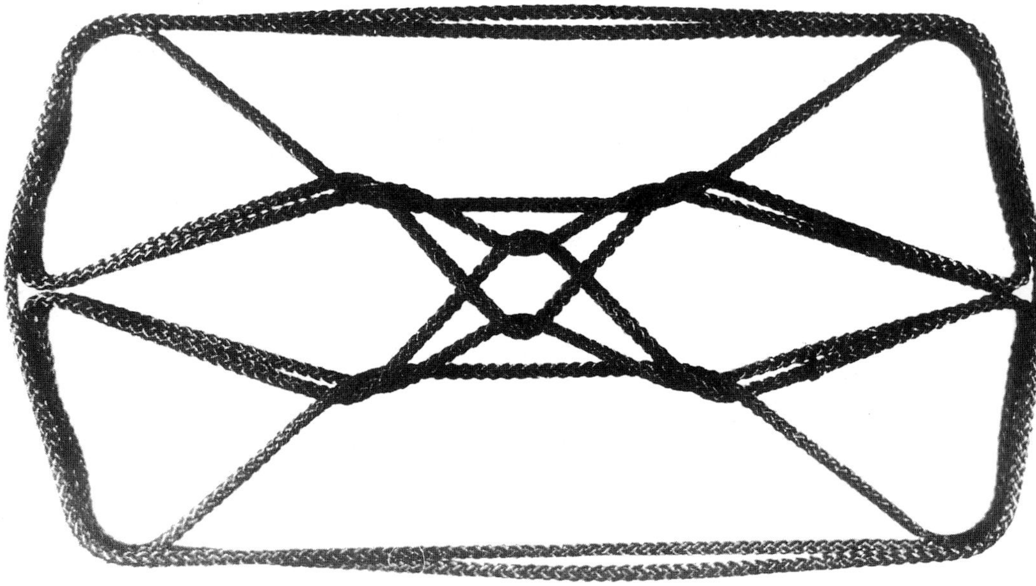

Abb. 25

Kehrbesen (350/II)

1. Zeige- und Mittelfinger beider Hände von proximal durch die Schlinge stecken. Schnur spannen.

2. Daumen und Zeigefinger der rechten Hand ziehen die linke Dorsalschnur etwa 15 cm weit zwischen Zeigefinger und Ringfinger auf die palmare Seite und lassen sie dort los. Die rechte Hand fährt von proximal durch die palmar vor der linken Hand herabhängende Schlaufe. Schnüre spannen.

3. Bewegung 2 entsprechend an der rechten Hand ausführen.

4. Die rechte Hand hält die Schlaufen des linken Zeige- und Mittelfingers in der Nähe der Fingerwurzeln fest und hebt sie vorsichtig von diesen Fingern ab. Die linke Hand rotiert einmal um 360 Grad in ulnare Richtung, so daß die Handgelenkschlaufe einmal verdrallt wird. Danach nehmen der linke Zeige- und Mittelfinger ihre – in der rechten Hand gehaltenen – Schlaufen wieder auf.

5. Bewegung 4 entsprechend an der rechten Hand ausführen.

6. Die rechte Hand hebt die dorsale Handgelenkschnur der linken Hand ab und legt sie nur über Zeige- und Mittelfinger der linken Hand.

7. Bewegung 6 entsprechend an der rechten Hand ausführen.

8. Daumen greift von proximal in die Mittelfingerschlaufe(n) und Mittelfinger von distal in die Zeigefingerschlaufe(n). Daumen nach unten, Mittelfinger nach oben richten und Handflächen nach außen drehen.

Die so aufgespannte Figur heißt »Wanda« (die »Netzfalle«) (Abb. 26).

9. Daumen und Mittelfingerspitzen entlassen. Es entsteht wiederum die Situation nach Bewegung 7.

10. Die rechte Hand faßt die gemeinsame Dorsalschnur des linken Zeige- und Mittelfingers, hebt diese von den Fingern ab und legt die Schlaufe zwischen Zeige- und Mittelfinger. Diese Finger klemmen die Schlaufe zwischen sich fest. Die hinter der linken Hand entstandene kleine Schlaufe wird anschließend umgeklappt und über die Kuppen von Zeige- und Mittelfinger gestülpt. Schnüre zwischen beiden Händen spannen.

11. Bewegung 10 entsprechend an der rechten Hand ausführen.

12. Bewegung 8 wiederholen.

Die so aufgespannte Figur heißt »Piassa« (Die »Vögel«) (Abb. 27).

13. Daumen und Mittelfingerspitzen entlassen. Es entsteht wieder die Situation wie nach Bewegung 11.

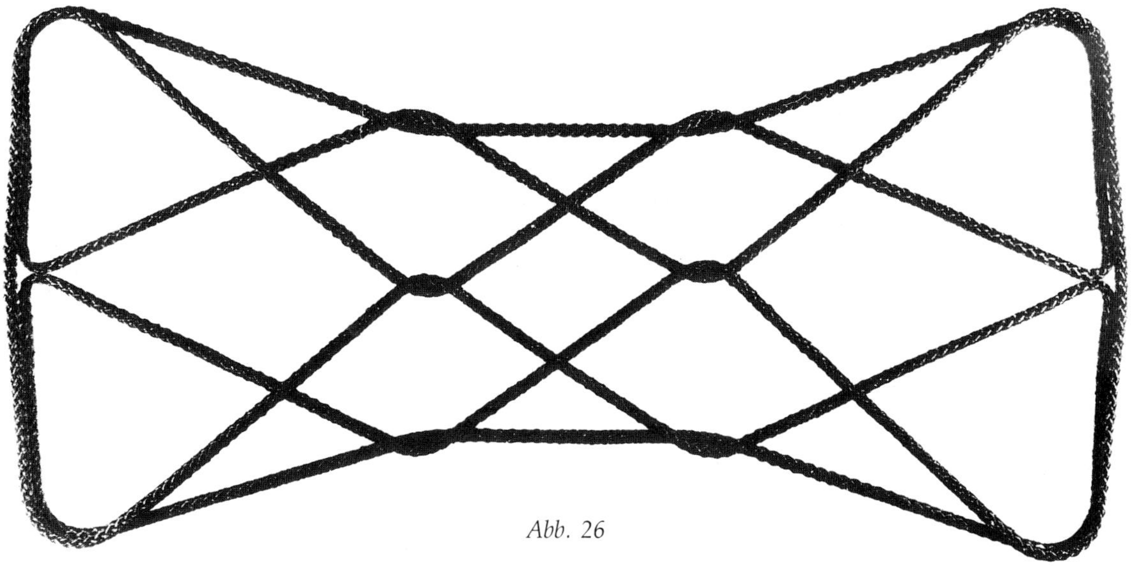

Abb. 26

Abb. 27

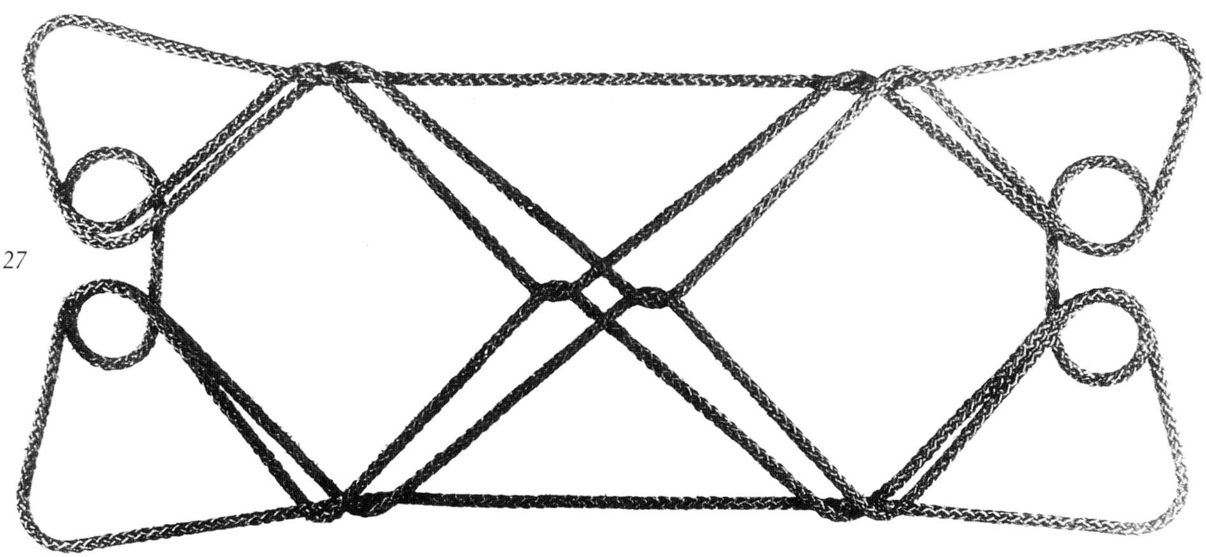

14. Rechter Zeige- und Mittelfinger fahren gemeinsam von proximal hinter die linke palmare Zeige-Mittelfingerschnur und ziehen diese nach rechts. Linker Zeige- und Mittelfinger ziehen entsprechend die rechte Palmarschnur nach links. Spannen.

15. Die radialen Zeigefingerschnüre werden so angeordnet, daß die beiden gerade zwischen den Zeigefingern verlaufenden Schnüre distal liegen. Die proximale radiale Zeigefingerschnur verläuft dann schräg ins Zentrum der Figur. Navaho Zeigefinger mit dieser einzelnen radialen Schnur.

16. Bewegung 15 entsprechend mit den ulnaren Mittelfingerschnüren wiederholen.

17. Daumen greift von proximal so in die Zeigefingerschlaufe, daß die Schnur, die zwischen Zeige- und Mittelfinger entspringt und distal zu den beiden radialen Zeigefingerschnüren verläuft, über den Daumenrücken gelangt. Daumen greift distal über die vier Schnüre, die zwischen Zeige- und Mittelfinger entspringen und direkt zum Zentrum der Figur verlaufen und preßt diese Schnüre in Richtung Handwurzel.

Das Ergebnis ist jetzt eine dreidimensionale Figur: »Watu« (Ein »Kanu«).

18. Daumen entlassen. Daumen greift unmittelbar neben dem Zeigefinger von proximal in beide Zeigefingerschlaufen und übernimmt diese.

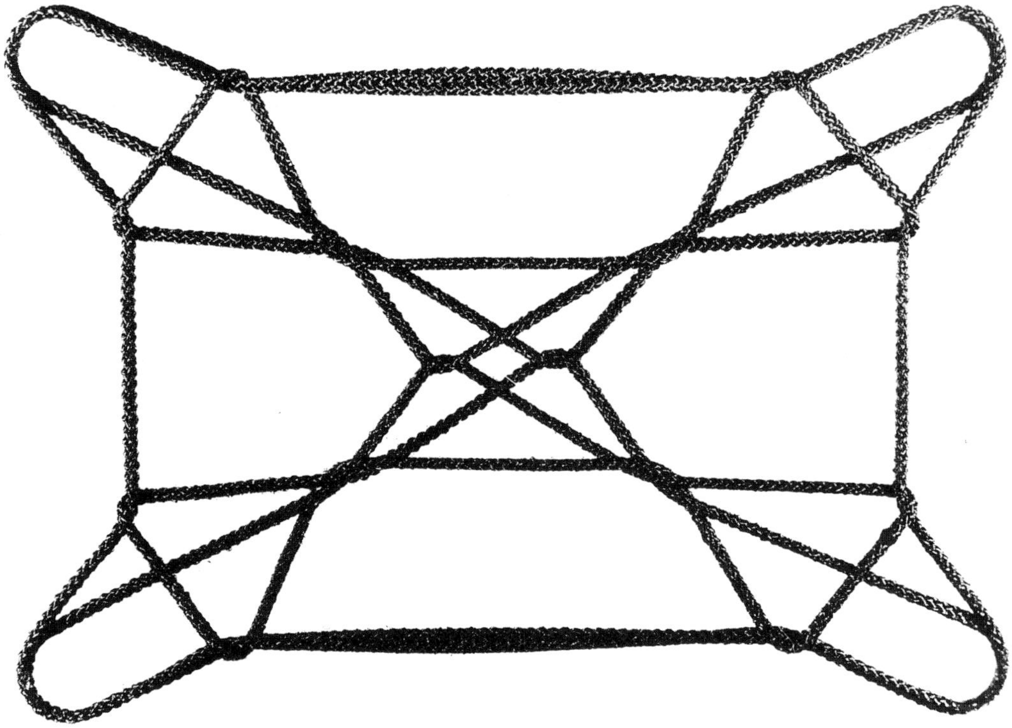

Abb. 28

19. Kleinfinger greift von proximal in beide Mittelfingerschlaufen und übernimmt diese. – Die Figur zwischen weit gespreizten Daumen und Kleinfingern aufspannen.

Das Muster heißt jetzt »Tshitwama ja watu wari« (der »doppelte Stuhl«) (Abb. 28).

20. Zeigefinger übernimmt wieder von proximal die Daumenschlaufe und Mittelfinger von proximal die Kleinfingerschlaufe. Damit entsteht wieder die Situation wie nach Bewegung 17.

21. Hände vom Spieler weg und nach unten drehen, so daß die Finger abwärts weisen. Figur vorsichtig auf die Knie legen und alle Finger herausziehen.

22. Zwischen den beiden oberen Spannschnüren (von der alten Zeigefingerschlaufe) und den vier zentralen Schnüren der Figur sind zwei Dreiecke sichtbar. Durch diese werden von oben die Zeigefinger gesteckt. Die Mittelfinger steckt man durch die beiden entsprechenden unteren Dreiecke. – Figur vorsichtig aufnehmen und Hände wieder aufrichten. Spannen.

23. Bewegung 8 wiederholen.

Damit ist die Figurenserie abgeschlossen. Das letzte Muster heißt »Makombo« (die »Kehrbesen«) (Abb. 25).

Entdeckt hat diese Schnurfiguren das weltberühmte Anthropologenehepaar M. D. und L. S. B. Leakey im Januar/Februar 1948 beim Stamm der Tuchokwe im Nordosten Angolas.

Abb. 29

Ambra (300/I)

1. Zeige-, Mittel- und Ringfinger beider Hände greifen von proximal in die Schlinge; dann spannen.

2. Alle Finger dicht zusammenpressen und mit Hilfe der anderen Hand Dorsalschnur über alle fünf Finger auf die palmare Handseite bringen.

3. Rechte Hand von proximal hinter linke Palmarschnur schieben. Linke Hand von proximal hinter rechte Palmarschnur schieben und Schnüre spannen.

4. Die linke Hand hebt vorsichtig Daumen- und Kleinfingerschlaufe von der rechten Hand. Rechte Hand rotiert einmal in ulnare Richtung und nimmt danach die alten Daumen- und Kleinfingerschlaufen wieder auf.

5. Bewegung 4 entsprechend mit der linken Hand ausführen.

6. Zeige-, Mittel-, Ring- und Kleinfinger greifen von distal in die Daumenschlaufe und übernehmen diese gemeinsam. Daumen, Zeige-, Mittel- und Ringfinger greifen von distal in die Kleinfingerschlaufe und übernehmen diese gemeinsam.

7. Ulnare (palmare) Daumenschnur einmal um den Daumen wickeln. Radiale (palmare) Kleinfingerschnur einmal um den Kleinfinger wikkeln.

8. Proximale dorsale Handgelenkschnur über die Hand heben und auf der palmaren Seite wie bei Position I (hinter Daumen und Kleinfinger) aufnehmen.

9. Alle fünf Fingerspitzen zusammenhalten und Finger gemeinsam zur Figurmitte beugen, und zwar zwischen den Daumenschlaufen einerseits und den Kleinfingerschlaufen andererseits hindurch und anschließend zwischen den radialen und ulnaren Handgelenkschnüren hindurch nach unten. – Figur mit Fingern nach unten und Handflächen nach außen aufspannen.

Sobald das fertige Muster erscheint, ruft der Spieler in Südafrika »Ambra« (Abb. 29). Es ist eine der sehr wenigen in dieser Region bekannten Schnurfiguren. A. C. Haddon hat sie dort 1905 entdeckt. Dieselbe Figur kommt aber auch an der Goldküste vor, wo sie die Eingeborenen »Toróm uhomá« (»Büffelhaut«) nennen.

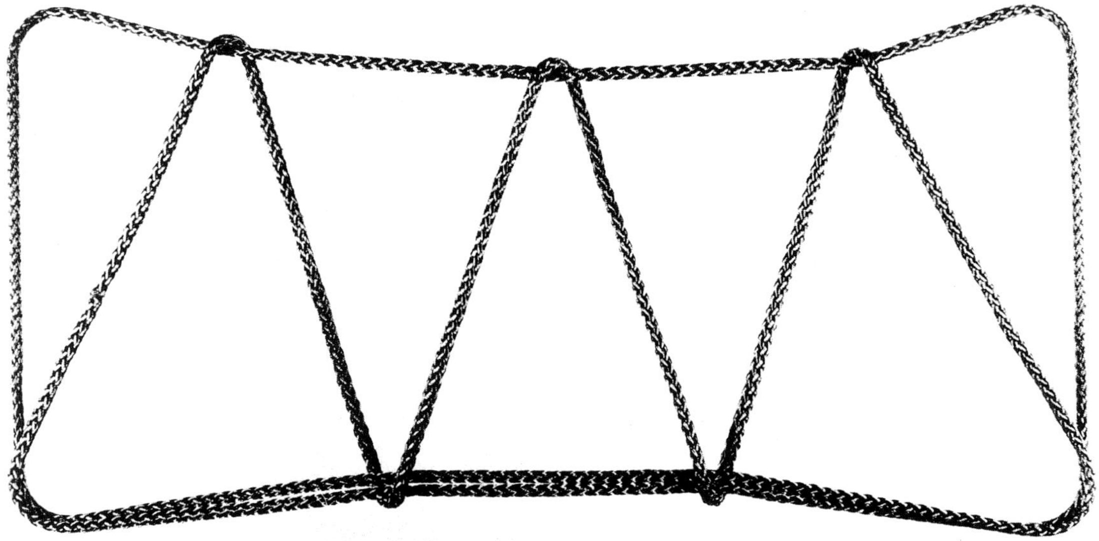

Abb. 30

Sambesi-Schlucht (250/I)

1. Linken Arm horizontal halten, mit Fingern nach rechts und Handrücken oben. Schnurschlinge so über das Handgelenk legen, daß radial und ulnar je eine Hälfte der Schlinge als Schlaufe herabhängt. Rechte Hand fährt von der ulnaren Seite zwischen distale und proximale ulnare Schnüre und zwischen distale und proximale radiale Schnüre. Hände in übliche Position (Finger nach oben, Handflächen parallel) bringen. Schnüre spannen.

2. Kleinfinger von distal zwischen beide ulnaren Handgelenkschnüre führen und proximal an den beiden Schnüren, die sich in der Mitte der Figur kreuzen, vorbei (das ist eine ulnare und eine radiale Schnur). Kleinfinger in Bewegungsrichtung weiter rotieren, bis er wieder nach oben weist und dabei die beiden gekreuzten Schnüre aufnehmen.

3. Schnüre zwischen Ring- und Kleinfinger festpressen. Hände einander etwas nähern und durch eine Schleuderbewegung die radiale Handgelenkschnur über die Hände hinweg zur ulnaren Seite werfen. Schnüre spannen.

4. Daumen bewegt sich proximal an der schräg zur Figurmitte laufenden radialen Kleinfingerschnur vorbei und nimmt diese auf.

5. Dorsale Handgelenkschnur über die Hand heben und auf der palmaren Seite fallen lassen. – Figur zwischen Daumen und Kleinfingern aufspannen.

Das einfache aber hübsche Zickzack-Muster gibt es in Südafrika, wo es »Ma-Rose« heißt und die Bakota-Schlucht des Sambesi-Flusses repräsentiert (Abb. 30). Hier hat A. C. Haddon die Figur 1905 entdeckt. James Hornell fand dieselbe Figur unter der Bezeichnung »Moma« (»Pflanzenbeet«) beim Stamm der Kru in Liberia. Und im Betchuanaland fertigt der Kxalta-Stamm eine fast gleiche Figur, die dort »Setswalô« (»Zauntür«) heißt.

Schnurfiguren aus Nordamerika (Indianer)

Während die Nachfahren der nordamerikanischen Einwanderer – ihrer oft europäischen Herkunft entsprechend – nicht viel mit Schnurfiguren im Sinn haben und allenfalls die klassischen europäischen Fadenspiele beherrschen, sind die »String figures« bei den verschiedenen Indianerstämmen seit eh und je weit verbreitet und auch heute noch beliebt. Am besten untersucht sind die Schnurfiguren im Südwesten der USA, bei den Stämmen der Navaho, der Zuñi, Hopi und Apachen. Einige einfache Muster wurden bei den Osage-Indianern im zentralen Süden der Vereinigten Staaten gesammelt, und an der Westküste hat die russische Wissenschaftlerin J. Averkieva 1930 Dutzende von Schnurfiguren beim Stamm der Kwakiutl zusammengetragen, doch ist das Ergebnis iher Arbeit leider bis heute noch nicht publiziert.

Abb. 31

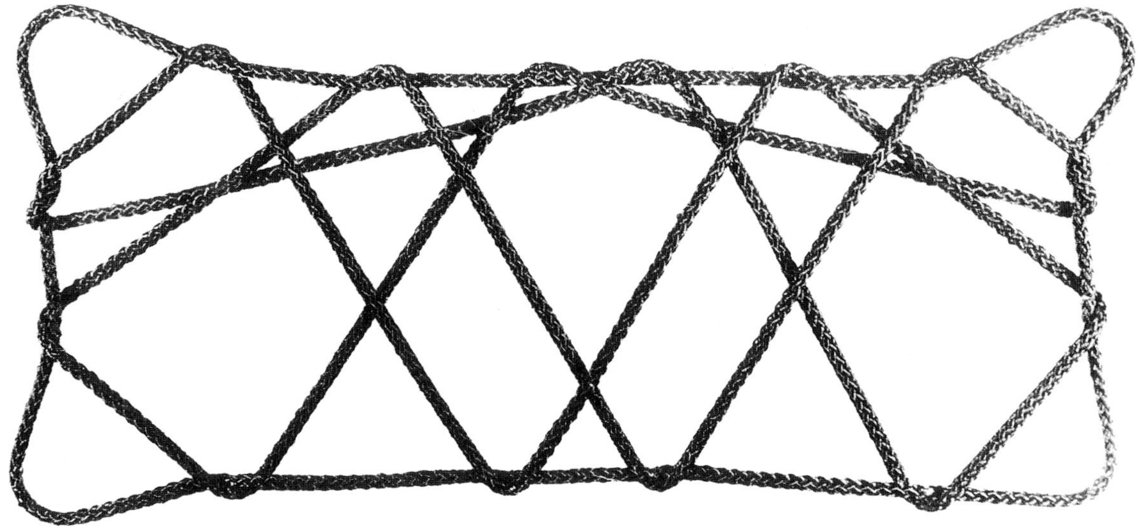

Schmetterling I (250/I)

1. Position I.

2. Daumen greifen distal zur ulnaren Kleinfingerschnur und rotieren um diese herum nach unten und schließlich auf den Spieler zu wieder in Ausgangsstellung. Nach dieser Bewegung gibt es an jeder Hand eine ulnare Daumenschnur, eine radiale Kleinfingerschnur und eine palmare Schnur.

3. Mittelfinger nehmen die gegenüberliegende Palmarschnur wie bei Opening A auf.

4. Daumen bewegt sich proximal zur Mittelfingerschlaufe und greift von proximal in die Kleinfingerschlaufe. Er nimmt die radiale Kleinfingerschnur auf und kehrt zurück.

5. Kleinfinger greift distal zur ulnaren Mittelfingerschnur und zieht diese zur Handwurzel, wobei die ursprüngliche Kleinfingerschlaufe abrutscht.

6. Ringfinger greift von proximal durch Kleinfingerschlaufe und sodann von distal in Daumenschlaufen. Er nimmt die proximale ulnare Daumenschnur auf und kehrt mit dieser durch die Kleinfingerschlaufe zurück. Kleinfinger entlassen.

7. Ringfinger zur Handwurzel beugen, Kleinfinger von proximal in Ringfingerschlaufe stecken.

8. Ring- und Mittelfinger entlassen.

9. Zeigefinger greift von distal in die Daumenschlaufen, greift proximal an der proximalen radialen Daumenschnur vorbei in radiale Richtung und sodann (mit Hilfe der Mittelfinger) proximal an der distalen radialen Daumenschnur vorbei in ulnare Richtung (also zwischen beiden proximalen Daumenschnüren hindurch). Dann zieht er in seiner Beuge die distale radiale Daumenschnur in einer rotierenden Bewegung an der proximalen radialen Daumenschnur vorbei vom Spieler weg.

10. Daumen entlassen und Figur zwischen hochgereckten Zeigefingern und niedergehaltenen Kleinfingern aufspannen.

Die Figur stellt einen Schmetterling mit ausgebreiteten Flügeln dar und stammt von den Bella Coola Indianern (Abb. 31). Aufgezeichnet hat sie 1948 T. F. McIlwraith.

Abb. 32

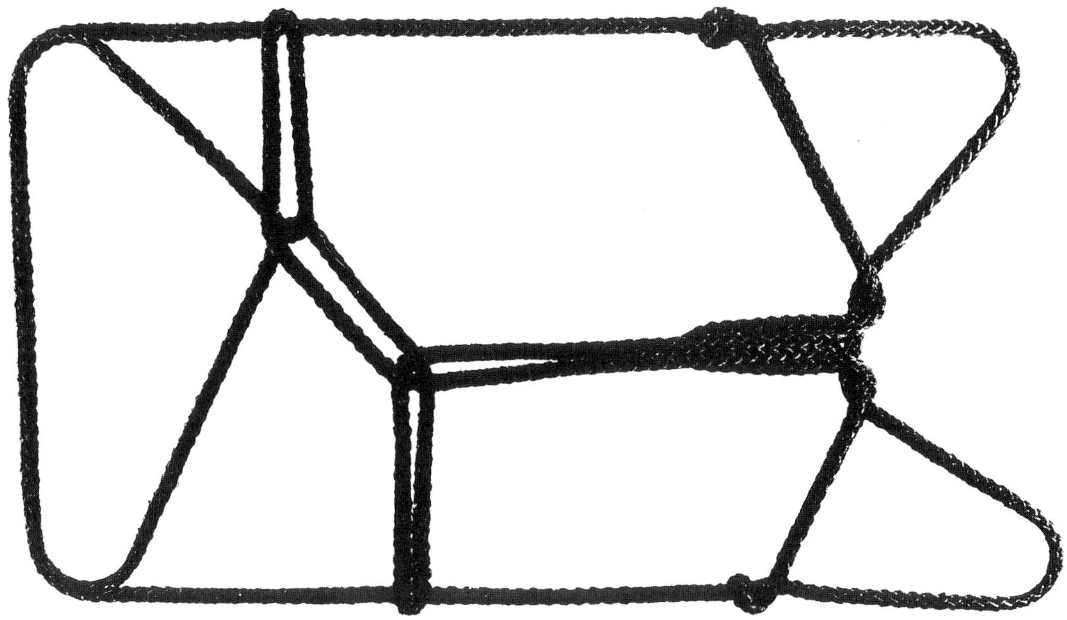

Ein Krüppel (200/III)

1. Opening A mit Mittelfingern.

2. Daumen bewegen sich proximal an der Mittelfingerschlaufe vorbei, greifen von proximal in die Kleinfingerschlaufe, nehmen die radiale Kleinfingerschnur auf und kehren zurück.

3. Kleinfinger greift distal zur ulnaren Mittelfingerschnur und zieht diese zur Handwurzel, wobei die ursprüngliche Kleinfingerschlaufe abrutscht.

4. Mittelfinger entlassen.

5. Ring- und Mittelfinger von proximal in Kleinfingerschlaufe beugen.

6. Mittelfinger greift von distal über proximale ulnare Daumenschnur und zieht diese durch die Schlaufe von Mittel-, Ring- und Kleinfinger. Ring- und Kleinfinger entlassen. Mittelfinger bleibt zur Handwurzel hin gekrümmt.

7. Kleinfinger greift von proximal in die Mittelfingerschlaufe und übernimmt diese. Kleinfinger bleibt zur Handwurzel hin gekrümmt.

8. Mittelfinger greift von distal durch beide Daumenschlaufen. Zeigefinger greift von distal in die distale Daumenschlaufe und dann radial an der proximalen radialen Daumenschnur vorbei. Diese Schnur wird zwischen Zeige- und Mittelfinger festgeklemmt und in ulnare Richtung gezogen. Dabei gleitet sie auf den Rücken des sich aufrichtenden Zeigefingers. Mittelfinger entlassen. Daumen entlassen.

9. Auf der vom Spieler abgewandten Seite der Figur verläuft jetzt eine freie Schnur geradlinig von Palmarschnur zu Palmarschnur. Daumen bewegt sich auf der ulnaren Seite dieser Schnur nahe der Palmarschnur in die Figur, nimmt diese Schnur auf seinem Rücken auf und zieht sie zum Spieler heran.

10. Mittelfinger greift distal über alle Schnüre und hält sie nieder. Daumen- und Zeigefingerspitzen aneinanderlegen und Daumenschlaufe so auf den Zeigefinger umschlagen, daß sie als proximale Zeigefingerschnur zu liegen kommt.

11. Daumen nimmt distale radiale Zeigefingerschnur von proximal kommend auf.

12. Mittel- und Zeigefinger entlassen.

13. Linker Ring- und Mittelfinger greifen von proximal in die linke Kleinfingerschlaufe und bleiben dort zur Handwurzel gekrümmt.

14. Linker Mittel-, Ring- und Kleinfinger greifen von proximal in die rechte Kleinfingerschlaufe. Rechten Kleinfinger entlassen.

15. Rechter Kleinfinger greift von distal in die rechte Daumenschlaufe und zieht die ulnare Daumenschnur zur Handwurzel. Rechten Daumen entlassen.

16. Rechter Zeigefinger greift von distal in linke Daumenschlaufe und nimmt die radiale linke Daumenschnur auf. Linken Daumen entlassen.

17. Mit Mittel-, Ring- und Kleinfinger der linken Hand Schnüre gut festhalten, während die gespreizten Zeige- und Kleinfinger der rechten Hand die Schnüre vorsichtig nach rechts spannen, bis die fertige Figur erscheint (Abb. 32).

Die doppelt abgewinkelte Gestalt nahe der linken Hand stellt einen Krüppel (»Cripple«) dar, die aufrechte Figur nahe der rechten Hand einen Mann mit Nabelbruch. Der Fadenspieler singt dazu: »Hi! Hi! Hi! Los, lauf, du Krüppel.« Das sind die Worte des rechten Mannes, und für den linken antwortet der Spieler: »Sag das nicht, du Mann mit dem Nabelbruch. Hi! Hi! Hi!«

Diese etwas komplizierte Figur hat – wie die vorige – 1948 T. F. McIlwraith bei den Bella Coolas entdeckt.

Abb. 33

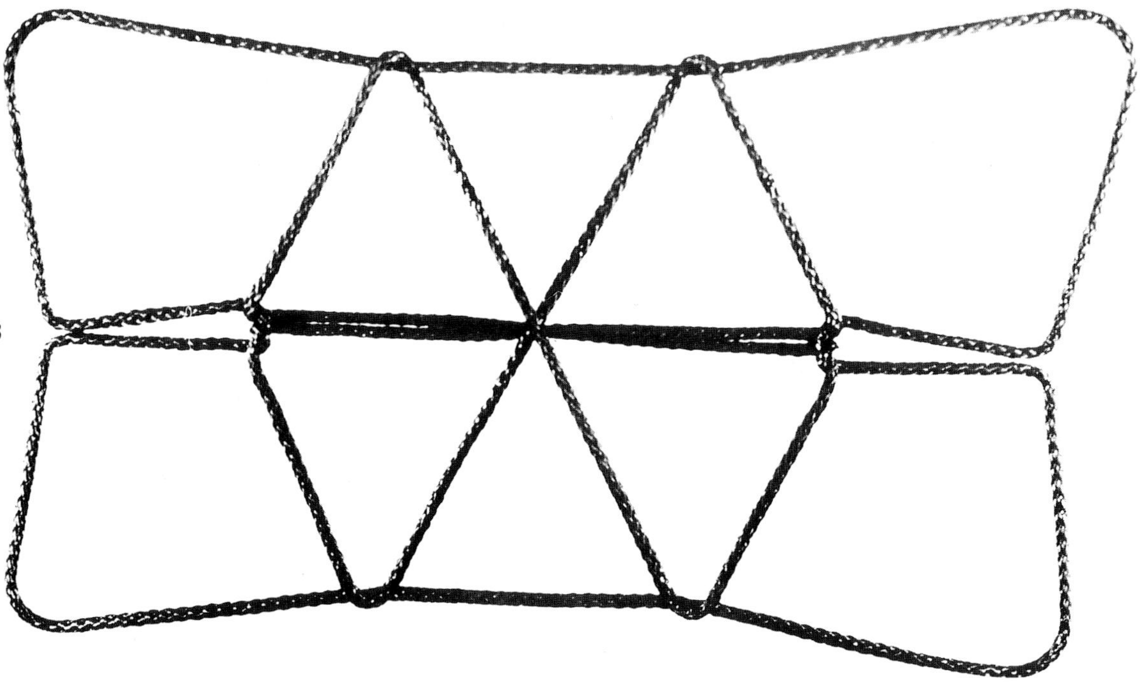

Schmetterling II (200/II)

1. Opening A.

2. Daumen bewegt sich distal zur Zeigefingerschlaufe, greift von proximal in die Kleinfingerschlaufe und nimmt die radiale Kleinfingerschnur auf.

3. Zeigefinger beugt sich zur Handwurzel hin durch die eigene Schlaufe und hält dabei in seiner Beuge die palmare Schnur fest.

4. Kleinfinger entlassen. Zeigefinger bewegt sich in ulnare Richtung in seine normale Stellung.

5. Mittel-, Ring- und Kleinfinger greifen von proximal durch beide Daumenschlaufen. Kleinfinger greift anschließend von distal zwischen beide radiale Daumenschnüre. Klein- und Ringfinger klemmen zwischen sich die proximale radiale Daumenschnur fest. Mittelfinger entlassen.

6. Klein- und Ringfinger bewegen sich in ulnare Richtung und richten sich dabei auf, wobei der Kleinfinger auf seinem Rücken die proximale radiale Daumenschnur aufnimmt.

7. Daumen entlassen.

8. Daumen greift von proximal durch Kleinfingerschlaufe und anschließend von distal durch Zeigefingerschlaufe. Zeigefinger entlassen.

9. »Caroline Extension« (Siehe Seite 22).

Dieser »Schmetterling« mit seinen ausgebreiteten Flügeln ist für Nordamerika schon wegen der Art seiner Aufspannung eine recht ungewöhnliche Figur (Abb. 33). Zwar produzieren die Navaho-Indianer ein identisches Muster (aber auf völlig andere Weise), doch erinnert der »Schmetterling« eher an australische Fadenspiele. Entdeckt wurde der nordamerikanische »Schmetterling« 1952 von Paul G. Brewster in Arkansas.

Abb. 34

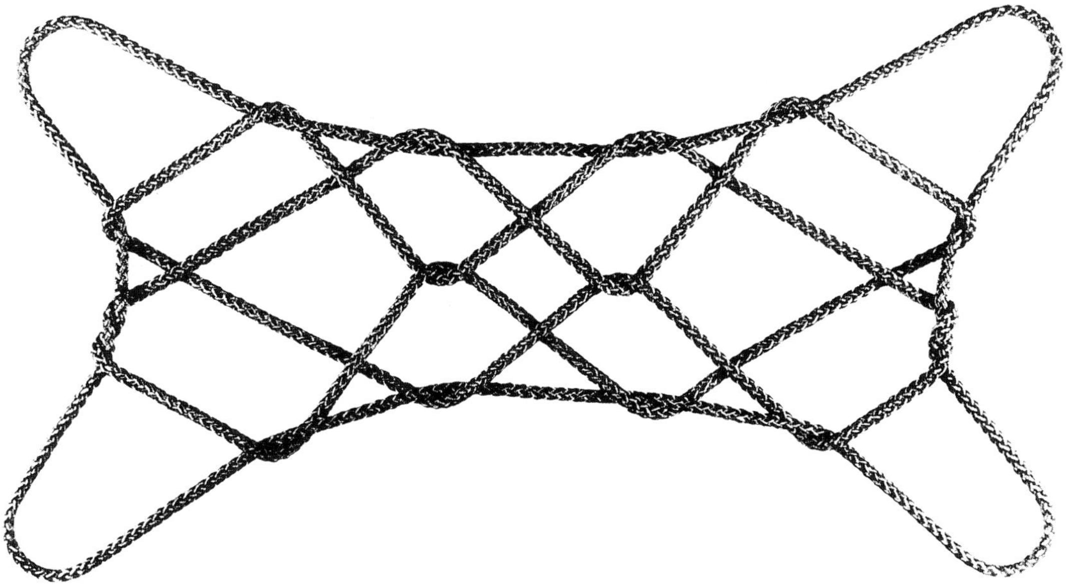

Eulennetz (250/II)

1. Opening A.

2. Daumen bewegt sich von distal durch die Zeigefingerschlaufe und nimmt auf seinem Rükken die ulnare Zeigefingerschnur auf.

3. Zeigefinger greift von distal in die distale Daumenschlaufe und dann in radialer Richtung zwischen beiden radialen Daumenschnüren hindurch. Mittelfinger greift gleichzeitig von distal durch beide Daumenschlaufen. Zeige- und Mittelfinger klemmen zwischen sich die proximale radiale Daumenschnur fest und ziehen sie nach oben aus der Figur heraus. Handflächen wenden sich dabei vom Spieler ab, und die Schnur zwischen Zeige- und Mittelfinger gleitet auf den Rücken der Zeigefinger. Der Mittelfinger wird frei. Daumen entlassen.

4. Daumen greift von distal durch die proximale Zeigefingerschlaufe, dann proximal an der Kleinfingerschlaufe vorbei und nimmt auf seinem Rücken die ulnare Kleinfingerschnur auf. Mit ihr kehrt er durch die proximale Zeigefingerschlaufe zurück. Kleinfinger entlassen.

5. Mittel-, Ring- und Kleinfinger greifen von proximal in die Daumenschlaufe und ziehen die radiale Daumenschnur zur Handwurzel hin. Daumen entlassen. Daumen greift von proximal durch die distale Zeigefingerschlaufe und übernimmt diese.

6. Mittelfinger bleibt zusammen mit Ring- und Kleinfinger in seiner Schlaufe und greift von ulnar und distal über die ulnare Daumenschnur und zieht diese in seiner Beuge durch die von Mittel-, Ring- und Kleinfinger niedergehaltene Schlaufe in ulnare Richtung. Ring- und Kleinfinger entlassen und sofort von proximal in die Mittelfingerschlaufe stecken.

7. Mittelfinger bewegt sich von ulnar nach radial zwischen den beiden Schnüren hindurch, die sich um die Palmarschnur schlingen, nimmt die der Handwurzel nähere dieser beiden Schnüre in seiner Beuge auf und zieht sie in ulnare Richtung durch die von Ring- und Kleinfinger niedergehaltene Schlaufe. Ring- und Kleinfinger entlassen und sofort von proximal in Mittelfingerschlaufe stecken. Mittelfinger entlassen.

8. Mittelfinger fährt von proximal durch die Zeigefingerschlaufe und von distal durch die Daumenschlaufe. Zeigefinger beugt sich auf die radiale Seite der radialen Daumenschnur. Mittel- und Zeigefinger klemmen diese Schnur zwischen sich fest und ziehen sie in ulnare Richtung durch die Zeigefingerschlaufe. Dabei wenden sich die Handflächen nach außen und die festgeklemmete Schnur fällt über den Rücken des Zeigefingers. – Daumen entlassen und Figur mit nach außen gewandten Handflächen aufspannen, wobei die Zeigefinger nach oben, die Kleinfinger nach unten weisen.

Dieses »Eulennetz« gehört zu den kompliziertesten der nordamerikanischen Figuren (Abb. 31). Es wurde kurz nach der Jahrhundertwende von John L. Cox entdeckt, der es von einer Klamath-Indianerfrau lernte.

Abb. 35

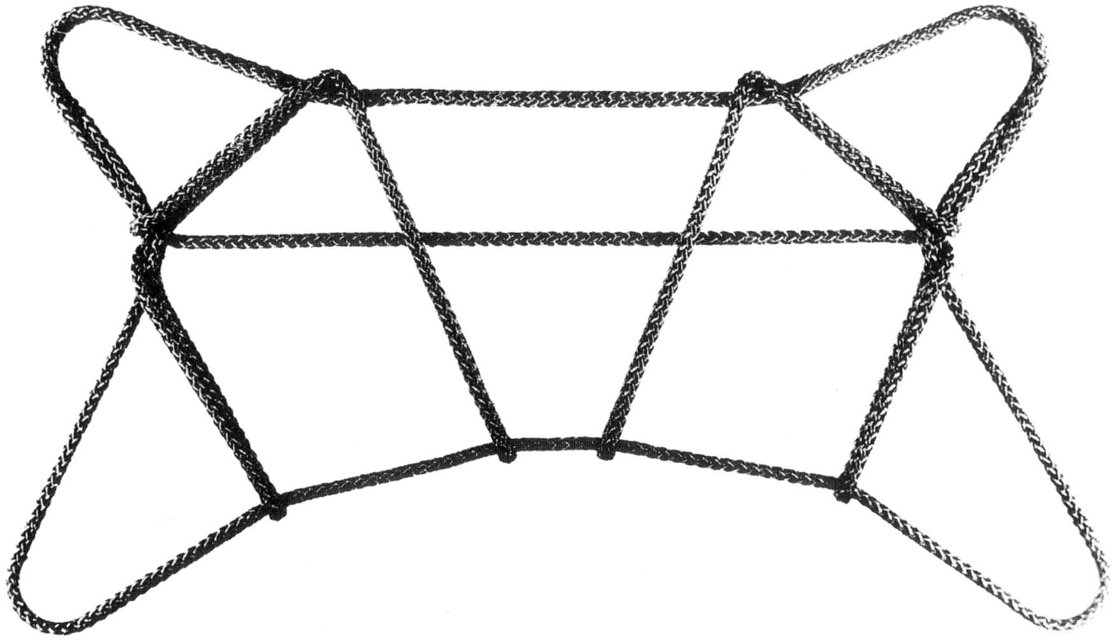

Zwei Eichhörnchen (250/II)

1. Daumen und Zeigefinger beider Hände halten die Schnur so fest, daß zwischen beiden Händen ein etwa 15 cm langes Schnurstück verläuft. Die Hände nähern sich einander, bis der Daumen der rechten Hand mit seiner Kuppe die Zeigefingerspitze der linken Hand berührt. Dabei wird das 15 cm lange Schnurstück zu einer herabhängenden Schlaufe gedreht. Durch diese Schlaufe greifen beide Daumen in Richtung vom Spieler weg. Es gibt jetzt eine sehr kurze und eine sehr lange ulnare Daumenschnur. Die Kleinfinger nehmen von proximal die lange ulnare Daumenschnur auf. Schnüre spannen.

2. Zeigefinger nehmen wie bei Opening A gegenüberliegende Palmarschnüre auf.

3. Zeigefinger greift von distal durch die Kleinfingerschlaufe und übernimmt diese.

4. Mittel-, Ring- und Kleinfinger bewegen sich proximal zur distalen und distal zur proximalen Zeigefingerschlaufe und ziehen die proximale Zeigefingerschlaufe zur Handwurzel.

5. Mittelfinger greift von proximal durch beide Daumenschlaufen und durch die distale Zeigefingerschlaufe und nimmt in seiner Beuge die distale radiale Zeigefingerschnur auf. Diese zieht er in proximale Richtung durch die beiden Daumenschlaufen und dann in ulnare Richtung distal an den beiden ulnaren Kleinfingerschnüren vorbei. Ring- und Kleinfinger entlassen und von proximal in die Mittelfingerschlaufe stekken.

6. Mittelfinger entlassen. Mittelfinger fährt von proximal durch die distale Zeigefingerschlaufe und von distal durch beide Daumenschlaufen. Zeigefinger klemmt von distal beide radiale Daumenschnüre gegen den Mittelfinger. Handflächen nach außen drehen und Zeige- und Mittelfinger durch die distale Zeigefingerschlaufe bewegen. Dabei verliert der Zeigefinger seine alte distale Schlaufe, und beide zwischen ihm und dem Mittelfinger eingeklemmten Schnüre gleiten auf seinen Rücken. – Daumen entlassen.

7. Schnüre spannen. Die proximalen radialen Zeigefingerschnüre laufen zur Mitte der Figur, wo sie sich in der Mitte der ulnaren Kleinfingerschnur kreuzen. An dieser Kreuzung nehmen beide Daumen gemeinsam beide proximalen radialen Zeigefingerschnüre mit ihren Rücken von ulnar her auf. Dabei entstehen zwei parallele radiale Daumenschnüre.

8. Daumen- und Zeigefingerkuppen aneinanderdrücken und beide radiale Daumenschnüre (bei der Wiederholung nur eine Schnur) über die Fingerkuppen hinweg auf die ulnare Zeigefingerseite als proximale Schlaufe werfen.

9. Daumen greift von proximal in die beiden distalen Zeigefingerschlaufen und übernimmt diese. Zeigefinger entlassen.

10. Zeigefinger greift von distal in die beiden Daumenschlaufen und übernimmt diese.

11. Schnüre spannen. Von der Palmarschnur verlaufen jetzt zwei Schnüre zur ulnaren Kleinfingerschnur, eine schlauft sich um diese und kehrt sofort zur Palmarschnur zurück, die andere umrundet die ulnare Kleinfingerschnur und läuft dann ins Zentrum der Figur. Die letztere der beiden Schnüre nimmt der Daumen mit seinem Rücken genau zwischen der Palmarschnur und der unteren Kleinfingerschnur auf.

12. Bewegungen 8 bis 10 wiederholen. – Figur aufspannen (Abb. 35).

Die beiden »Eichhörnchen« lernte wie die vorige Figur John L. Cox bei den Klamath-Indianern. Die Art ihrer Herstellung erinnert an manche Schnurfiguren der Eskimos.

Abb. 36

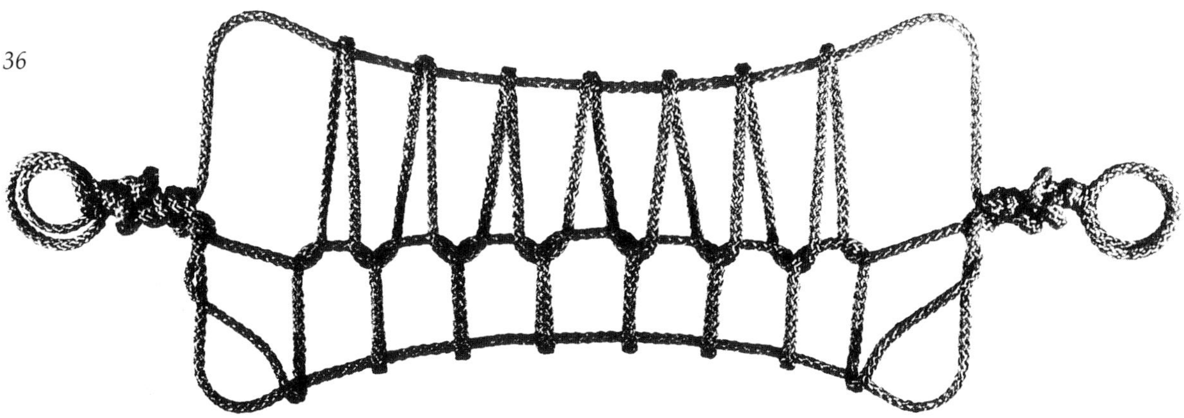

Gewitterwolken (250–300/III)

1. Schnurschlinge so über beide Zeigefinger legen, daß eine nur etwa 15 cm lange ulnare Zeigefingerschnur und eine lange radiale Zeigefingerschnur entstehen. Daumen und Zeigefinger beider Hände halten die ulnare Zeigefingerschnur fest. Beide Hände nähern sich einander, bis die Daumenkuppe der rechten Hand die Zeigefingerkuppe der linken Hand berührt. Die zwischen beiden Fingerpaaren aus der ulnaren Zeigefingerschnur entstehende kleine geschlossene Schlaufe soll nach oben stehen. Beide Zeigefinger bewegen sich vom Spieler fort durch diese kleine Schlaufe. Schnüre spannen. An jedem Zeigefinger gibt es jetzt zwei zueinander parallele radiale Schnüre und zwei ulnare Schnüre, die sich in der Figurmitte kreuzen. Die linke distale ulnare Zeigefingerschnur verläuft an der Kreuzung ulnar zur rechten distalen Zeigefingerschnur.

2. Rechter Daumen greift von distal in die rechte proximale Zeigefingerschlaufe, nimmt auf seinem Rücken die rechte proximale ulnare Zeigefingerschnur auf und kehrt zurück.

3. Linker Daumen bewegt sich distal zur linken proximalen Zeigefingerschlaufe und proximal zur linken distalen Zeigefingerschlaufe, nimmt auf seinem Rücken die linke distale ulnare Zeigefingerschnur auf und kehrt zurück.

4. Mittel-, Ring- und Kleinfinger der rechten Hand greifen von proximal durch die rechte distale Zeigefingerschlaufe. Mittel-, Ring- und Kleinfinger der linken Hand greifen von proximal durch die linke proximale Zeigefingerschlaufe. Mittel-, Ring- und Kleinfinger beider Hände ziehen in ihren Beugen die distale radiale Zeigefingerschnur in Richtung Handwurzel und halten nur diese Schnur dort fest.

5. Mittelfinger streckt sich ulnar zur proximalen radialen Zeigefingerschnur in die Höhe, ergreift diese Schnur in seiner Beuge, zieht sie distal an der distalen radialen Zeigefingerschnur und dann in ulnare Richtung an der Ring- und Kleinfingerschlaufe vorbei und hält sie fest. Ring- und Kleinfinger entlassen und sofort von proximal durch die Mittelfingerschlaufe stecken.

6. Daumen entlassen und Figur spannen. Das Ergebnis ist eine »Gewitterwolke« (»Storm Cloud«). Sie ist zwischen den hochgereckten Zeigefingern und den niedergebeugten Mittel-, Ring- und Kleinfingern aufgespannt.

7. Vom Zeigefinger verlaufen zwei Schnüre parallel diagonal in proximale Richtung zur Figurenmitte. Der Daumen greift von distal in die Mittel-, Ring- und Kleinfingerschlaufe, nimmt zunächst auf seinem Rücken die proximale dieser beiden diagonalen Schnüre auf und zieht dann in seiner Beuge die distale diagonale Schnur zur Handwurzel. Mittel-, Ring- und Kleinfinger entlassen und von distal in die Daumenschlaufe stecken. Sie halten die radiale Daumenschnur nieder. Daumen entlassen.

8. Mittelfinger streckt sich auf der radialen Seite der beiden radialen Zeigefingerschnüre nach oben und drückt diese in ulnare Richtung, greift dann in seiner Beuge die einzelne distale Zeigefingerschnur und beugt sich wieder zur Handwurzel. Er zieht dabei diese Schnur durch die Schlaufe von Ring- und Kleinfinger hindurch. Ring- und Kleinfinger entlassen und sofort von proximal in Mittelfingerschlaufe stecken.

9. Daumen zwischen Zeigefinger und Figurmitte von proximal auf die ulnare Seite der proximalen radialen Zeigefingerschnur (das ist die Schnur, die geradlinig von einem Zeigefinger zum anderen verläuft) bringen. Daumen- und Zeigefingerspitzen zusammendrücken und Daumenschlaufe auf das oberste Zeigefingerglied übernehmen. Daumen entlassen und Figur wie in Bewegung 6 spannen.

Die Figur zeigt jetzt zwei »Gewitterwolken«. Durch ständiges Wiederholen der Bewegungen 7 bis 9 lassen sich die Wolken beliebig vermehren (Abb. 36). Dabei muß man nach der Bewegung 8 jeweils den Zeigefinger von seiner distalen Schlaufe entlassen.

Zum Auflösen der Figur einfach die distale Zeigefingerschlaufe und die Mittel-, Ring- und Kleinfingerschlaufen entlassen und Schnüre spannen.

Gelernt hat die »Gewitterwolken« 1904 die in den Kreisen der Schnurfiguren-Enthusiasten durch ihr Standardwerk »String Figures and how to make them« bekannte Amerikanerin Caroline Furness Jayne von zwei Navaho-Mädchen.

Sakraler Kreis (350/III)

1. Opening A.

2. Ringfinger greift von proximal durch die Zeigefingerschlaufe.

3. Mittelfinger nehmen wechselweise die Palmarschnüre des gegenüberliegenden Mittelfingers auf (wie bei Opening A).

4. Daumen greift distal zu Zeige-, Mittel- und Ringfingerschlaufen und hält diese nieder. Kleinfinger rotiert um 360 Grad in ulnare Richtung und verdrallt seine Schlaufe dabei. Daumen wieder aufrichten.

5. Daumen greift distal zu Zeige- und Mittelfingerschlaufe und hält diese nieder. Ringfinger rotiert um 360 Grad in ulnare Richtung. Daumen aufrichten.

6. Daumen greift distal zur Zeigefingerschlaufe und hält diese nieder. Mittelfinger rotiert um 360 Grad in ulnare Richtung. Daumen aufrichten.

7. Zeigefinger rotiert um 360 Grad in ulnare Richtung.

8. Daumen rotiert um 360 Grad in proximale Richtung.

9. Daumen greift von distal nacheinander durch Zeige-, Mittel- und Ringfingerschlaufen und drückt die radialen Schnüre aller drei Schlaufen kräftig in Richtung Handwurzel. Zeigefinger bewegt sich proximal zu den ulnaren Zeige-, Mittel- und Ringfingerschnüren, greift von distal in die Kleinfingerschlaufe, zieht die radiale Kleinfingerschnur in seiner Beuge in radiale Richtung und hängt diese Schnur über den Daumenrükken. Zeigefinger entlassen. Daumen in Normalstellung zurückbringen.

10. Mittel- und Ringfinger greifen gemeinsam auf der ulnaren Seite der ulnaren Ringfingerschnur in proximale Richtung und von dort entlang der palmaren Schnur in radiale Rich-

Abb. 37

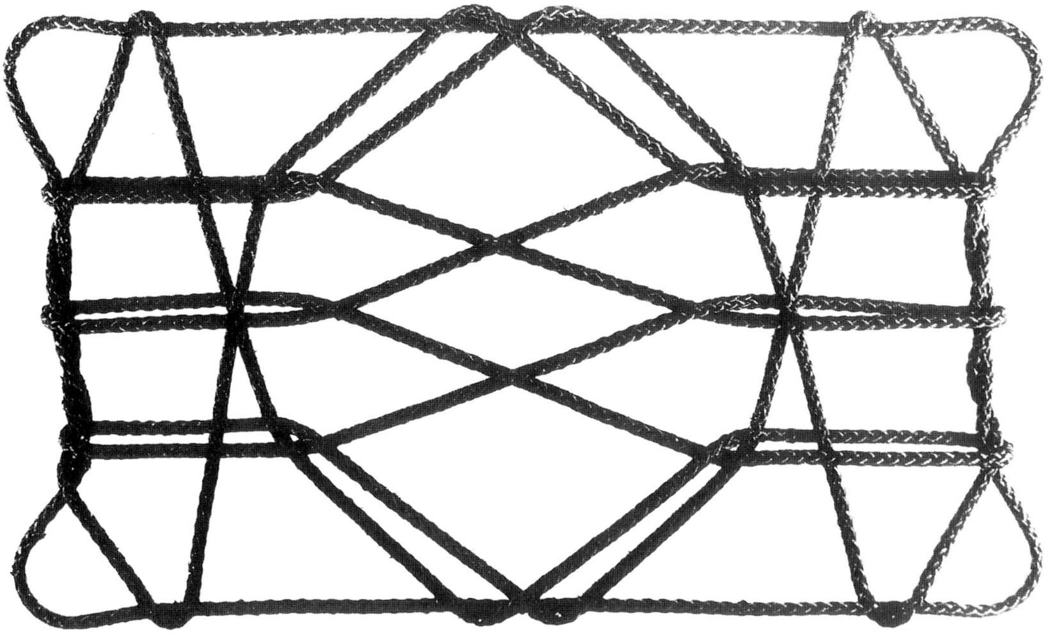

tung, also proximal zu den ulnaren Ring-, Mittel- und Zeigefingerschnüren. Die beiden Finger klemmen zwischen ihren Spitzen die proximale ulnare Daumenschnur fest, ziehen sie in ulnare Richtung durch die Zeige-, Mittel- und Ringfingerschlaufen und legen sie über den Kleinfinger.

11. Zeige-, Mittel- und Ringfinger entlassen.

12. Ulnare Kleinfingerschnüre so ordnen, daß die gerade von Kleinfinger zu Kleinfinger verlaufende Schnur proximal liegt. Daumen und Zeigefinger der rechten Hand greifen von distal durch die distale Kleinfingerschlaufe der linken Hand und fassen die proximale ulnare Kleinfingerschnur. Linken Kleinfinger entlassen und nur die von Daumen und Zeigefinger der rechten Hand gehaltene Schlaufe wieder auf linken Kleinfinger zurückhängen. Bewegung entsprechend an rechter Hand wiederholen.

13. Radiale Daumenschnüre so ordnen, daß die gerade von Daumen zu Daumen verlaufende Schnur distal liegt. Navaho Daumen.

14. Spannen. Zeige- und Mittelfinger greifen von distal so in den zentralen Kreis, daß zwischen ihnen zwei der zentralen Schnüre verlaufen und ziehen die Begrenzungsschnüre des Kreises kräftig in Richtung Handfläche. Dadurch wird das Muster schöner. Zeigefinger entlassen und fertiges Muster zwischen Kleinfingern und Daumen spannen (Abb. 37).

Dieser »Sakrale Kreis« gilt bei den Navaho-Indianern als Friedenssymbol. Er wird gelegentlich auch »Friedensschild« genannt, denn sein waffelartiges Muster sieht in der Tat der Zeichnung dieses Zeremonialschildes recht ähnlich. Der amerikanische Mathematiker Tom Storer hat die wunderschöne Figur anläßlich einer Langhaus-Zeremonie 1964 von einem alten Medizinmann (»Faithkeeper« bzw. »Glaubenswächter«) gelernt und mir freundlicherweise erlaubt, ihre Beschreibung hier erstmals zu veröffentlichen.

Schnurfiguren aus Südamerika

Mit Sicherheit ist Südamerika ein an Schnurfiguren sehr reicher Subkontinent. Daß trotzdem nur vergleichsweise wenige südamerikanische Fadenspiele in der Fachliteratur beschrieben sind, ist ein Versäumnis der einschlägigen Forschung. Wo immer in Südamerika Ethnologen oder Missionare gezielt nach Schnurfiguren suchten, war ihnen eine gute Ausbeute beschert. Doch gesucht haben bisher nur wenige. Und ausgerechnet der Schwede Stig Ryden, der 1934 94 südamerikanische »String Figures« veröffentlichte, gab bei keiner einzigen Hinweise zur Machart an. Er publizierte nur ihre Bilder. Mir und anderen Mitgliedern der in Tokio ansässigen »Nippon Ayatori Kyokai«, der heute international arbeitenden Japanischen Schnurfigurengesellschaft, ist es in den vergangenen Jahren aber gelungen, Herstellungswege für zahlreiche der von Ryden dokumentierten Figuren zu rekonstruieren.

Wohl am besten erforscht und beschrieben sind die Schnurfiguren aus Guyana. Bekannt wurden aber auch Fadenspiele aus Brasilien, Venezuela, Peru, Bolivien und Argentinien.

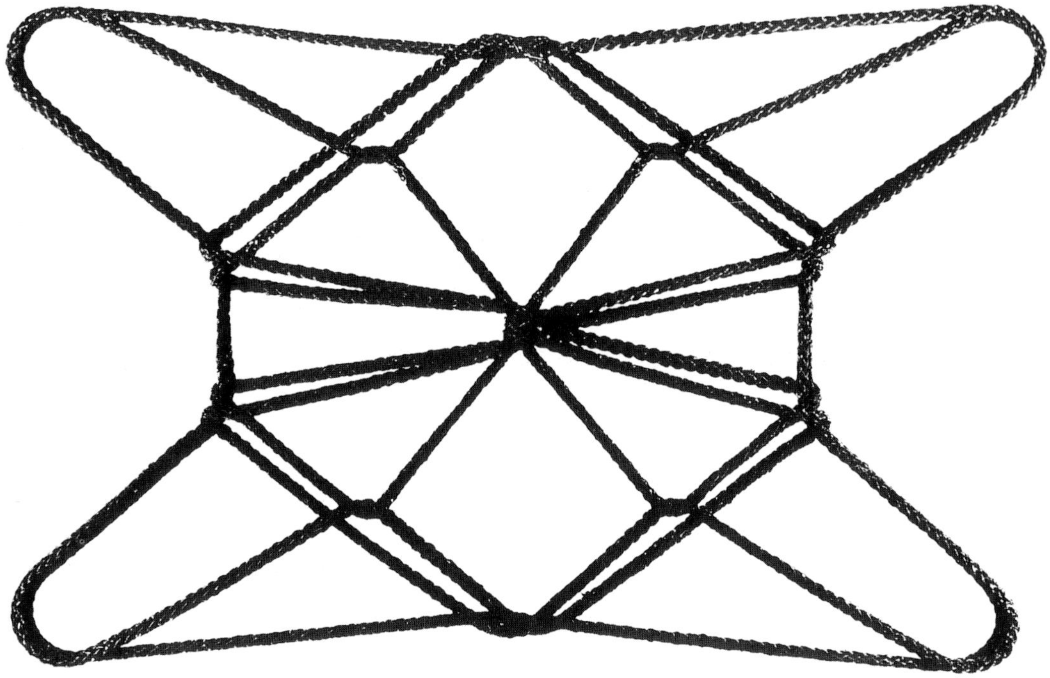

Abb. 38

Plejaden (400/I)

1. Opening A, jedoch mit Zeige- *und* Mittelfinger.

2. Daumen bewegt sich distal zur Zeige-Mittelfingerschlaufe, greift von proximal in die Kleinfingerschlaufe, nimmt die radiale Kleinfingerschnur auf und kehrt zurück.

3. Kleinfinger bewegt sich distal zur Mittel-Zeigefingerschlaufe, greift von proximal in die Daumenschlaufe, nimmt die proximale ulnare Daumenschnur auf und kehrt zurück.

4. Mittelfinger nimmt auf seinem Rücken die distale ulnare Kleinfingerschnur auf (die Schnur, die zum Zentrum der Figur läuft). Zeigefinger nimmt auf seinem Rücken die distale radiale Daumenschnur auf.

5. Navaho Zeige- und Mittelfinger mit ihrer gemeinsamen proximalen dorsalen Schnur.

6. Rechter Zeigefinger fährt von distal hinter die linke dorsale Zeigefingerschnur, rechter Mittelfinger hinter die linke dorsale Mittelfingerschnur. Linken Zeige- und Mittelfinger entlassen, Schlaufen distal auf die Finger der rechten Hand übernehmen. Schnüre nicht spannen. Linker Zeigefinger fährt von distal hinter die rechte proximale dorsale Zeigefingerschnur, linker Mittelfinger hinter die rechte proximale dorsale Mittelfingerschnur. Navaho rechten Zeige- und Mittelfinger. Die linken Zeige- und Mittelfinger übernehmen die beiden Schlaufen. – Spannen.

7. Daumen und Zeigefinger greifen von distal durch die Zeigefingerschlaufe der gegenüberliegenden Hand, fassen beide Daumenschlaufen, nehmen sie vom Daumen ab, ziehen sie nach distal durch die Zeigefingerschlaufe und hängen sie wieder auf den Daumen zurück.

8. Entsprechend Bewegung 7 ziehen Daumen und Zeigefinger an der gegenüberliegenden Hand die beiden Kleinfingerschlaufen durch die Mittelfingerschlaufe und hängen sie auf den Kleinfinger zurück.

9. Zeige- und Mittelfinger entlassen. Figur spannen.

Das entstandene Muster verkörpert bei den Makusi- und Arawak-Indios in Guyana die Sterngruppe der Plejaden (Abb. 38). Ein einheimischer Name ist nicht bekannt. W. E. Roth hat diese Figur 1924 veröffentlicht.

Abb. 39

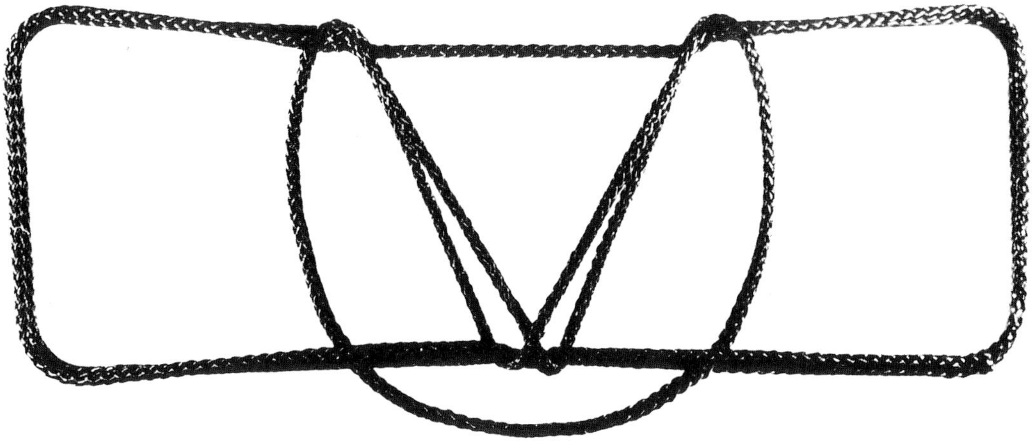

Mond (200/I)

1. Position I.

2. Daumen und Zeigefinger der rechten Hand fassen die linke ulnare Kleinfingerschnur und wickeln sie einmal um den linken Kleinfinger.

3. Rechter Kleinfinger fährt von proximal hinter die linke palmare Kleinfingerschnur. – Schnüre spannen.

4. Zähne fassen die radiale Kleinfingerschnur in der Mitte der Figur, ziehen sie distal zur radialen Daumenschnur weit zum Spieler hin und lassen sie als lange Schlaufe vor der radialen Daumenschnur fallen. Figur vorsichtig auf die Knie legen und dabei Hände so auf den Spieler zu bewegen, daß die hängende Schlaufe proximal an allen Schnüren in ulnare Richtung vorbeirutscht. Daumen und Zeigefinger beider Hände greifen die Mitte der losen Schlaufe auf der ulnaren Seite aller Schnüre und machen in diese Schnur eine kleine geschlossene Schlaufe, indem sie ihr rechtes Schnurteil über das linke legen. In diese Schlaufe greifen von radial nach ulnar die beiden Zeigefinger und nehmen sie auf. Spannen.

5. Daumen bewegt sich distal zur Zeigefingerschlaufe von proximal in die Kleinfingerschlaufe, nimmt die radiale Kleinfingerschnur auf und kehrt zurück.

6. Zeigefinger greift über beide Palmarschnüre hinweg von distal durch die eigene Schlaufe und preßt die Palmarschnüre in seiner Beuge gegen die Handfläche. Dabei gleitet seine Dorsalschnur von ihm ab.

7. Daumen und Kleinfinger entlassen. Daumen greift sofort von distal in die Zeigefingerschlaufen. Figur zwischen Daumen und Zeigefinger spannen (Abb. 39).

Wie für die »Plejaden« ist auch für diesen »Halbmond« kein Indioname bekannt. Auch diese Figur hat W. E. Roth 1924 erstmals beschrieben. Er fand sie beim Stamme der Warrau in Guyana.

Die nächste Figur bedeutet »Honig« (ein Indioname ist nicht bekannt) und stellt das Loch in einem hohlen Baum dar, in dem die Waben eines wilden Bienenschwarms gedacht sind (Abb. 40). Sie stammt von den Warrau in Guyana. Die beiden Figuren »Mond« und »Honig« entdeckte 1924 W. E. Roth.

Abb. 40

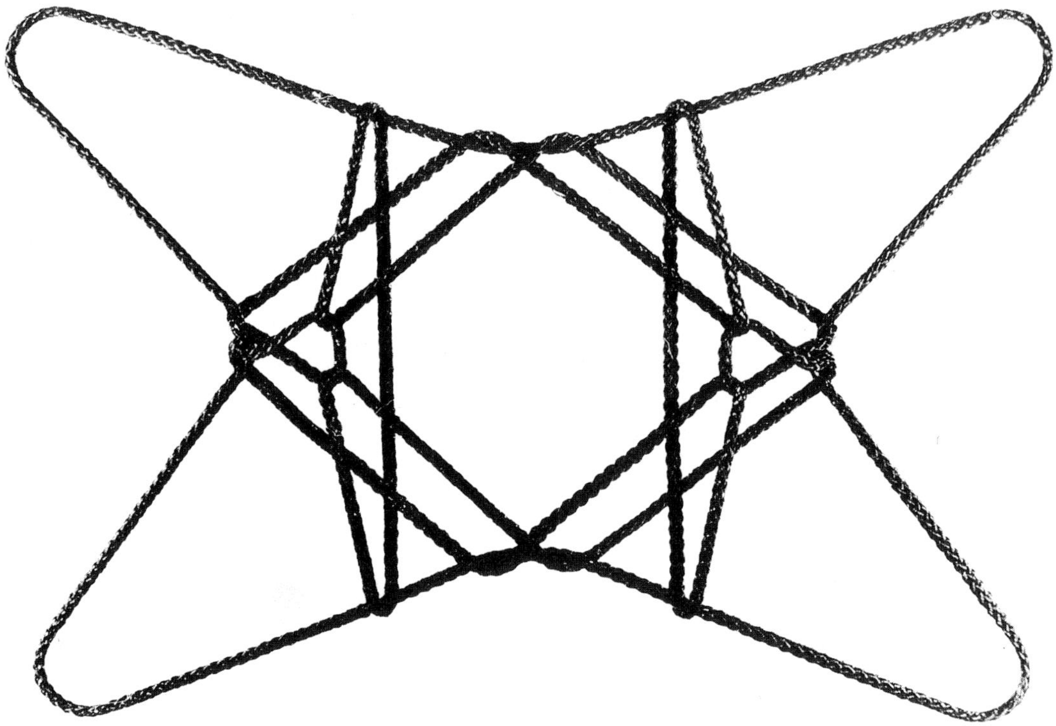

Honig (250/II)

1. Opening A.

2. Daumen, Mittel-, Ring- und Kleinfinger greifen von proximal durch die Zeigefingerschlaufe, die dadurch zum Handgelenk rutscht.

3. Mit der Zunge radiale Daumenschnur in der Mitte zwischen beiden Daumen (distal zu den gekreuzten ulnaren Daumenschnüren) etwas anheben und proximal zur radialen Daumenschnur mit den Zähnen die ulnare Kleinfingerschnur in Richtung zum Spieler ziehen. (Bei dieser komplizierten Bewegung dürfen natürlich die Finger helfen). Die zuerst aufgenommene Zungenschnur wird dabei entlassen.

4. Kleinfinger entlassen und Schnüre spannen. Vor dem Mund entsteht eine gekreuzte Schlaufe.

5. Beide Kleinfinger von oben in die Mundschlaufe stecken und diese auf die Kleinfinger übernehmen.

6. Zähne nehmen die radiale Daumenschnur in der Mitte der Figur von oben auf und ziehen sie distal zur radialen Kleinfingerschnur und zur ulnaren Daumenschnur in radiale Richtung.

7. Daumenschlaufe auf Zeigefinger umhängen.

8. Daumen von unten in die Mundschlaufe schieben und Zähne entlassen.

9. Dorsale Handrückenschnur über alle fünf Finger heben und als distale Schlaufe auf Zeigefinger hängen.

10. Navaho Zeigefinger. Schnüre spannen.

11. Rechter Zeigefinger greift von distal hinter die linke dorsale Zeigefingerschnur und hebt diese vom linken Zeigefinger ab.

12. Linker Zeigefinger greift von distal hinter die rechte proximale dorsale Zeigefingerschnur und hebt diese über die distale Schlaufe hinweg vom rechten Zeigefinger ab. Schnüre spannen.

Das entstandene Muster heißt »Brustbein eines Vogels«.

13. Daumen und Zeigefinger der rechten Hand greifen von distal durch die linke Zeigefingerschlaufe und fassen die linke ulnare Daumenschnur sowie die linke radiale Kleinfingerschnur und ziehen diese Schnüre in distale Richtung durch die Zeigefingerschlaufe. Alle linken Finger entlassen und sofort die ursprünglichen Daumen- und Kleinfingerschlaufen auf Daumen und Kleinfinger zurückhängen.

14. Bewegung 13 entsprechend an der rechten Hand wiederholen. – Figur spannen.

Abb. 41

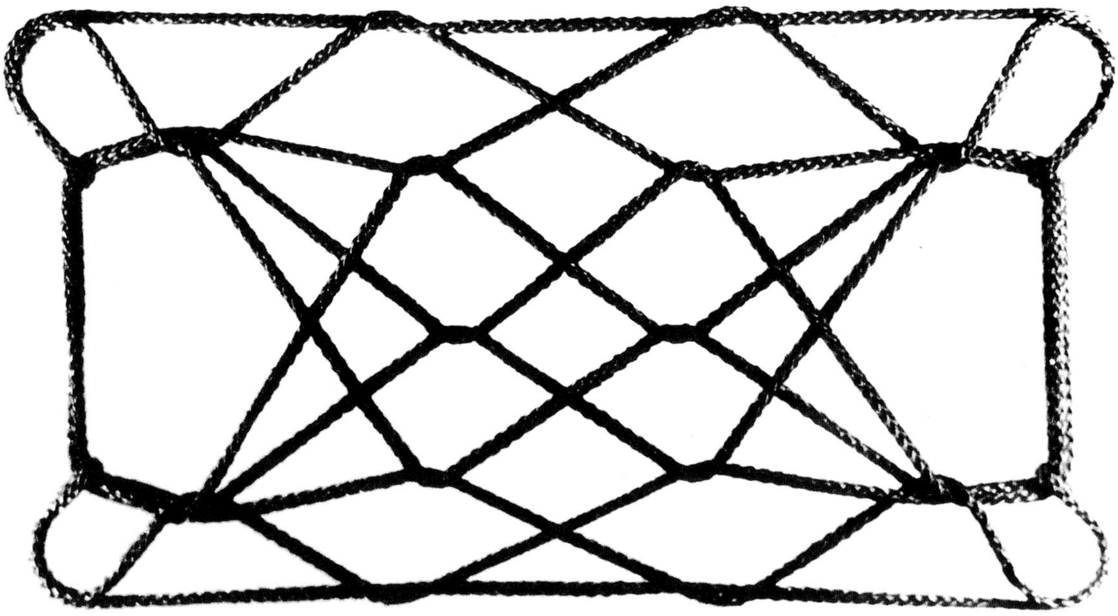

Vogelnest (400/I)

1. Opening A.

2. Ringfinger greift von proximal durch die Zeigefingerschlaufe.

3. Mittelfinger nimmt die palmare Mittelfingerschnur der gegenüberliegenden Hand wie bei Opening A auf.

4. Alle fünf Finger der rechten Hand mit ihren Schlaufen um 360 Grad in ulnare Richtung rotieren (wie Bewegungen 4 ff. der Figur »Sakraler Kreis«, s. S. 48).

5. Alle fünf Finger der linken Hand mit ihren Schlaufen um 360 Grad in *radiale* Richtung rotieren.

6. Zeigefingerschlaufe abnehmen und auf Mittelfinger hängen.

7. Ringfingerschlaufe abnehmen und auf Mittelfinger hängen.

8. Rechter Daumen und Zeigefinger greifen von distal durch alle drei linken Mittelfingerschlaufen, fassen die linke ulnare Daumenschnur, ziehen diese Schnur durch die drei Mittelfingerschlaufen nach distal und legen sie als distale radiale Schnur über den linken Daumen. – Rechter Daumen und Zeigefinger greifen von distal durch alle drei linken Mittelfingerschlaufen, fassen die linke radiale Kleinfingerschnur, ziehen diese Schnur durch die drei Mittelfingerschlaufen nach distal und legen sie als distale ulnare Schnur über den linken Kleinfinger.

9. Bewegungen 8 entsprechend an der rechten Hand ausführen.

10. Mittelfinger entlassen und Figur zwischen Daumen und Kleinfinger aufspannen (Abb. 41).

Die großen Öffnungen unmittelbar neben den drei palmaren Schnüren jeder Hand sind die Eingänge des »Vogelnests«.

Diese Figur hat Stig Ryden bei den Toba-Indios in der argentinischen Provinz Formosa entdeckt, ohne die Methode ihrer Herstellung aufzuzeichnen. Sein schwedischer Landsmann Nordenskiöld berichtet, daß sie – als »Papageiennest« auch bei den Ashlusay-Indios bekannt ist. Die hier angegebene Anweisung für dieses Fadenspiel ist eine Rekonstruktion des Kanadiers Ronald C. Read aus dem Jahre 1982.

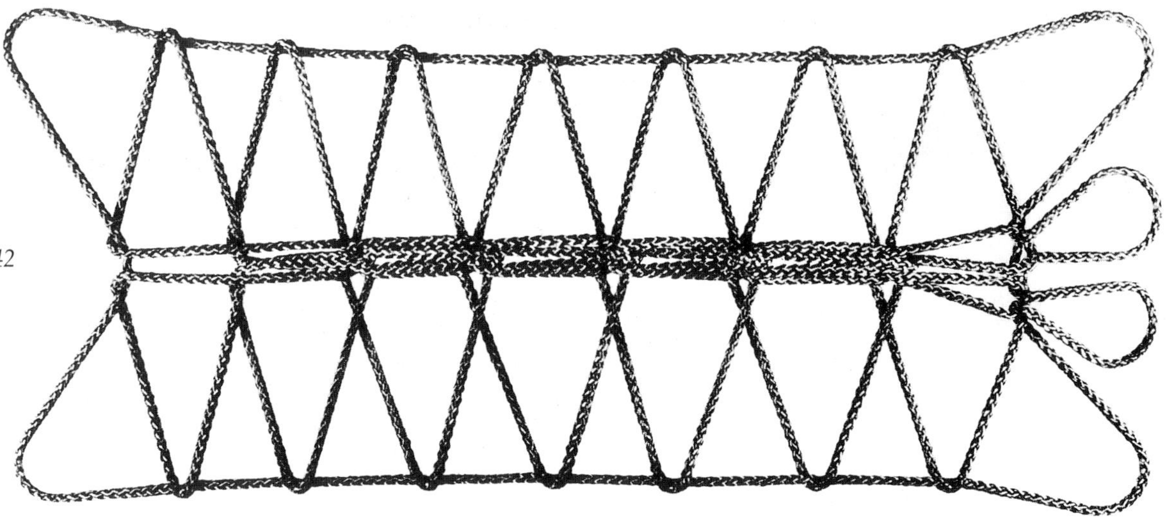

Abb. 42

Nachtwolken und Tageslicht (400/III)

1. Schnurschlinge um linken Handrücken legen.

2. Linke radiale Handgelenkschnur zwischen linkem Daumen und Zeigefinger von der palmaren Seite her zum Handrücken führen und von dort zwischen linkem Zeige- und Mittelfinger zurück zur Palmarseite der Hand. Linke ulnare Handgelenkschnur zwischen linken Ring- und Mittelfinger zum Handrücken führen und von dort zwischen linkem Zeige- und Mittelfinger zurück zur Palmarseite der Hand. Linke radiale Mittelfingerschnur zwischen linkem Daumen und Zeigefinger zum Handrücken führen. Linke ulnare Zeigefingerschnur zwischen linkem Ring- und Kleinfinger zum Handrücken führen.

3. Rechten Zeigefinger von proximal hinter linke palmare Zeigefingerschnur und rechten Mittelfinger von proximal hinter linke palmare Mittelfingerschnur schieben. Hände trennen und Schnüre spannen. Navaho ganze linke Hand mit ihrer dorsalen Handgelenkschnur.

4. Linker Zeigefinger greift von distal in rechte Zeigefingerschlaufe, linker Mittelfinger von distal in rechte Mittelfingerschlaufe. Beide Finger übernehmen die Schlaufen von den Fingern der rechten Hand als distale Schlaufen und klemmen diese zwischen Daumen, Zeige-, Mittel- und Ringfinger fest. Rechte Hand zieht alle vier lose vor der linken Handfläche hängenden Schlaufen nach rechts. Linker Daumen bewegt sich distal zu den beiden linken Zeigefingerschlaufen und von proximal durch die distale linke Mittelfingerschlaufe und nimmt die distale radiale Mittelfingerschnur auf. Linker Kleinfinger bewegt sich distal zur distalen ulnaren Mittelfingerschnur und von proximal in die distale Zeigefingerschlaufe und nimmt die ulnare distale Zeigefingerschnur auf. Rechte Hand entlassen.

5. Die linke distale ulnare Mittelfingerschnur läuft unter der linken distalen ulnaren Zeigefingerschnur hindurch. Rechts von dieser Passage nimmt der rechte Mittelfinger sie auf seinem Rücken auf, indem er von radial nach ulnar unter ihr hindurchgreift. Der rechte Zeigefinger nimmt in ähnlicher Weise (von ulnar nach radial) in einer Bewegung von ulnar nach radial die linke distale radiale Zeigefingerschnur auf. Schnüre zwischen den Händen spannen. Darauf achten, daß die linke distale radiale Mittelfingerschnur zur *distalen* Daumenschlaufe läuft und die distale ulnare Zeigefingerschnur zur *distalen* Kleinfingerschlaufe.

6. Navaho linken Zeige- und Mittelfinger. Schnüre spannen.

7. Bewegungen 4 bis 6 wiederholen.

8. Navaho linken Daumen mit mittlerer Daumenschlaufe.

9. Navaho linken Kleinfinger mit mittlerer Kleinfingerschlaufe.

10. Bewegungen 4 bis 6 wiederholen. Bewegungen 8 und 9 wiederholen.

11. Bewegung 10 solange wiederholen, bis die Schnüre zur rechten Hand fast aufgebraucht sind.

12. Rechte Zeigefingerschlaufe auf rechten Daumen und rechte Mittelfingerschlaufe auf rechten Kleinfinger umhängen.

13. Rechter Zeigefinger nimmt von distal linke dorsale Zeigefingerschnur, rechter Mittelfinger von distal linke dorsale Mittelfingerschnur auf. Linken Zeige- und Mittelfinger entlassen. Linken Daumen und linken Kleinfinger von ihren distalen Schlaufen entlassen. – Figur spannen. Dabei weist die linke Handfläche nach unten, während die rechte Hand in ihrer üblichen Position (Finger nach oben, Handfläche nach links) steht.

Um die Figur aufzulösen, entläßt man einfach rechten Zeige- und Mittelfinger und spannt die Fäden. Die »Nachtwolken« weichen dabei nach und nach dem »Tageslicht« (Abb. 42).

Diese nicht gerade einfache Figur stammt von den Patamona-Indios aus Guyana. Aufgezeichnet hat sie wie die drei vorhergehenden Figuren W. E. Roth.

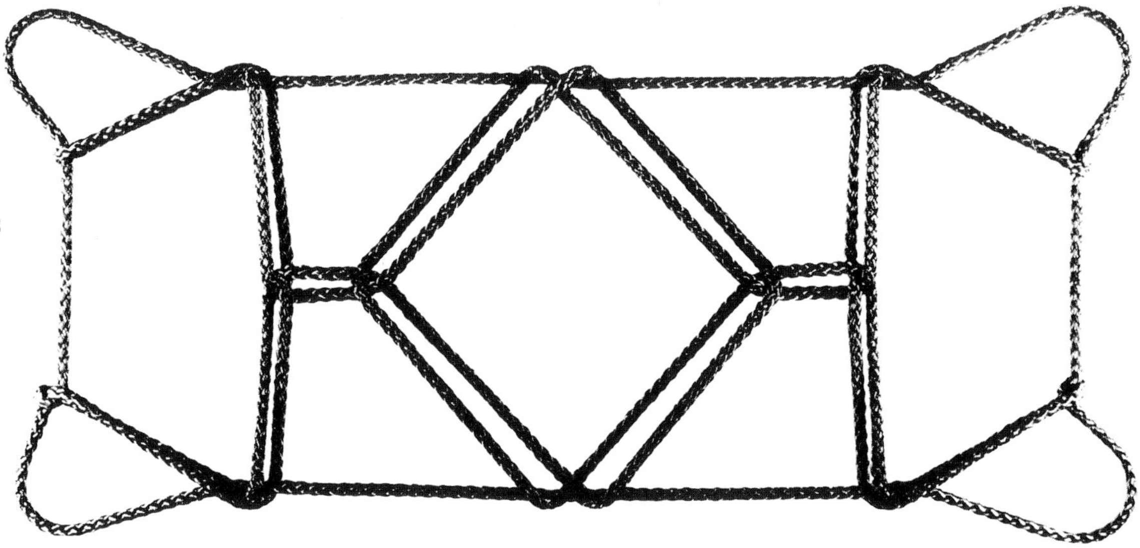

Abb. 43

Quebracho-Baum (300/III)

1. Opening A, wobei aber zuerst mit dem linken Zeigefinger die rechte Palmarschnur aufgenommen wird.

2. Kleinfinger greift von distal in die Zeigefingerschlaufe und nimmt die radiale Zeigefingerschnur auf.

3. Zeigefinger greift von proximal durch die proximale Kleinfingerschlaufe und nimmt die proximale radiale Kleinfingerschnur auf. Kleinfinger entlassen.

4. Kleinfinger greift von distal durch die proximale Zeigefingerschlaufe, bewegt sich proximal an der Daumenschlaufe vorbei, nimmt auf seinem Rücken die radiale Daumenschnur auf und kehrt durch die proximale Zeigefingerschlaufe zurück. Daumen entlassen.

5. Daumen greift von distal durch die distale Zeigefingerschlaufe und übernimmt diese.

6. Rechter Daumen und Zeigefinger fassen die linke ulnare Daumenschnur und machen in sie eine kleine Schlinge durch Drehung im Gegenuhrzeigersinn (die linke ulnare Daumenschnur verläuft in dieser Schleife erst in ulnare Richtung, dann wieder in radiale, kreuzt proximal unter sich selbst und verläuft dann zum rechten Zeigefinger). Diese Schlaufe wird auf den linken Ringfinger gehängt. Linke Kleinfingerschlaufe abheben und ebenfalls auf linken Ringfinger hängen. Navaho linken Ringfinger. Verbleibende Ringfingerschlaufe auf Kleinfinger zurückhängen.

7. Bewegung 6 spiegelbildlich an der rechten Hand wiederholen.

8. Daumen mit seiner Schlaufe um 360 Grad in ulnare Richtung rotieren.

9. Zeigefinger greift von proximal in die Kleinfingerschlaufe und nimmt die radiale Kleinfingerschnur auf.

10. Ein kurzes Schnurstück verläuft als Schlaufe distal zur ulnaren Kleinfinger- und distalen radialen Zeigefingerschnur. Der Mittelfinger schiebt sich in Richtung Figurmitte unter dieses Schnurstück (also durch die kleine Schlaufe) und nimmt sie auf.

11. Kleinfinger greift proximal an der Mittelfingerschlaufe vorbei, nimmt auf seinem Rücken die radiale Mittelfingerschnur auf und kehrt zurück, wobei gleichzeitig der Mittelfinger entlassen wird. (Die andere Hand hilft dabei.)

12. Daumen und Zeigefinger der rechten Hand greifen von distal durch die distale linke Kleinfingerschlaufe, fassen die proximale ulnare Kleinfingerschnur und ziehen diese in distale Richtung durch die distale Kleinfingerschlaufe. Linken Kleinfinger entlassen und sofort vom rechten Daumen und Zeigefinger gehaltene Schlaufe auf den Kleinfinger zurückhängen.

13. Bewegung 12 entsprechend an der rechten Hand wiederholen.

14. Daumenschlaufe auf Zeigefinger umhängen.

15. Daumen greift von distal durch distale Zeigefingerschlaufe, preßt die distale radiale Zeigefingerschnur in seiner Beuge nach unten und greift sodann von proximal durch die mittlere Zeigefingerschlaufe. Daumen soweit wie möglich in radiale Richtung bewegen, vorsichtig aus seiner Schlaufe entlassen und sofort in entgegengesetzte Richtung wieder durch diese Schlaufe stecken. Der Daumen beugt sich dabei zur Handwurzel hin. Die niedergehaltene Daumenschlaufe wird jetzt von der distalen radialen Zeigefingerschnur umschlossen. Der Daumen streckt sich wieder und nimmt dabei innerhalb seiner Schlaufe diese Zeigefingerschnur auf seinem Rücken auf.

16. Zeigefinger entlassen und Figur zwischen Kleinfinger und Daumen aufspannen (Abb. 43).

Diese Figur stammt wie die vorige von den Toba-Indios aus Argentinien. Auch sie wurde von Stig Ryden gesammelt, aber nicht näher beschrieben. Die hier angegebene Herstellungsmethode habe ich 1985 rekonstruiert.

Abb. 44

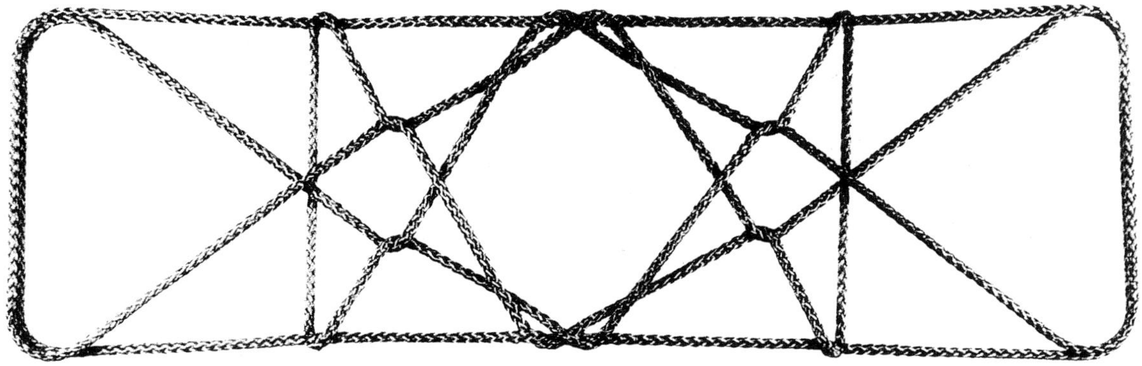

Sonne zwischen zwei Wolken (250/II)

1. Opening A.

2. Daumen greift von distal durch Zeigefingerschlaufe und nimmt die ulnare Zeigefingerschnur auf. Kleinfinger nimmt die radiale Zeigefingerschnur auf.

3. Rechter Zeigefinger greift von distal hinter die dorsale linke Zeigefingerschnur, hebt diese vom linken Zeigefinger ab und übernimmt sie als eigene distale Schlaufe. Linker Zeigefinger greift von distal hinter die proximale dorsale rechte Zeigefingerschnur, hebt sie über die distale Schnur vom rechten Zeigefinger ab und übernimmt sie. Schnüre spannen.

4. Rechter Daumen und Zeigefinger greifen von distal durch die linke Zeigefingerschlaufe, fassen die linke distale ulnare Daumenschnur und die linke distale radiale Kleinfingerschnur und ziehen sie durch die Zeigefingerschlaufe nach distal (es sind die beiden Schnüre, die vom rechten Zeigefinger kommen). Alle linken Finger entlassen und die beiden mit dem rechten Zeigefinger und Daumen gehaltenen Schlaufen auf linken Daumen und Kleinfinger hängen.

5. Bewegung 4 entsprechend an rechter Hand wiederholen. Schnüre spannen.

6. Vor jeder Hand verläuft jetzt von der radialen Daumenschnur zur ulnaren Kleinfingerschnur auf der proximalen Seite geradlinig eine Schnur. Diese wird mit dem Mittelfinger der gegenüberliegenden Hand wie bei Opening A aufgenommen.

7. Daumen greift distal zur Mittelfingerschlaufe von proximal in Kleinfingerschlaufe, nimmt radiale Kleinfingerschnur auf und kehrt zurück. Kleinfinger greift distal zur Mittelfingerschlaufe von proximal in die proximale Daumenschlaufe, nimmt proximale ulnare Daumenschnur auf und kehrt zurück.

8. Mittelfinger beugt sich über beide Palmarschnüre von distal in die eigene Schlaufe und hält die beiden Palmarschnüre gegen die Handfläche.

9. Daumen und Kleinfinger entlassen, Figur etwas spannen, so daß die dorsale Mittelfingerschnur vom Mittelfinger rutscht, und Daumen sofort von distal in die beiden Mittelfingerschlaufen stecken. Mittelfinger entlassen und Figur zwischen Daumen und Kleinfinger spannen. Das fertige Muster muß meist mit Zeige- und Mittelfingern noch geordnet und symmetrisiert werden (Abb. 44).

Die »Sonne zwischen zwei Wolken« fand W. E. Roth 1924 bei den Warrau-Indios in Guyana.

Abb. 45

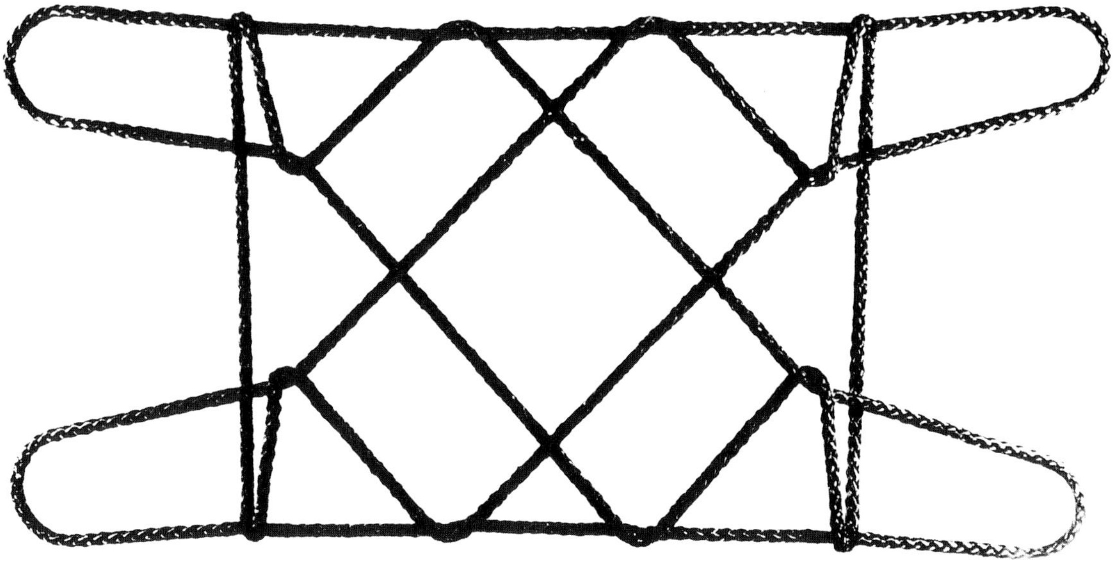

Brett zum Glätten der Stirn (200/I)

1. Position I.

2. Rechte Hand greift vollständig von distal hinter die linke Palmarschnur, rotiert dann auf den Spieler zu und wieder nach oben. Schnüre spannen. Linke Hand greift von distal hinter die rechte Palmarschnur und rotiert auf den Spieler zu nach oben.

3. Rechter Daumen und Zeigefinger heben die linke Daumenschlaufe ab, führen sie auf den Spieler zu, dann nach unten und von proximal nach distal durch die linke Handgelenkschlaufe. Danach hängen sie die Schlaufe auf den linken Daumen zurück. Rechter Daumen und Zeigefinger heben die linke Kleinfingerschlaufe ab, führen sie vom Spieler weg, dann nach unten und von proximal nach distal durch die linke Handgelenkschlaufe. Danach hängen sie die Schlaufe auf den linken Kleinfinger zurück.

4. Bewegungen 3 entsprechend an der rechten Hand ausführen.

5. Dorsale Handgelenkschnur abheben und auf den Zeigefinger hängen.

6. Rechter Daumen und Zeigefinger greifen von distal durch die linke Zeigefingerschlaufe, halten in der Nähe des linken Daumens die linke Daumenschlaufe fest, ziehen sie vom Daumen ab nach distal durch die Zeigefingerschlaufe und hängen sie auf den Daumen zurück. Rechter Daumen und Zeigefinger greifen von distal durch die linke Zeigefingerschlaufe, halten in der Nähe des linken Kleinfingers die linke Kleinfingerschlaufe fest, ziehen sie vom Kleinfinger ab nach distal durch die Zeigefingerschlaufe und hängen sie auf den Kleinfinger zurück.

7. Bewegung 6 entsprechend an der rechten Hand ausführen.

8. Schnüre zwischen Daumen und Kleinfinger straff spannen. Zeigefinger entlassen.

Der Name der Figur, »Wuitaniti«, bedeutet in der Sprache der in Peru lebenden Chama-Indios soviel wie »Brett zum Glätten der Stirn« – was immer das auch sein mag (Abb. 45). Der Ethnologe Günther Tessmann brachte die Figur – vermutlich in den 20er Jahren – aus dem Nordosten Perus mit.

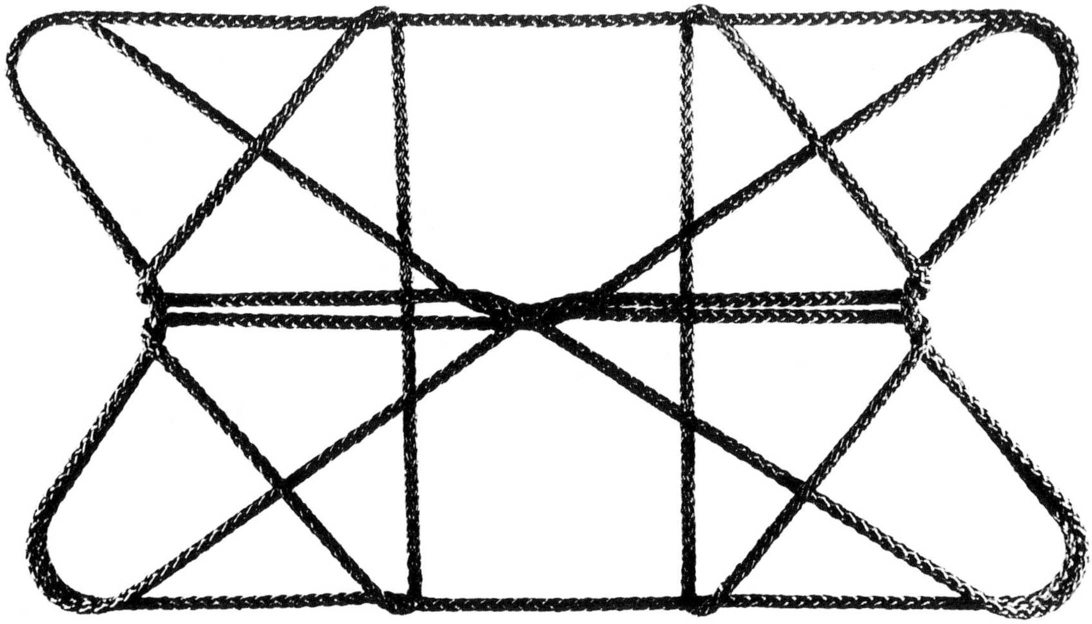

Abb. 46

Krabbe (250/I)

1. Opening A.

2. Mittelfinger fährt von proximal durch die Zeigefingerschlaufe.

3. Daumen greift distal zur Zeige-Mittelfingerschlaufe von proximal in Kleinfingerschlaufe und kehrt zurück.

4. Kleinfinger greift distal zur Mittel-Zeigefingerschlaufe von proximal in die proximale Daumenschlaufe und kehrt mit der proximalen ulnaren Daumenschnur zurück.

5. Zeige- und Mittelfinger der rechten Hand greifen von distal hinter die Dorsalschnur auf Zeige- und Mittelfinger der linken Hand, heben diese von den Fingern der linken Hand ab und übernehmen sie als distale Schlaufe.

6. Zeige- und Mittelfinger der linken Hand greifen von distal hinter die proximale Dorsalschnur auf Zeige- und Mittelfinger der rechten Hand, heben diese über die distale Dorsalschnur und die Fingerkuppen und übernehmen sie als eigene Schlaufe.

7. Rechter Daumen und Zeigefinger greifen von distal durch die linke Zeige-Mittelfingerschlaufe, halten in der Nähe des linken Daumens beide linken Daumenschlaufen fest, ziehen sie vom Daumen ab nach distal durch die Zeigefingerschlaufe und hängen sie auf den Daumen zurück. Rechter Daumen und Zeigefinger greifen von distal durch die linke Zeige-Mittelfingerschlaufe, halten in der Nähe des linken Kleinfingers beide linke Kleinfingerschlaufen fest, ziehen sie vom Kleinfinger ab nach distal durch die Zeigefingerschlaufe und hängen sie auf den Kleinfinger zurück.

8. Bewegungen 7 entsprechend an der rechten Hand ausführen.

9. Zeige- und Mittelfinger entlassen. Figur zwischen Daumen und Kleinfingern aufspannen.

Die »Krabbe« ist eine Schnurfigur der Patamona-Indios in Guyana (Abb. 46). Sie stammt aus der Sammlung von W. E. Roth aus dem Jahre 1924.

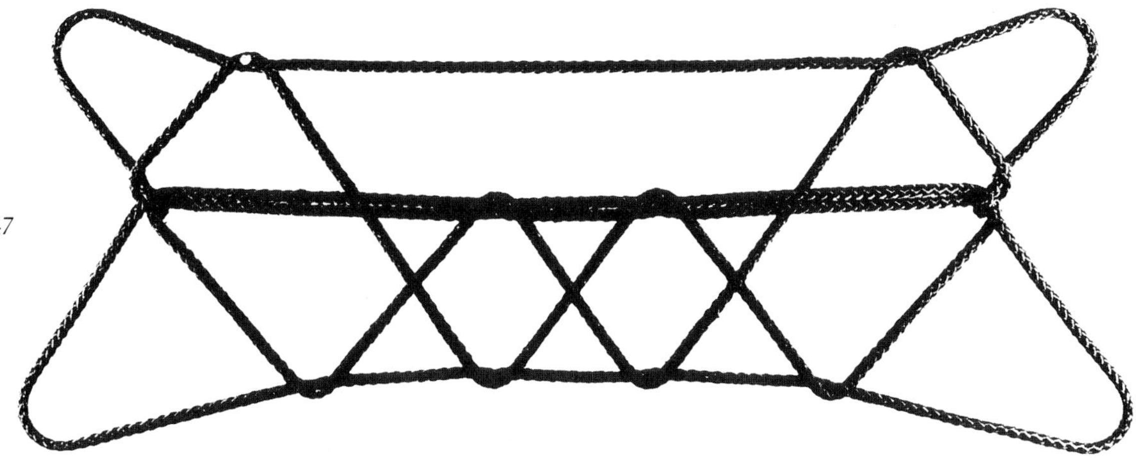

Abb. 47

Gottesanbeterin (250/II)

1. Opening A.

2. Zeigefinger greift von distal in die Daumenschlaufe und rotiert dann proximal zur ulnaren Daumenschnur und zur eigenen Schlaufe weiter in ulnare Richtung, bis er wieder nach oben weist. Daumen entlassen. Schlaufen auf den Zeigefingern so ordnen, daß die distale ulnare Zeigefingerschnur geradlinig von Zeigefinger zu Zeigefinger verläuft.

3. Daumen greift proximal an allen Schnüren vorbei, nimmt auf seinem Rücken die ulnare Kleinfingerschnur auf und kehrt zurück. Kleinfinger entlassen.

4. Kleinfinger greift von distal durch die beiden Zeigefingerschlaufen und danach von proximal durch die Daumenschlaufe und zieht (mit Hilfe des Ringfingers) die ulnare Daumenschnur durch die Zeigefingerschlaufe.

5. Kleinfinger bewegt sich distal zu den Zeigefingerschlaufen, greift von distal in die Daumenschlaufe und nimmt die radiale Daumenschnur auf. Daumen entlassen.

6. Navaho Kleinfinger.

7. Daumen greift von proximal durch die proximale Zeigefingerschlaufe, nimmt auf seinem Rücken die distale ulnare Zeigefingerschnur auf und kehrt zurück.

8. Zeigefinger entlassen und Figur spannen.

Der eigenwillige Indioname der Figur (»Iǰobiŏ tehŏě tehŏě«) bezeichnet das Raubinsekt »Gottesanbeterin« (Abb. 47).

Wenn bei Bewegung 3 der Daumen zunächst von proximal durch die proximale Zeigefingerschlaufe greift, bevor er die ulnare Kleinfingerschnur aufnimmt, entsteht statt der Gottesanbe-

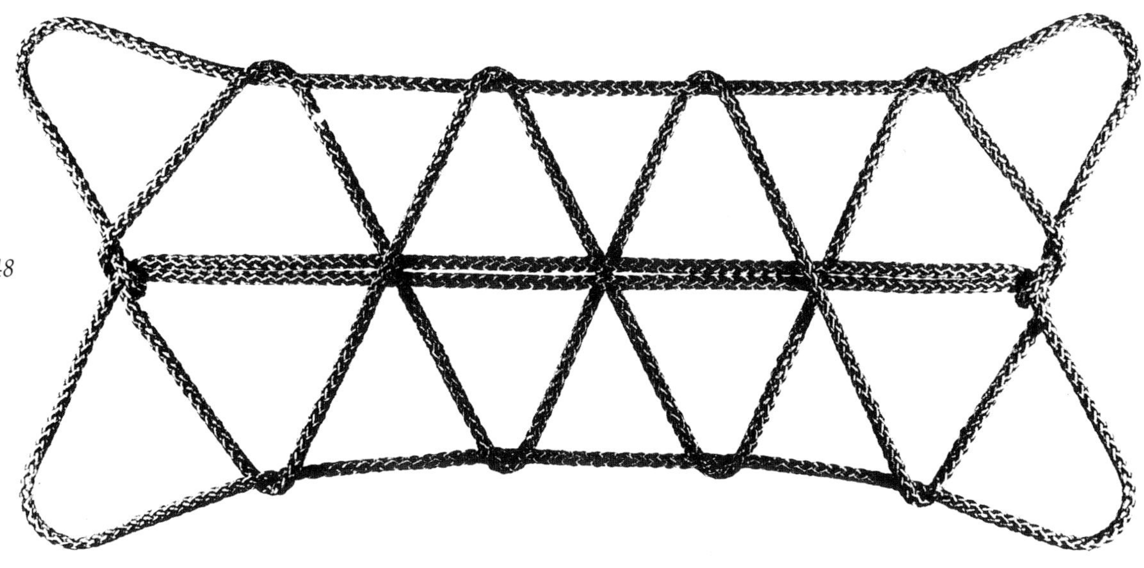

Abb. 48

terin eine Figur Namens »Irobikô« (ein »kriechendes Insekt« (Abb. 48).

Entdeckt hat die beiden Figuren der deutsche Völkerkundler W. Kissenberth bei den zentralbrasilianischen Indiostämmen Karajá und Tapirapé. Leider hat der Forscher nur die fertigen Figuren gesammelt und 1916 veröffentlicht, aber nicht die Methode ihrer Herstellung aufgezeichnet. Die hier angegebenen Verfahren sind von mir entwickelte Rekonstruktionen und entsprechen deshalb nicht unbedingt der Originalprozedur. Die fertigen Figuren sind aber mit den von Kissenberth fotografierten identisch.

Schnurfiguren aus der Arktis (Eskimos)

Die Eskimos besiedeln die gesamte arktische Region von Alaska über Nordkanada bis Grönland und auch den arktischen Nordosten Sibiriens. Heute zählt ihre Gesamtbevölkerung kaum mehr als 100 000 Seelen, aber ihre Kultur reicht rund vier Jahrtausende zurück. An den Küsten der arktischen Tundrazonen und auf den vorgelagerten Inseln leben die Eskimos als Jäger und Fischer, und dementsprechend finden sich unter ihren weit über 200 bekannten Schnurfiguren zahlreiche Muster mit Namen von Jagdtieren: Karibus, Bären, Elche, Biber, Wale, verschiedene Fische usw. Daneben gibt es Figurenbezeichnungen aus dem Alltag: sibirisches Haus, Kajak, Schiff, Schlitten, Wäscheleine oder Öllampe. Und natürlich fehlt es in der monatelang düsteren Heimat der Eskimos auch nicht an Geisterfiguren.

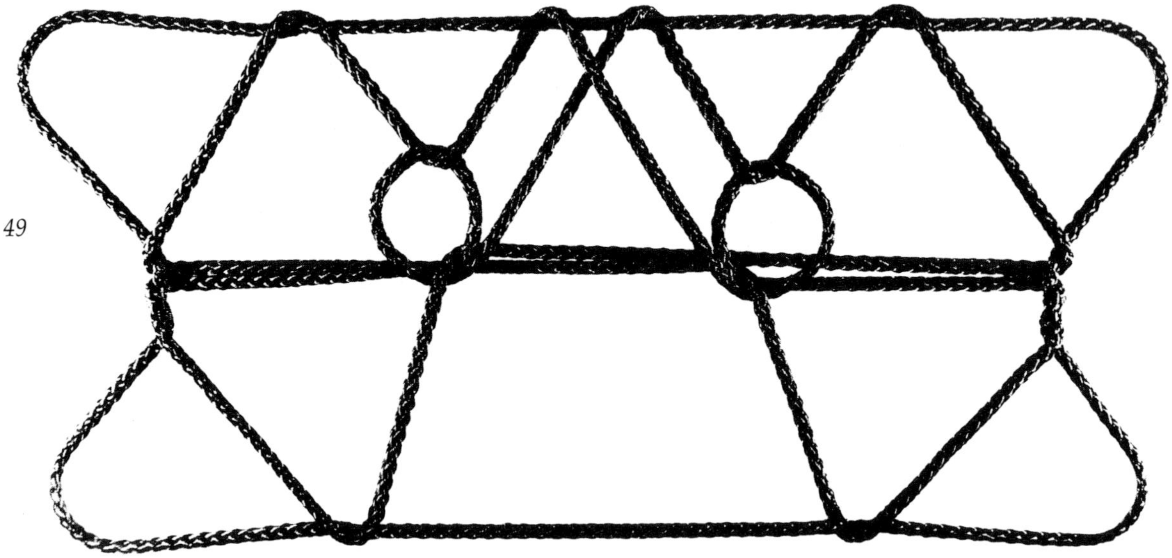

Abb. 49

Nieren mit Nierenfett (200/I)

1. Opening A.

2. Daumen greift distal an der Zeigefingerschlaufe vorbei von proximal in die Kleinfingerschlaufe, nimmt die radiale Kleinfingerschnur auf und kehrt zurück.

3. Mittelfinger greift distal an der Zeigefingerschlaufe vorbei von proximal in die proximale Daumenschlaufe und nimmt die proximale ulnare Daumenschnur auf.

4. Linker Daumen greift distal zu seiner distalen Radialschnur von proximal in das Schnurdreieck auf der Palmarseite des rechten Daumens und zieht die radiale rechte Daumenschnur, die diagonal zur Figurmitte läuft, nach links. Rechter Daumen zieht die entsprechende radiale Schnur des linken Daumens auf gleiche Weise nach rechts.

5. Daumen bewegt sich distal zu Zeige- und Mittelfingerschnüren und proximal zur ulnaren Kleinfingerschnur, nimmt diese auf seinem Rükken auf und zieht sie proximal zu seinen drei eigenen Schnüren auf den Spieler zu. Dabei verliert er seine drei ursprünglichen Schlaufen.

6. Daumen bewegt sich in unmittelbarer Nähe des Mittelfingers proximal zur Mittelfingerschlaufe, nimmt auf seinem Rücken die ulnare Mittelfingerschnur auf und kehrt proximal zur radialen Mittelfingerschnur zurück. Navaho Daumen.

7. Kleinfinger entlassen. Kleinfinger fährt von proximal durch die Daumenschlaufe, greift in seiner Beuge die Schnur, die auf der distalen Seite der Figur geradlinig von Palmarschnur zu Palmarschnur verläuft, zieht diese in radiale Richtung durch die Daumenschlaufe zur Handwurzel hin und hält sie dort fest.

8. Mittelfingerschlaufe auf Zeigefinger umhängen. Navaho Zeigefinger.

9. Daumen entlassen und Figur zwischen hochgereckten Zeigefingern und niedergehaltenen Kleinfingern aufspannen (Abb. 49).

Die Figur heißt bei den Copper-Eskimos »aqaj-Aruagtait« (»Magen«). Andere Eskimostämme nennen sie genauso, manche sprechen von »Eingeweiden« oder »Nieren mit Nierenfett«. Entdeckt wurde dieses Fadenspiel von verschiedenen Autoren bei unterschiedlichen Stämmen. Eine Übersicht gibt T. T. Paterson, der 1949 eine zusammenfassende Monographie über Eskimoschnurfiguren veröffentlichte.

Abb. 50

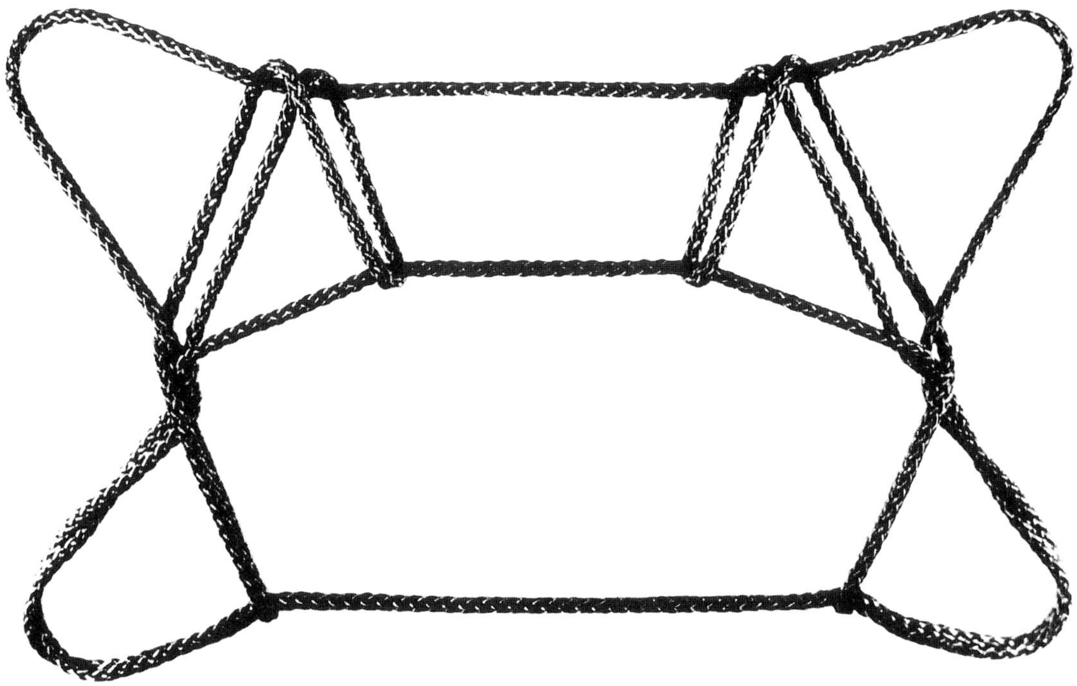

Zwei Bergschafe (200/II)

1. Die fertige Figur »Nieren mit Nierenfett« wird auf die Knie gelegt, alle Finger werden entlassen.

2. Daumen greift von oben in den kleinen Kreis auf seiner Seite der Figur, Mittelfinger über die Figur, berührt die Knie also außerhalb der Figur auf der dem Spieler abgekehrten Seite. Daumen- und Mittelfingerspitzen berühren einander unter den drei Schnüren, die zwischen ihnen liegen, nehmen diese drei Schnüre gemeinsam auf und hängen sie dann nur über den Daumen. Fäden straff spannen und eventuell kleinere Knäuel und Schlaufen mit den Fingern lösen.

3. Kleinfinger greift von proximal durch die Daumenschlaufen, drückt mit seinem Rücken die ulnare Daumenschnur, die diagonal zur Figurmitte verläuft, nach unten, wobei die beiden anderen ulnaren Daumenschnüre, die geradlinig von Daumen zu Daumen verlaufen, auf die palmare Seite des Kleinfingers fallen. Kleinfinger schließt sich über diese, zieht sie zur Handwurzel und hält sie dort fest.

4. Zeigefinger greift von distal durch die Daumenschlaufe und drückt auf seinem Rücken die radiale Daumenschnur, die diagonal zur Figurmitte verläuft, in distale Richtung an den beiden anderen radialen Daumenschnüren vorbei. In seiner Beuge nimmt der Zeigefinger jetzt nur jene radiale Daumenschnur auf, deren Fortsetzung auf der ulnaren Daumenseite nicht zur Figurmitte, sondern zum Kleinfinger verläuft und zieht sie nach ulnar und distal durch seine eigene, soeben aufgenommene Schlaufe.

5. Daumen so von zwei Schlaufen entlassen, daß auf der radialen Daumenseite nur noch eine einzige Schnur geradlinig von Daumen zu Daumen verläuft.

6. Rechten Daumen in radiale Richtung um 360 Grad um seine radiale Schnur rotieren, so daß ein geschlossener Schnurring um den Daumen entsteht. Linker Daumen greift innerhalb seiner eigenen Schlaufe von proximal hinter die rechte palmare Daumenschnur und zieht diese nach links.

7. Daumen greift von proximal in die Zeigefingerschlaufe. Navaho Daumen mit beiden proximalen radialen Schnüren. Zeigefinger entlassen.

Die Figur besteht jetzt im Wesentlichen aus zwei ulnaren Kleinfingerschnüren und einer radialen Daumenschnur, die alle drei parallel von Hand zu Hand verlaufen und einer weiteren parallelen Schnur in der Figurmitte (mittlerer Transversalschnur). In der Nähe jeder Hand hat sich ein Dreieck gebildet, dessen Spitze an der Palmarschnur liegt.

8. Zeigefinger greift von proximal in die Daumenschlaufe und übernimmt diese.

9. Daumen greift vom Spieler weg auf der ulnaren Seite der mittleren Transversalschnur in das Dreieck und nimmt dort auf seinem Rücken die vertikal von der radialen Zeigefingerschnur zu den ulnaren Kleinfingerschnüren verlaufende Schnur auf.

10. Linker Daumen greift von proximal durch die rechte Daumenschlaufe. Rechten Daumen entlassen. Rechter Daumen greift von proximal durch die linke proximale Daumenschlaufe und hebt diese über die distale linke Daumenschlaufe vom linken Daumen ab.

11. Daumen greift von proximal in Zeigefingerschlaufe. Navaho Daumen. Zeigefinger entlassen. Zeigefinger greift von proximal durch die Daumenschlaufe und übernimmt diese. Schnüre spannen.

12. Um die ulnaren Kleinfingerschnüre schlingen sich in deren Mitte zwei von den Palmarschnüren kommende Schnüre. Je eine Hälfte dieser Schnüre verläuft auf der distalen (dem Spieler zugewandten) Seite und eine auf der proximalen. Jeder Daumen nimmt auf seinem Rücken das distale Schnurstück auf, also jenes, das ihm am nächsten liegt.

13. Rechter Daumen greift von proximal in linke Daumenschlaufe. Linken Daumen entlassen und von proximal durch beide rechte Daumenschlaufen stecken.

14. Daumen greift von proximal in die Zeigefingerschlaufe. Navaho Daumen mit beiden Radialschnüren. Zeigefinger entlassen. Zeigefinger greift von proximal durch die Daumenschlaufen und übernimmt diese.

15. Figur zwischen hochgereckten Zeigefingern und niedergehaltenen Kleinfingern spannen (Abb. 50).

Die Bewegungen 13 und 14 kommen in zahlreichen Eskimofiguren vor und haben gemeinsam einen besonderen Namen: *katilluik*. Bei der Bewegung 13 ist es bei »katilluik« wichtig, daß immer zuerst der Daumen von proximal durch die Schlaufe des anderen Daumens greift, dessen radiale Schnur proximal zur radialen Schnur des anderen Daumens verläuft. Es lohnt sich, die »katilluik«-Bewegungen zu lernen. Sie werden noch öfter vorkommen.

»Imne·k« (»zwei Bergschafe«) wird von den Eskimos im Mackenzie-Mündungsgebiet und von anderen Stämmen gespielt. Gefunden hat diese Figur während einer Arktisexpedition von 1913 bis 1918 D. Jenness.

Abb. 51

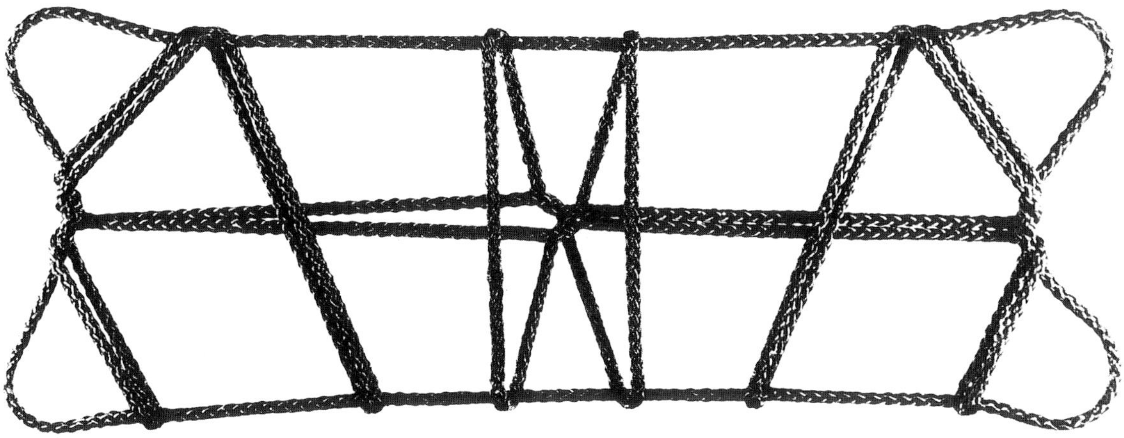

Zwei Lemminge (250/III)

1. Opening A.

2. Daumen greift von distal in die Zeigefingerschlaufe und nimmt die ulnare Zeigefingerschnur auf.

3. Zeigefinger greift von ulnar nach radial zwischen beiden radialen Daumenschnüren hindurch, dann radial an der poximalen radialen Daumenschnur vorbei und zieht diese in seiner Beuge in ulnare Richtung, streckt sich dann und nimmt diese Schnur auf seinem Rücken auf. Daumen entlassen.

4. Daumen greift von proximal durch beide Zeigefingerschlaufen und übernimmt diese.

5. Zeigefinger greift von distal durch die Kleinfingerschlaufe und übernimmt diese.

6. Kleinfinger greift von proximal durch beide Daumenschlaufen und durch die Zeigefingerschlaufe und zieht in seiner Beuge die radiale Zeigefingerschnur nach proximal und ulnar durch die Daumenschlaufen.

7. Zeigefinger beugt sich in radiale Richtung über die distale radiale Daumenschnur und zieht diese in seiner Beuge durch seine eigene Schlaufe in ulnare Richtung. Daumen von seiner distalen Schlaufe entlassen.

8. Katilluik (siehe Seite 68).

9. In der Mitte der radialen Zeigefingerschnur, die beide Zeigefinger geradlinig verbindet, kreuzen sich jetzt flach zwei Schnüre, die dann in Richtung Kleinfinger verlaufen, diesen aber nicht ganz erreichen. Jeder Daumen nimmt auf seinem Rücken von ulnar nach radial die ihm näher gelegene dieser beiden Schnüre auf. – Katilluik.

10. Auf der ulnaren Seite der Figur verlaufen jetzt fast parallel zueinander zwei Schnüre, die sich jedoch in der Figurenmitte kreuzen. Jeder Daumen nimmt von ulnar nach radial die ihm näher gelegene dieser beiden Schnüre auf. Daumen greift von proximal in die Zeigefingerschlaufe. Navaho Daumen.

11. Zeigefinger entlassen und anschließend von distal in die Daumenschlaufe stecken. Schlaufe zwischen Daumen und Zeigefingern erweitern und dabei zwischen den Händen die fertige Figur aufspannen. Am Ende Daumen entlassen, Zeigefinger hochrecken und Kleinfinger niedergebeugt halten.

Damit diese Figur ein gut aufgespanntes Muster zeigt, ist etliche Übung erforderlich. Sie stellt »αγιŋätciäk hitaklu« dar, »zwei Lemminge«, jeder auf einer Seite, und in der Mitte zwei »Löcher« oder »Burgen«, aus denen sie geschlüpft sind (Abb. 51).

Aufgezeichnet hat die Figur bei den Eskimos vom Coronation-Golf wiederum D. Jenness.

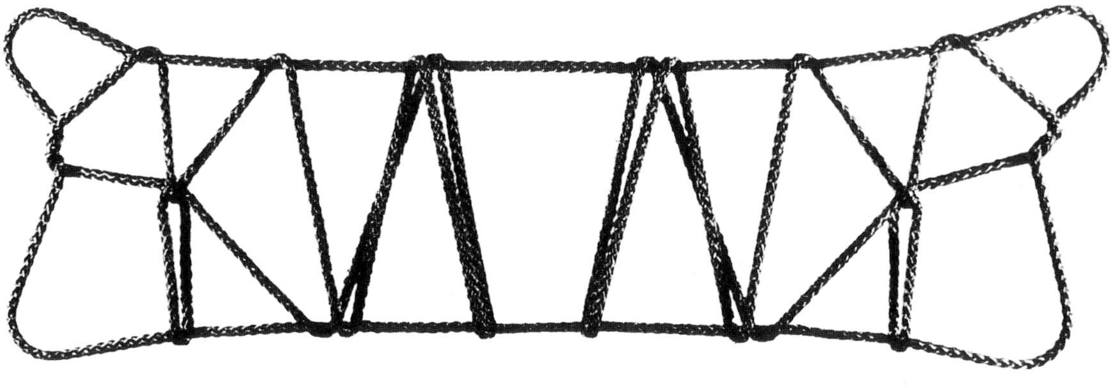

Abb. 52

Die Geister vom See (250/III)

1. Position I.

2. Rechter Mittelfinger greift von distal hinter die linke Palmarschnur, nimmt diese auf, bewegt sich dann mit seiner Kuppe in radiale Richtung, richtet sich wieder auf und kehrt zurück. Linker Mittelfinger greift von distal durch rechte Mittelfingerschlaufe und von distal hinter die rechte Palmarschnur, nimmt diese auf, zieht sie durch die rechte Mittelfingerschlaufe, bewegt sich dann mit seiner Kuppe in radiale Richtung, richtet sich wieder auf und kehrt zurück. Schnüre spannen.

3. Zeigefinger bewegt sich proximal an der Mittelfingerschlaufe vorbei, greift von proximal durch die Kleinfingerschlaufe, nimmt in seiner Beuge die ulnare Kleinfingerschnur auf und kehrt zurück.

4. Zeigefinger bewegt sich distal zur Daumenschlaufe, nimmt in seiner Beuge die radiale Daumenschnur auf und zieht diese durch seine eigene Schlaufe hindurch in ulnare Richtung.

5. Daumen beugt sich nieder, wobei er seine ulnare Schnur niederhält, greift proximal an der radialen Kleinfingerschnur vorbei, nimmt diese auf seinem Rücken auf und zieht sie in radiale Richtung durch seine eigene Schlaufe.

6. Daumen richtet sich auf, greift von distal in die Zeigefingerschlaufe und zieht in seiner Beuge die radiale Zeigefingerschnur in Richtung Handwurzel durch seine eigene Schlaufe.

7. Der gekrümmte Daumen greift ulnar an der ulnaren Kleinfingerschnur vorbei und von distal in die Kleinfingerschlaufe hinein. Er nimmt auf seinem Rücken die radiale Kleinfingerschnur auf und zieht sie in radiale Richtung durch seine eigene Schlaufe hindurch.

8. Handflächen nach außen wenden. Jede Daumenschlaufe wird jetzt in unmittelbarer Nähe des Daumens von einer kleinen Schlaufe geschlossen, von der ein kurzes Schnurstück distal zu beiden Daumenschnüren verläuft. Daumen beugt sich über dieses Schnurstück und zieht es durch seine eigene Schlaufe hindurch.

9. Mittel- und Zeigefinger entlassen, Hände mit parallelen Handflächen und Fingern vom Spieler wegwenden (Kleinfinger unten, Daumen oben). Figur durch wechselweises Aufundabbewegen beider Hände bei straffen Schnüren aufspannen (Abb. 52).

Von diesen »Geistern vom See« wird oft auch nur ein einziger durch eine ähnliche, aber asymmetrische Prozedur in der Nähe der linken Hand hergestellt. Die Figur kennen die Eskimos in der Gegend des Coronation-Golfs in Nordalaska. Sie ist aber auch bei anderen Stämmen bekannt, u. a. bei den Copper-Eskimos, wo sie »kilιγvaq« (»zwei Mammute«) heißt. Auch diese sehr typische Eskimofigur wurde von D. Jenness gesammelt.

Guy Mary-Rousselière hat 1969 eine interessante Erweiterung der »zwei Mammute« von den Eskimos der Pelly Bay veröffentlicht: »zwei Mam-

Abb. 53

mute mit ihren Jungen« (Abb. 53). Um sie zu produzieren, nimmt man eine 350-cm-Schlinge und macht damit zunächst einmal die Figur der »zwei Mammute«. Man öffnet nun die Kleinfingerschlaufen, indem man die Kleinfinger einmal um 360 Grad in ulnare Richtung rotiert. Die Mittelfinger nehmen jetzt an der gegenüberliegenden Hand wie bei Opening A die am weitesten in Richtung Figurmitte liegende Schnur auf, die auf der proximalen Seite der Figur von der radialen Daumen- zur ulnaren Kleinfingerschnur verläuft. Danach werden die Bewegungen 3 bis 9 wiederholt. Diese Erweiterung auf »zwei Mammute mit ihren Jungen« verlangt aber erhebliche Routine im Fadenspiel und wird nur ausgesprochenen Experten zufriedenstellend gelingen.

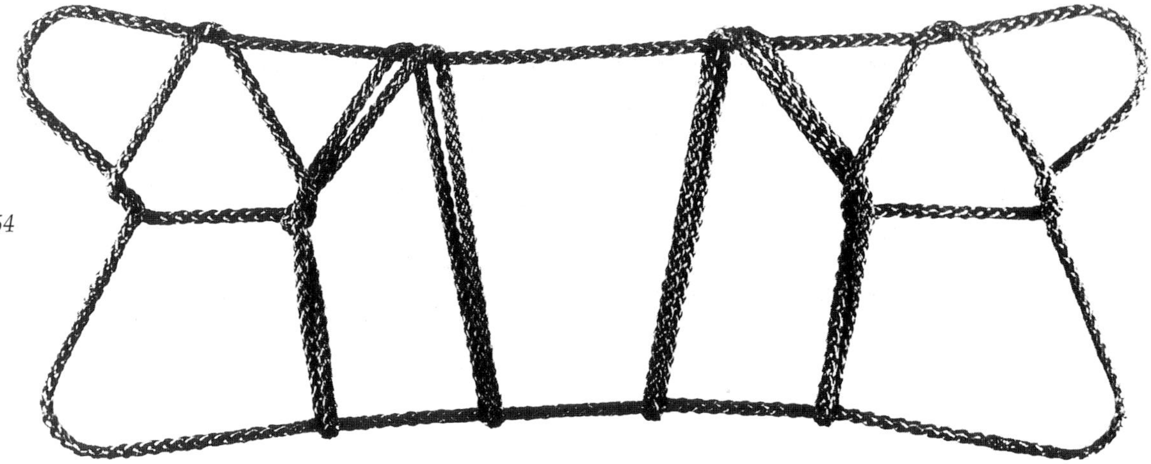

Abb. 54

Zwei Rehkitze (200/II)

1. Opening A.

2. Zeigefinger greift von distal durch die Kleinfingerschlaufe, dann proximal an seiner eigenen Schlaufe vorbei und von proximal in die Daumenschlaufe, nimmt in seiner Beuge die radiale Daumenschnur auf und kehrt durch die Kleinfingerschlaufe zurück.

3. Daumen greift ausgestreckt nach unten und dann auf die ulnare Seite der ulnaren Kleinfingerschnur, wobei er seine eigene ulnare Schnur stets gespannt mitnimmt. Schließlich nimmt er die ulnare Kleinfingerschnur auf, zieht sie in radiale Richtung durch seine eigene Schlaufe und kehrt zurück.

4. Daumen greift von distal in die distale Zeigefingerschlaufe, nimmt in seiner Beuge die distale radiale Zeigefingerschnur auf und zieht sie zur Handwurzel hin durch seine eigene Schlaufe. Er bleibt nach unten gekrümmt, bewegt sich ulnar an der ulnaren Kleinfingerschnur vorbei und greift von distal in die Kleinfingerschlaufe. Auf seinem Rücken nimmt er die radiale Kleinfingerschnur auf und zieht diese durch seine eigene Schlaufe in radiale Richtung.

5. Handflächen nach außen wenden. Unmittelbar vor dem Daumen läuft jetzt quer über beide Daumenschnüre auf deren distaler Seite eine Schnur. Diese Schnur nimmt der Daumen auf und zieht sie durch seine eigene Schlaufe hindurch. Am Ende dieser Manipulation trägt er nur noch eine einzige Schlaufe.

6. Zeigefinger entlassen und Figur wie bei Bewegung 9 der vorherigen Figur spannen.

D. Jenness hat diese Schnurfigur bei den Eskimos am Mackenzie-Fluß und bei den Copper-Eskimos gelernt. Sie heißt »n ätciäk« (»zwei Rehkitze«) (Abb. 54).

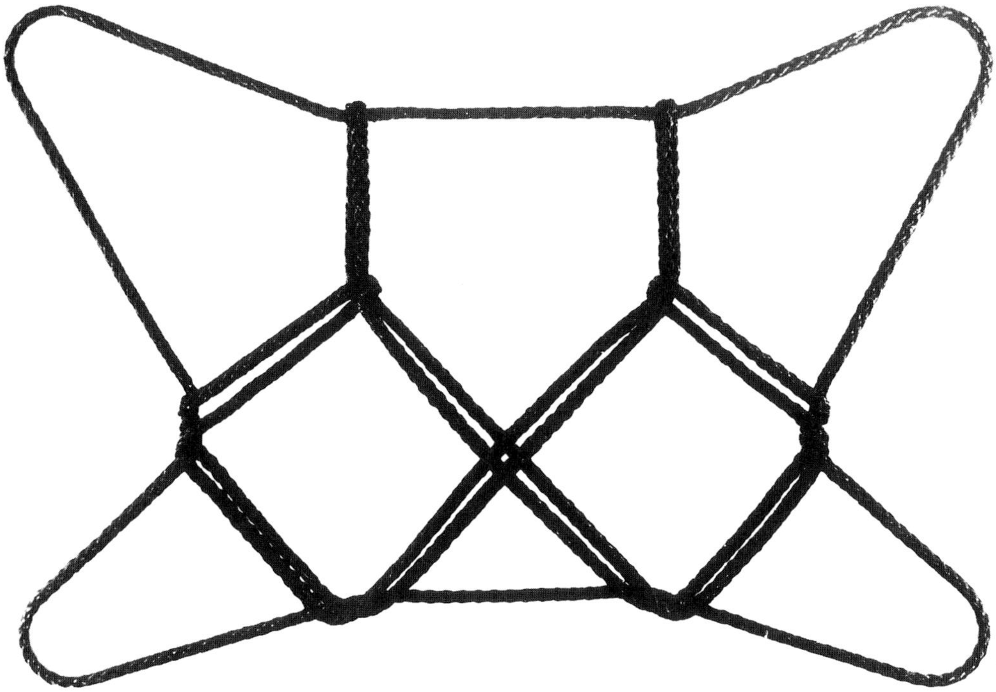

Abb. 55

Zwei kleine Seemöven (200/II)

1. Opening A.

2. Daumen bewegt sich proximal an der Zeigefingerschlaufe und der Kleinfingerschlaufe vorbei, nimmt auf seinem Rücken die ulnare Kleinfingerschnur auf und kehrt proximal zur Zeigefingerschlaufe zurück.

3. Kleinfinger greift von distal durch die Zeigefingerschlaufe und von distal in die proximale Daumenschlaufe und zieht die proximale ulnare Daumenschnur sowie die ulnare Zeigefingerschnur zusammen mit seiner eigenen radialen Schnur in seiner Beuge in Richtung Handwurzel.

4. Zeigefinger entlassen. Hände mit den Handflächen zum Spieler wenden, Daumen nach oben. Gut spannen. Die zur radialen Daumenschnur verlaufende radiale Kleinfingerschnur dort, wo sie die Daumenschnur umwindet, in Richtung auf die jeweilige Hand ziehen. Auf der ulnaren Seite der umwundenen Daumenschnur entsteht dabei ein kleines Dreieck. Beide Zeigefinger greifen von distal durch dieses Dreieck, drücken, sich etwas nach außen drehend, dessen unteren Schenkel erst mit ihrer Beuge und dann mit ihrem Rücken etwas in distale Richtung und greifen schließlich in ihrer Beuge die ulnare Kleinfingerschnur auf, die diagonal zur Figurmitte verläuft. Diese ziehen sie nach distal unter ihrer Dorsalschnur hindurch.

5. Kleinfinger richtet sich auf und behält dabei nur eine einzige Schlaufe. Diese Schlaufe wird mit den Fingern der anderen Hand abgehoben, geöffnet (also in sich um 180 Grad gedreht) und auf den Kleinfinger zurückgehängt.

6. Zeigefingerschlaufe auf Kleinfinger umhängen.

7. Navaho Daumen.

8. Auf der distalen Seite der Figur verläuft jetzt geradlinig eine Schnur von einer Palmarschnur zur anderen. Kleinfinger nimmt diese Schnur in seiner Beuge auf, zieht sie durch seine beiden eigenen Schlaufen hindurch zur Handwurzel.

9. Handflächen zum Spieler drehen. Daumen nach oben und Kleinfinger nach unten recken und Figur aufspannen (Abb. 55).

Die Bewegungen dieser Figur sind sehr ungewöhnlich, und weltweit sind keine Parallelen bekannt. Das fertige Muster stellt »nauyätciäk«, »zwei kleine Seemöwen«, dar, und wird von den Eskimos am Mackenzie-Fluß und am Coronation-Golf hergestellt. Entdeckt hat es wieder D. Jenness.

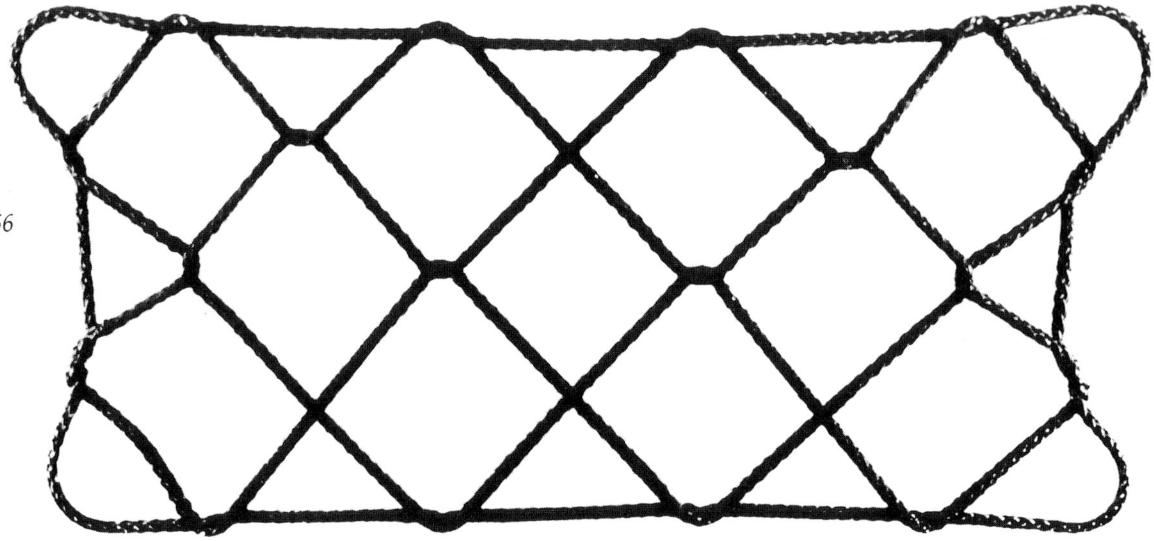

Abb. 56

Eisbären zerreißen ein Fischnetz (250/II)

1. Opening A.

2. Daumen greift von distal durch die Zeigefingerschlaufe, dann von proximal durch die Kleinfingerschlaufe und zieht die radiale Kleinfingerschnur durch die Zeigefingerschlaufe.

3. Mittelfinger greift distal zur Zeigefingerschlaufe von proximal in die proximale Daumenschlaufe und nimmt die proximale ulnare Daumenschnur auf. Daumen entlassen.

4. Daumen greift von distal durch die Zeigefingerschlaufe, dann proximal an allen anderen Schnüren vorbei und nimmt auf seinem Rücken die ulnare Kleinfingerschnur auf, die er in radiale Richtung durch die proximale Zeigefingerschlaufe zieht.

5. Zeigefinger entlassen. Mittelfingerschlaufe auf Kleinfinger umhängen, und dann beide Kleinfingerschlaufen auf Zeigefinger umhängen.

6. Klein- und Rinfinger von proximal in Daumenschlaufe stecken und radiale Daumenschnur niederhalten. Daumen entlassen.

7. Daumen greift von distal durch die Kleinfingerschlaufe und anschließend auf der ulnaren Seite der proximalen Zeigefingerschlaufe von proximal durch die distale Zeigefingerschlaufe. In seiner Beuge zieht er die distale ulnare Zeigefingerschnur nach proximal durch die Kleinfingerschlaufe. Auf seinem Rücken nimmt er, niedergebeugt, die ulnare Kleinfingerschnur auf und zieht diese nach radial durch seine eigene Schlaufe. Kleinfinger entlassen.

8. Kleinfinger greift von proximal in die Daumenschlaufe, übernimmt diese und preßt sie nach unten.

9. Daumen fährt von proximal durch beide Zeigefingerschlaufen und übernimmt diese.

10. Zeigefinger greift von distal durch beide Daumenschlaufen, nimmt mit seinem Rücken die proximale radiale Daumenschnur auf und drückt diese in distale Richtung an der distalen radialen Daumenschnur vorbei. Dann zieht er in seiner Beuge die distale radiale Daumenschnur durch seine soeben aufgenommene Schlaufe hindurch, rotiert mit dieser nach ulnar und streckt sich schließlich, während der Daumen seine Schnüre entläßt. – Figur zwischen hochgereckten Zeigefingern und niedergehaltenen Kleinfingern aufspannen.

In diesem Stadium stellt die Figur ein »Fischnetz« dar (Abb. 56).

11. Daumen greift von proximal in die Zeigefingerschlaufe und übernimmt diese.
12. Um die ulnare Kleinfingerschnur herum winden sich vier Schnüre. Zeigefinger greift von hinten (im Sinne des Kleinfingers von proximal) in das kleine Dreieck zwischen der ersten und der zweiten Umschlingung und der ulnaren Kleinfingerschnur, bewegt sich dann in Richtung auf den Spieler zu vor allen anderen Schnü-

Abb. 57

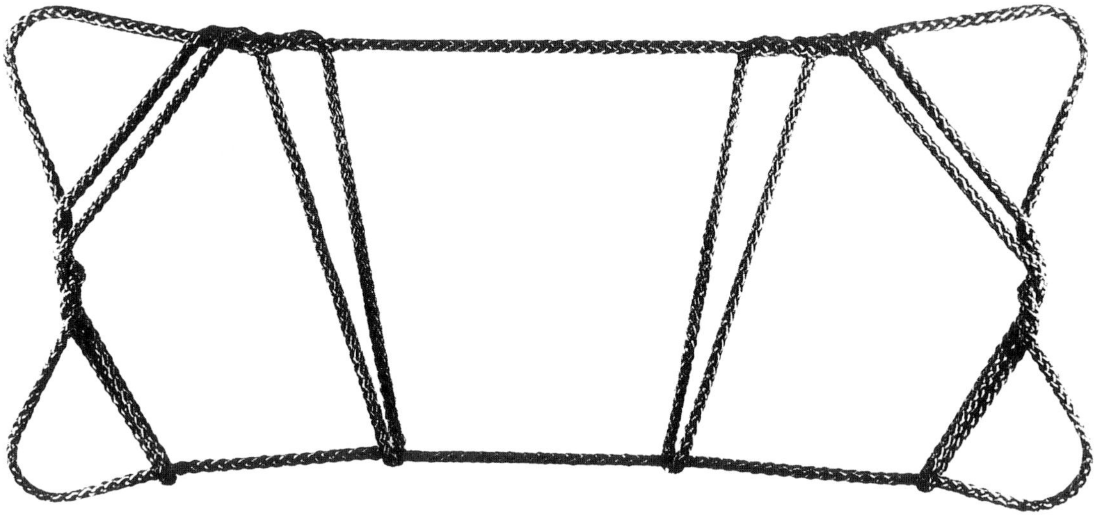

ren nach oben und durch das entsprechende kleine Dreieck unterhalb der radialen Daumenschnur wieder vom Spieler weg. Er gerät damit auf die distale Seite der radialen Daumenschnur. Diese nimmt er nun in seiner Beuge auf und zieht sie vom Spieler weg durch die Figur zur distalen Seite. Dabei vollführt der Zeigefinger eine Rotation nach ulnar und richtet sich dann auf.

13. Daumen entlassen und Figur mit vom Spieler abgewandten Handflächen zwischen hochgereckten Zeigefingern und niedergekrümmten Kleinfingern aufspannen. Wenn die Schnüre in der Figurmitte dabei nicht von selbst auseinandergleiten, muß etwas nachgeholfen werden (Abb. 57).

Die beiden »Eisbären«, die das »Fischnetz« zerrissen haben, sind jetzt erschienen. Spannt man die Figur weiter, dann gehen sie nach rechts und links fort.

Auch diese Eskimofigur stammt aus der Sammlung von D. Jenness, der sie im Norden Alaskas bei verschiedenen Stämmen entdeckte.

Abb. 58

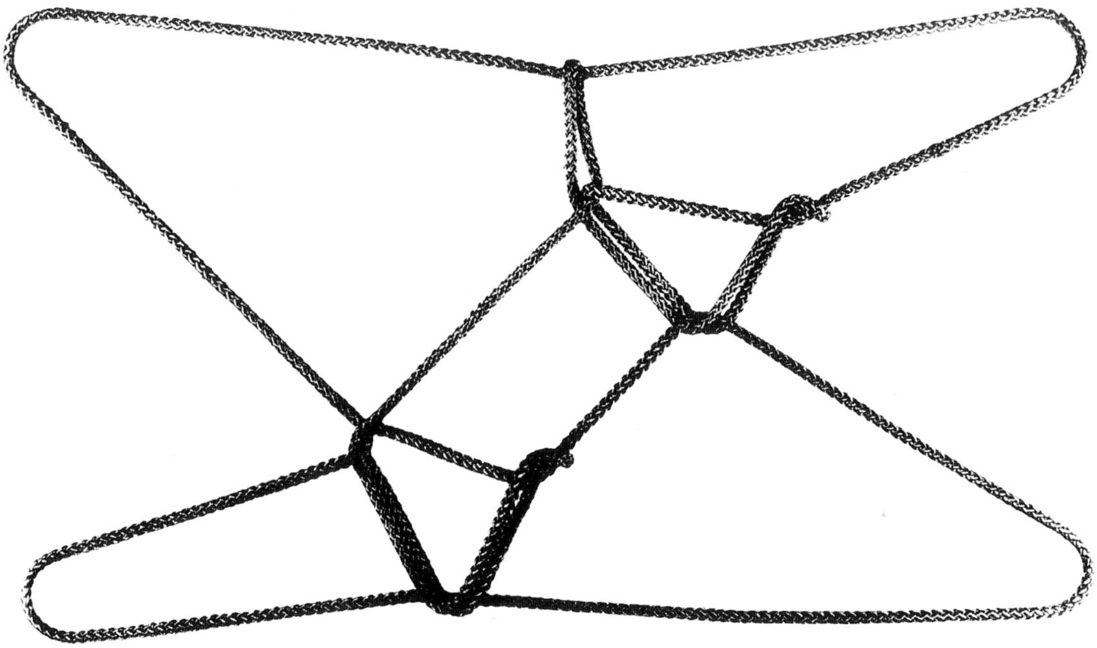

Zwei Schneehühner (200/III)

1. Position I nur an der linken Hand.

2. Daumen und Zeigefinger der rechten Hand fassen die linke ulnare Kleinfingerschnur und wickeln diese in radialer Richtung locker zweimal komplett um Klein- und Ringfinger der linken Hand. Nach der zweiten Umwicklung wird die Schnur zwischen Ring- und Kleinfinger zur Palmarseite der linken Hand geführt und zwischen diesen Fingern festgeklemmt. Daumen und Zeigefinger der rechten Hand greifen die beiden kurzen Radialschnüre des linken Ringfingers, heben diese über die Ring- und über die Kleinfingerkuppe und lassen sie auf der ulnaren Kleinfingerseite fallen. Die distale radiale Kleinfingerschnur wird jetzt von einem kleinen Schnurring umschlungen. Diesen Ring schieben die Finger der rechten Hand etwa 15 cm nach rechts.

3. Rechter Daumen und Zeigefinger fassen die linke distale radiale Kleinfingerschnur etwa 30 cm rechts von der kleinen Schlaufe und legen sie von palmar nach dorsal so zwischen linken Daumen und Zeigefinger, daß sie radial proximal zur bisherigen Daumenschlaufe zum liegen kommt. Vor der linken Handfläche hängt die soeben aufgelegte Schnur in einer Schlaufe herab. Rechter Daumen und Zeigefinger greifen die jetzt distale radiale linke Daumenschnur, heben diese völlig vom linken Daumen ab und führen sie von palmar nach dorsal zwischen linkem Klein- und Ringfinger hindurch. Anschließend wird dieselbe Schnur erst um den Kleinfingerrücken und dann auf die Palmarseite des Kleinfingers geführt und in derselben Richtung locker zweimal um Klein- und Ringfinger gewickelt. Nach der zweiten Umwicklung wird die Schnur zwischen Klein- und Ringfinger festgeklemmt. Daumen und Zeigefinger der rechten Hand greifen die beiden kurzen Radialschnüre des linken Ringfingers, heben diese über die Ring- und über die Kleinfingerkuppe und lassen sie auf der ulnaren Kleinfingerseite fallen. Wieder wird der entstandene kleine Schnurring ca. 15 cm nach rechts gezogen.

4. Navaho linken Kleinfinger mit beiden proximalen Schlaufen.

5. Rechter Daumen und Zeigefinger heben die linke Daumenschlaufe ab und hängen sie um 180 Grad nach ulnar verdreht auf den Daumen zurück, so daß die ulnare linke Daumenschnur distal zur radialen linken Daumenschnur verläuft.

6. Rechter Daumen und Zeigefinger legen die ulnare linke Daumenschnur hinter den linken Kleinfinger (wie bei Position I).

7. Navaho linken Kleinfinger mit beiden proximalen Schlaufen.

8. Rechter Kleinfinger greift von proximal in die linke Kleinfingerschlaufe, und zwar rechts von der doppelten Umschlingung der ulnaren Kleinfingerschnur. Rechter Daumen greift von proximal in die linke Daumenschlaufe, und zwar rechts von der ersten Umschlingung der radialen Daumenschnur. Hände mit den Handflächen pararallel halten, die Fingerspitzen vom Spieler weggewandt. Figur vorsichtig aufspannen (Abb. 58).

Um die Figur aufzulösen, entläßt man die Kleinfinger und zieht die Schnüre mit den Daumen straff.

Diese originelle Figur ist insofern für die Eskimos typisch, als sie völlig asymmetrisch ist. Derartige Muster sind häufig. G. B. Gordon hat 1906 diese »mugalonik okhozgiuk« (»zwei Schneehühner«) aufgezeichnet, aber leider so unzulänglich beschrieben, daß auch ein Experte seinen Gebrauchsanweisungen nicht folgen kann. Ich habe die Original-Herstellungsmethode für dieses Buch rekonstruiert.

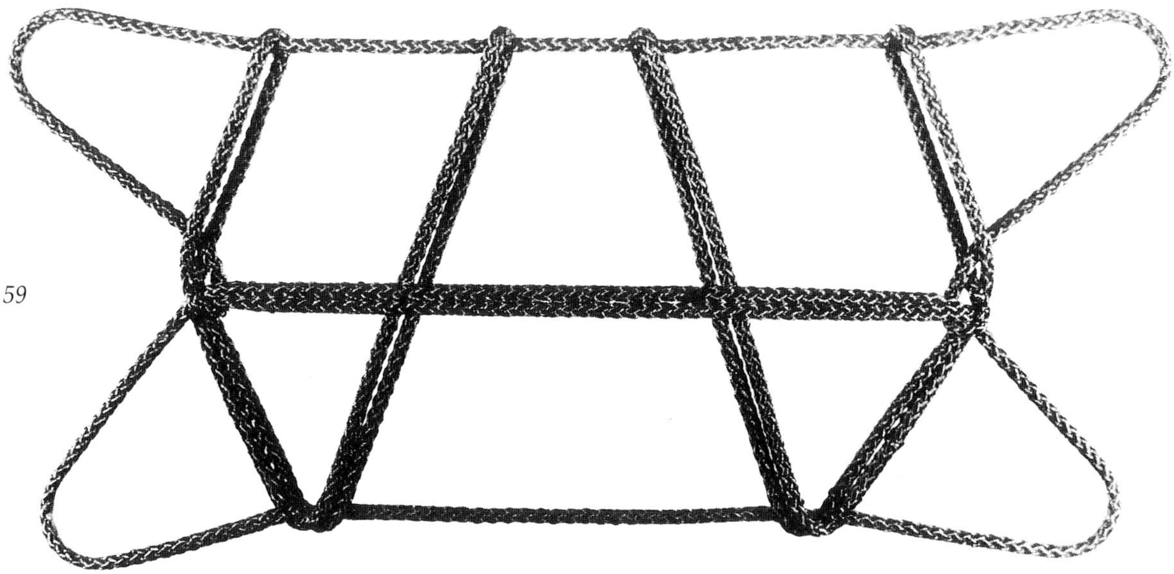

Abb. 59

Zwei Ratten auf einem Stamm (200/I)

1. Schlinge über beide Zeigefinger legen, und zwar so, daß die gemeinsame ulnare Zeigefingerschnur nur etwa 15 cm lang ist und die radiale Zeigefingerschnur in einer langen Schlaufe herabhängt. Die linke ulnare Zeigefingerschnur wird einmal um den linken Zeigefinger gewikkelt. Rechten Zeigefinger entlassen. Rechter Zeigefinger greift von ulnar und proximal hinter die beiden Dorsalschnüre des linken Zeigefingers. Mittel-, Ring- und Kleinfinger beider Hände schließen sich über die proximale radiale Zeigefingerschnur (Palmarschnur) und halten diese gegen die Handfläche fest. Zeigefinger rotiert um 360 Grad in radiale Richtung und dann um weitere 360 Grad in radiale Richtung, wobei er sich durch die große, von den anderen Fingern gehaltene Schlaufe hindurchbewegt, bis er am Ende der Bewegung nach oben weist und die Handflächen einander zugekehrt sind. Mittel-, Ring- und Kleinfinger entlassen. Schnüre span-

Abb. 60

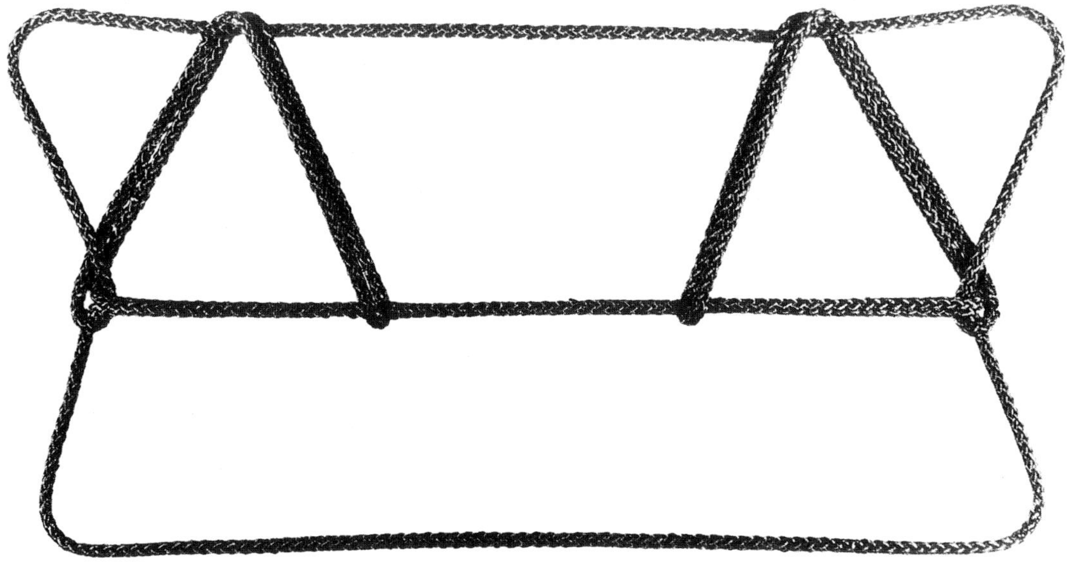

nen. Es gibt jetzt eine für beide Zeigefinger gemeinsame distale radiale Schnur und eine ebensolche proximale ulnare Schnur, während die proximale radiale Schnur jedes Zeigefingers zur distalen ulnaren Seite des anderen verläuft.

2. Daumen greift von distal durch die proximale Zeigefingerschlaufe, nimmt auf seinem Rücken die proximale ulnare Zeigefingerschnur auf und kehrt zurück.

3. Kleinfinger greift von proximal zwischen radiale Daumen- und proximale radiale Zeigefingerschnur und von proximal durch die distale Zeigefingerschlaufe und zieht in seiner Beuge die distale radiale Zeigefingerschnur durch die proximale Schlaufe zur Handwurzel.

4. Hände wenden sich mit ihren Handflächen zum Spieler. Linker Zeigefinger greift von ulnar und proximal in die rechte distale Zeigefingerschlaufe und übernimmt diese. Rechter Zeigefinger greift sofort von ulnar und proximal durch beide distalen linken Zeigefingerschlaufen. Noch zum Spieler hin gewandt, greift Zeigefinger von distal durch die Daumenschlaufe, nimmt auf seinem Rücken die radiale Daumenschnur auf und zieht diese, sich streckend, durch seine beiden Schlaufen.

5. Daumen entlassen. Navaho Zeigefinger. Figur zwischen hochgereckten Zeigefingern und niedergehaltenen Kleinfingern aufspannen.

Es zeigen sich die »beiden Ratten« (Abb. 59).

6. Beide Daumen in Richtung vom Spieler weg zwischen beide »Ratten« radial von der ulnaren Kleinfingerschnur in die Figur stecken, Kleinfinger entlassen und Daumen nach unten und außen ziehen (Handflächen wenden sich vom Spieler ab).

Jetzt sitzen die beiden »Ratten« auf einem liegenden »Baumstamm« (Abb. 60).

D. Jenness lernte diese Figur bei den Eskimos von Indian Point kennen. Auch am Cape Prince of Wales ist das Endmuster bekannt. Es heißt dort »zwei Hunde«.

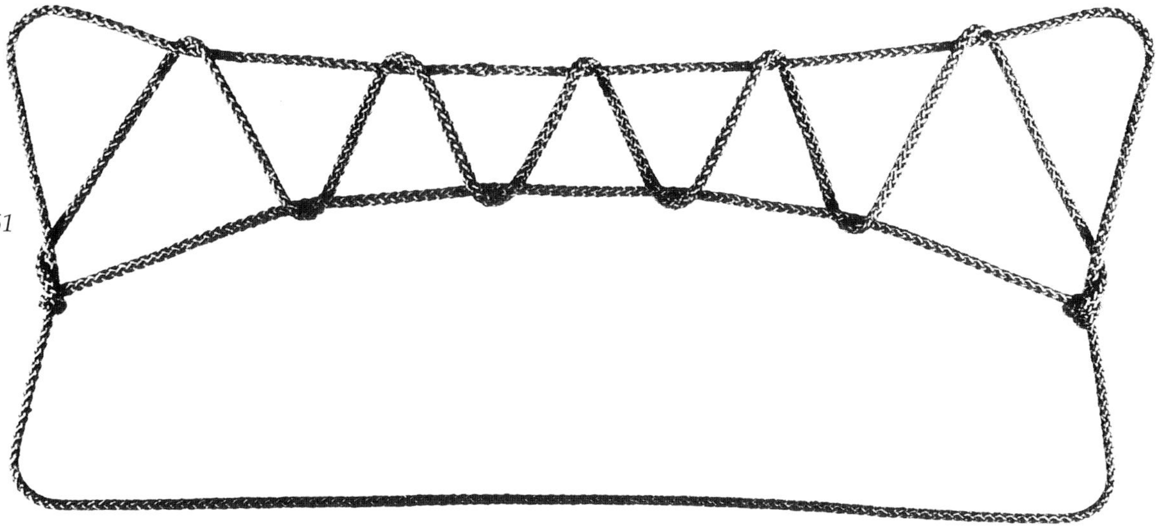

Abb. 61

Eine brennende Öllampe (200/II)

1. Position I.

2. Der rechte Daumen greift distal an der linken ulnaren Kleinfingerschnur vorbei, ulnar und dann radial um diese herum und nimmt sie auf. Schnüre nicht spannen. Der linke Daumen nimmt in gleicher Weise die reche ulnare Kleinfingerschnur auf. Schnüre spannen. Kleinfinger entlassen.

3. Kleinfinger greift von proximal durch die Daumenschlaufen. Jetzt gibt es zwei ulnare Kleinfingerschnüre. Eine davon läuft geradlinig von einem Kleinfinger zum anderen. Diese entläßt der Kleinfinger, greift über sie und zieht sie sofort in seiner Beuge durch seine verbleibende Schlaufe hindurch zur Handwurzel.

4. Radiale Daumenschnüre so ordnen, daß die geradlinig von Daumen zu Daumen verlaufende Schnur distal liegt. Zeigefinger greift von distal durch beide Daumenschlaufen, drückt mit seinem Rücken die proximale radiale Daumenschnur nach distal an der distalen radialen Daumenschnur vorbei, nimmt dann in seiner Beuge die distale radiale Daumenschnur auf und rotiert um diese herum erst in ulnare und dann in distale Richtung, wobei seine bisherige dorsale Schnur von seinem Rücken gleitet. Daumen entlassen.

5. Beide Daumen greifen gemeinsam vom Spieler weg in der Mitte der Figur in das Schnurdreieck auf der radialen Seite der gemeinsamen ulnaren Kleinfingerschnur und nehmen auf ihrem Rücken die beiden sich im Zentrum der Figur umschlingenden Schnüre auf. Daumen greift von proximal durch die Zeigefingerschlaufe. Navaho Daumen mit beiden proximalen Schnüren. Zeigefinger entlassen.

6. Im Zentrum der Figur gibt es jetzt zwei dicht beieinander von Palmarschnur zu Palmarschnur verlaufende Schnüre, die einander in der Mitte umschlingen. Die Handflächen sind dem Spieler zugewandt. Die Fingerspitzen beider Hände weisen aufeinander zu. Mittel- und Zeigefinger greifen gemeinsam auf den Spieler zu zwischen diesen beiden Schnüren hindurch in Richtung Handwurzel. Darauf achten, daß nach dieser Operation die radiale Zeigefingerschnur an beiden Händen dieselbe Schnur ist. Diese Schnur drückt der Zeigefinger in radiale Richtung distal an der radialen Daumenschnur vorbei, nimmt die letztere in seiner Beuge auf und zieht sie in distale Richtung unter der Schnur auf seinem Rücken hindurch, wobei er sich aufrichtet. Daumen und Mittelfinger entlassen und Schnüre ein wenig spannen.

7. Die Kleinfingerschlaufe wird jetzt in der Nähe des Kleinfingers von einem kleinen Schnurring umschlossen. Der Daumen greift innerhalb der Kleinfingerschlaufe vom Spieler weg (also im Sinne des Kleinfingers von distal nach proximal) durch diesen Schnurring hindurch und zieht deren auf seinem Rücken liegendes Schnurstück in radiale Richtung heraus.

8. Daumen greift von proximal durch die Zeigefingerschlaufe. Navaho Daumen. Zeigefinger entlassen. Zeigefinger greift von proximal durch die Daumenschlaufe und übernimmt diese.

9. Daumen greift von distal in die Kleinfingerschlaufe, und zwar nicht unmittelbar am Kleinfinger, sondern in Richtung Figurmitte jenseits der kleinen Schlaufe, die um die Kleinfingerschlaufe verläuft. Kleinfinger entlassen. Kleinfinger fährt von distal durch Daumenschlaufe und übernimmt diese. Figur zwischen nach oben gereckten Zeigefingern und zur Handwurzel gekrümmten Kleinfingern spannen.

10. Um ein besseres Resultat zu erlangen, halten linker Daumen und Mittelfinger die linke radiale Kleinfingerschnur innerhalb der kleinen Schlaufe fest, die zwischen Zeige- und Kleinfinger der linken Hand die radiale Kleinfingerschnur umschlingt. Rechter Daumen und Zeigefinger greifen nun die linke ulnare Zeigefingerschnur rechts von der kleinen Schlaufe (also dort, wo sie von dieser Schlaufe diagonal zur radialen gemeinsamen Zeigefingerschnur hin verläuft) und ziehen sie kräftig nach rechts. Die gemeinsame radiale Zeigefingerschnur wird dadurch kürzer, die Zickzackschnur länger. Anschließend wird das Zickzackmuster, das die Flämmchen einer offenen Tranlampe darstellt, mit den Zähnen symmetrisch gemacht (Abb. 61).

Die bei den Eskimos »ikumayorjuk« (»brennende Öllampe«) genannte Figur ist im ganzen Norden Alaskas und Kanadas verbreitet. In Alaska ist sie auch als »Hügelkette« bekannt. Registriert wurde sie von verschiedenen Ethnologen.

Schnurfiguren aus Australien

Untersuchungen von Mustern und Machart der australischen Schnurfiguren haben ergeben, daß das Fadenspiel aus dem melanesischen Inselraum auf den fünften Kontinent kam, und daß die Figuren in der Provinz Queensland die ältesten australischen Figuren sind. Sie wurden auch am besten dokumentiert. Daneben haben die Schnurfigurensammler aber auch zahlreiche Figuren im Süden und besonders im Nordterritorium registriert.

Kultische Bedeutung kommt den Figuren in Australien im allgemeinen nicht zu. Häufig stellen sie Tiere (Känguruhs, Schildkröten, Schweine u. a.) oder Gegenstände aus der Natur (Vogelnester, Blitze, Flußbetten, Regen u. a.) und aus dem Alltag (Tragtaschen, Hütten, Betten, Speere, Armbänder u. a.) dar.

Abb. 62

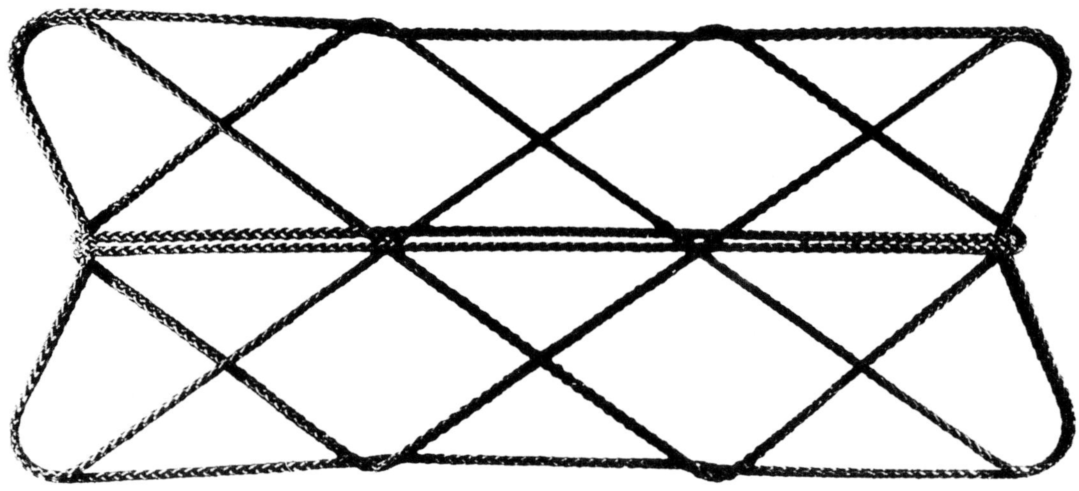

Ein toter Mann, vom Speer durchbohrt (300/I)

1. Opening A.

2. Zeigefingerschlaufe auf Mittelfinger umhängen und Daumenschlaufe auf Zeigefinger.

3. Rechter Daumen greift von distal in die rechte Zeigefingerschlaufe und bewegt sich rotierend in dieser Richtung weiter, bis er wieder nach oben weist. Ihn umgibt jetzt eine kleine geschlossene Schlaufe. Linker Daumen greift von proximal durch diese kleine rechte Daumenschlaufe. Schnüre spannen.

4. Zeige- und Mittelfinger aneinanderdrücken und Daumenschlaufe auf diese beiden Finger umhängen. Kleinfingerschlaufe ebenfalls auf Zeige- und Mittelfinger umhängen.

5. Navaho Zeigefinger mit der einzelnen proximalen dorsalen Schnur. Navaho Mittelfinger mit der einzelnen proximalen dorsalen Schnur.

6. Die Finger der rechten Hand heben vorsichtig die Zeige- und Mittelfingerschlaufen von der linken Hand ab und drehen sie um 180 Grad um. Linker Daumen fährt von unten durch die ehemaligen linken Mittelfingerschlaufen. Linker Kleinfinger durch die ehemaligen linken Zeigefingerschlaufen.

7. Bewegungen 6 entsprechend an der rechten Hand ausführen, und Figur zwischen Daumen und Kleinfingern aufspannen.

Das Rautenmuster repräsentiert den »toten Mann«, die beiden Schnüre zwischen den Palmarschnüren den »Speer« (Abb. 62).

Entdeckt hat diese Figur G. A. V. Stanley 1925 in Queensland.

Abb. 63

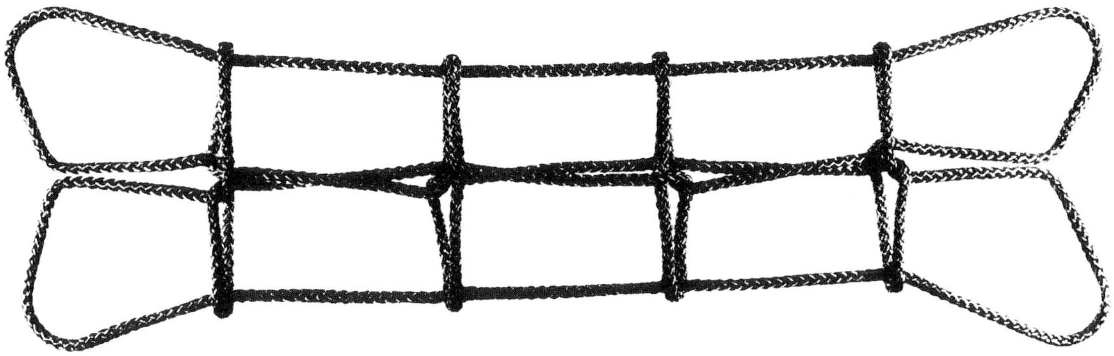

Vier Eingeborene (300/II)

1. Daumen und Zeigefinger beider Hände halten zwischen den Händen ein Stück Schnur von ca. 15 cm Länge und machen damit eine nach unten gerichtete Schlaufe so, daß die Schnur der rechten Hand vom Spieler aus gesehen vor der Schnur der linken Hand liegt. Durch diese kleine Schlaufe greifen beide Zeigefinger in Richtung auf den Spieler zu und richten sich dann nach oben. Schnüre spannen. Am Ende dieser Bewegung, die gelegentlich *Opening C* genannt wird, gibt es zwei parallele radiale Zeigefingerschnüre, die sich in der Figurmitte kreuzen.

2. Daumen greift von proximal durch die distale Zeigefingerschlaufe. Kleinfinger greift von proximal durch die distale Zeigefingerschlaufe. Zeigefinger von der distalen Schlaufe entlassen.

3. Rechter Mittelfinger nimmt die linke, linker Mittelfinger die rechte Palmarschnur auf (wie bei Opening A).

4. Ringfinger fährt von distal in die Kleinfingerschlaufe und übernimmt diese.

5. Kleinfinger greift von distal durch die Ringfingerschlaufe, proximal an Mittel-, Zeigefinger- und Daumenschlaufe vorbei und nimmt auf seinem Rücken die radiale Daumenschnur auf. Mit dieser Schnur kehrt er (eventuell mit Hilfe des Ringfingers) zu seiner normalen Stellung zurück.

6. Daumen entlassen.

7. Daumen greift von distal durch die Zeigefingerschlaufe, proximal an allen anderen Schnüren vorbei, nimmt auf einem Rücken die ulnare Kleinfingerschnur auf und kehrt zurück.

8. Die radiale Zeigefingerschnur verläuft proximal an der Daumenschlaufe vorbei und danach in ulnare Richtung zum Zentrum der Figur. Kleinfinger greift distal zur Ring- und Mittelfingerschlaufe und zur ulnaren Kleinfingerschnur und nimmt die soeben erwähnte radiale Zeigefingerschnur zwischen radialer Daumenschnur und Figurmitte von ulnar nach radial greifend auf seinem Rücken auf.

9. Navaho Kleinfinger.

10. Zeige-, Mittel- und Ringfinger entlassen und Schnüre nur soweit spannen, bis die soeben entlassenen Schlingen in der Figurmitte frei werden.

11. Caroline-Ende (siehe Seite 22).

Die »vier Eingeborenen« werden in Queensland auch gelegentlich »vier in einer Reihe gehende Jungen« genannt (Abb. 63).

Gefunden hat sie 1930/31 der Anthropologe Daniel Sutherland Davidson.

Abb. 64

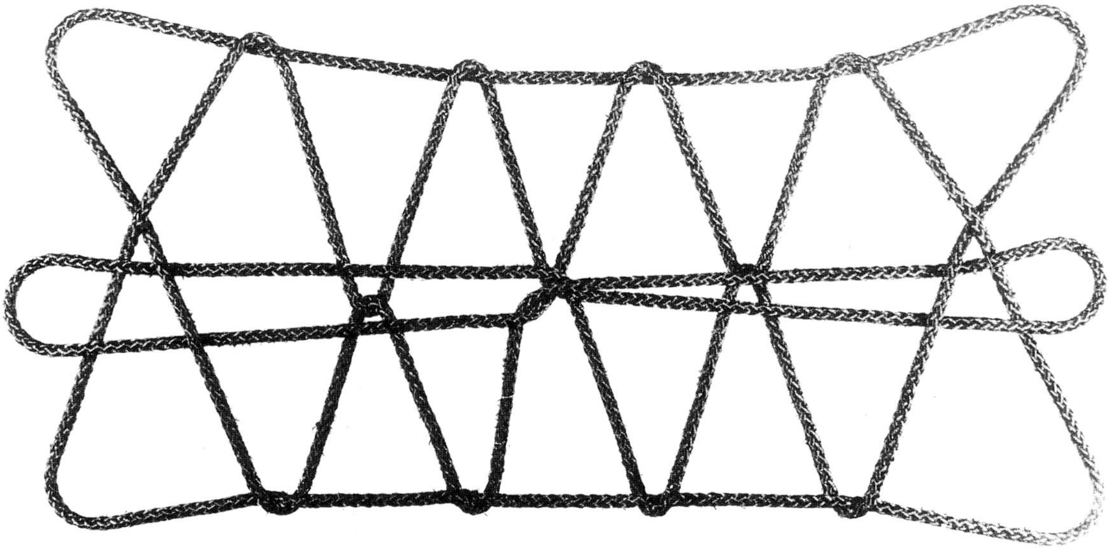

Känguruh-Fährte (300/II)

1. Opening A.

2. Daumen greift distal zur Zeigefingerschlaufe von proximal in die Kleinfingerschlaufe und nimmt die radiale Kleinfingerschnur auf.

3. Mittelfinger greift distal zur Palmarschnur und zur Zeigefingerschlaufe von proximal in die proximale Daumenschlaufe und nimmt die proximale ulnare Daumenschnur auf.

4. Kleinfinger entlassen. Schnüre spannen. Kleinfinger greift von proximal in die Mittelfingerschlaufe und übernimmt diese. Schnüre gut spannen.

5. Bewegungen 3 und 4 wiederholen.

6. Daumen greift von proximal hinter die Palmarschnur und verliert damit eine Schlaufe.

7. Zeige-, Mittel-, Ring- und Kleinfinger greifen gemeinsam von proximal durch die Daumenschlaufe, die damit zum Handgelenk rutscht.

8. Daumen und Zeigefinger der rechten Hand ergreifen linke ulnare Zeigefinger- und linke radiale Kleinfingerschnur und heben die Schlaufen vom linken Zeige- und Kleinfinger ab. Linke Hand entläßt alle Schnüre. Linker Daumen greift in Richtung Figurmitte durch die herabhängende ursprüngliche Handgelenkschlaufe (also von ihrer bisherigen distalen Seite aus) und nimmt deren alte radiale Schnur auf seinem Rücken auf. Daumen und Zeigefinger der rechten Hand hängen die von ihnen gehaltenen Schlaufen wieder auf Zeige- und Kleinfinger der linken Hand zurück.

9. Bewegung 8 entsprechend an der rechten Hand wiederholen.

10. Daumen greift distal zur Zeigefingerschlaufe und von proximal in Kleinfingerschlaufe und nimmt die radiale Kleinfingerschnur auf. Caroline-Extension (siehe Seite 22).

Die »Känguruh-Fährte« stammt wie die vorige Figur von der Sammelreise D. S. Davidsons in den Jahren 1930/31 (Abb. 64).

Abb. 65

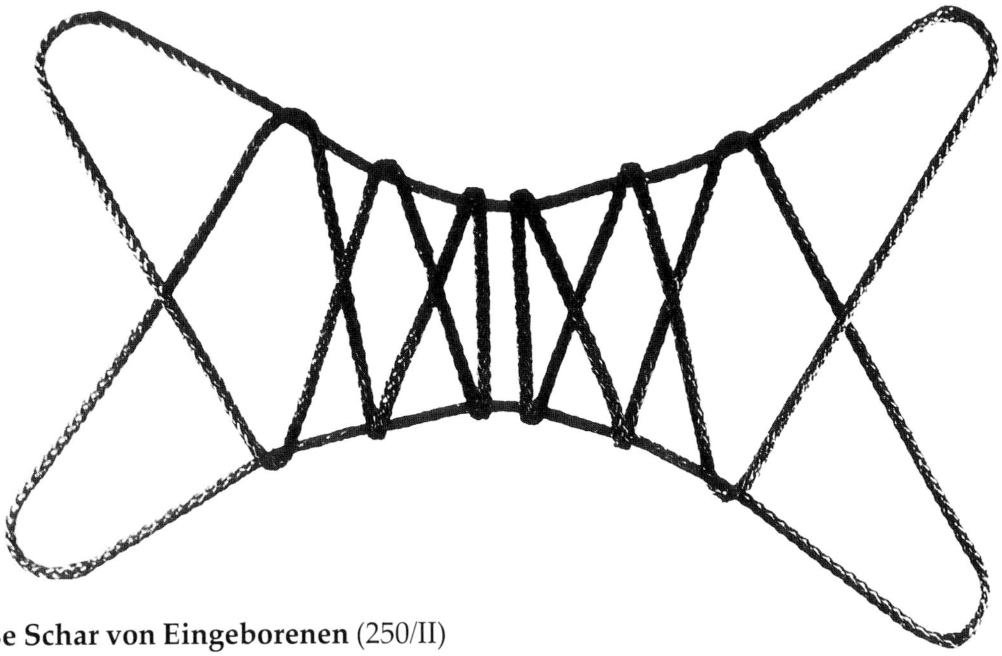

Eine große Schar von Eingeborenen (250/II)

1. Opening A.

2. Daumen, Mittel-, Ring- und Kleinfinger fahren von proximal durch die Zeigefingerschlaufe, die dadurch zum Handgelenk rutscht.

3. Linker Daumen greift von proximal durch die Kleinfingerschlaufe. Linker Zeigefinger greift distal zur Palmarschnur von proximal durch die linke Daumenschlaufe, nimmt auf seinem vordersten Glied die proximale ulnare Daumenschnur auf und streckt sich. Linken Daumen und Zeigefinger an ihren Wurzeln fest gegeneinander pressen.

4. Daumen und Zeigefinger der rechten Hand ergreifen die beiden radialen linken Daumenschnüre. Linke Hand entläßt Kleinfinger, Daumen und Zeigefinger (aber nicht die Handgelenkschnur). Vom rechten Daumen und Zeigefinger hängen jetzt zwei Schlaufen herab, eine auf der Seite des Spielers, eine auf der von ihm abgewandten Seite. Der Kleinfinger der linken Hand greift vom Spieler weg durch die abgewandte Schlaufe, der Daumen zum Spieler hin durch die Schlaufe auf der Spielerseite. Rechter Daumen und Zeigefinger lassen die festgehaltenen Schnüre los.

5. Bewegungen 3 und 4 spiegelbildlich an der rechten Hand wiederholen.

6. Bewegungen 3 bis 5 wiederholen.

7. Bewegungen 3 bis 5 nochmals wiederholen.

8. Daumen und Zeigefinger der rechten Hand greifen die linke dorsale Handgelenkschnur und legen diese über alle Finger der linken Hand auf deren Palmarseite.

9. Bewegung 8 entsprechend an der rechten Hand wiederholen.

10. Daumen greift von proximal in die Kleinfingerschlaufe. Caroline-Extension und fertige Figur mit der Zunge ordnen.

Auch diese Schnurfigur sammelte 1930/31 D. S. Davidson (Abb. 65). Sie stammt aus dem Wardaman-Gebiet.

Abb. 66

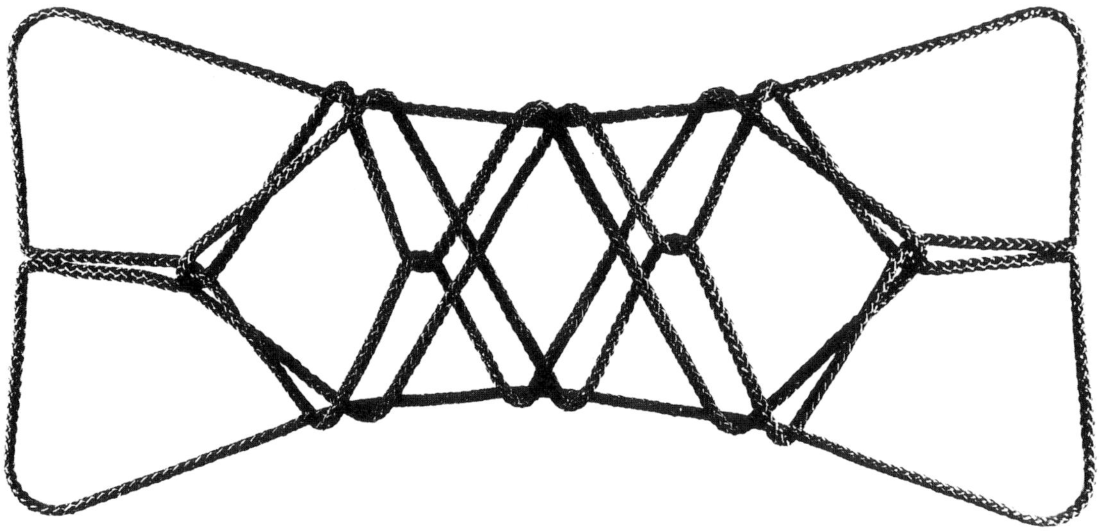

Armband (300/III)

1. Opening A.

2. Daumen, Mittel-, Ring- und Kleinfinger fahren von proximal durch die Zeigefingerschlaufe, die dadurch zum Handgelenk rutscht.

3. Linker Zeigefinger greift von distal durch die linke Daumenschlaufe, anschließend ebenfalls von distal durch die linke Kleinfingerschlaufe, rotiert dann in radiale und schließlich distale Richtung und zieht dabei die radiale Kleinfingerschnur durch die Daumenschlaufe.

4. Daumen und Zeigefinger der rechten Hand greifen die linke ulnare Daumenschnur und die linke radiale Zeigefingerschnur dort, wo sich die beiden Schnüre kreuzen. Linken Daumen, Zeige- und Kleinfinger entlassen. Vom Daumen und Zeigefinger der rechten Hand hängen jetzt zwei Schlaufen herab, eine auf der Seite des Spielers, eine auf der von ihm abgewandten Seite. Der linke Kleinfinger greift vom Spieler weg nur durch die dem Spieler zugekehrte Schlaufe, der linke Daumen greift auf den Spieler zu nur durch die vom Spieler abgekehrte Schlaufe. Rechter Daumen und Zeigefinger lassen beide Schlaufen los.

5. Bewegungen 3 und 4 spiegelbildlich an der rechten Hand wiederholen.

6. Bewegungen 3 bis 5 wiederholen.

7. Bewegungen 3 bis 5 nochmals wiederholen.

8. Bewegungen 3 mit beiden Händen wiederholen.

9. Radiale Handgelenkschnur über den Daumen heben und zwischen Daumen und Zeigefinger legen.

10. Rechter Daumen und Zeigefinger ergreifen linke ulnare Daumenschnur und linke radiale Zeigefingerschnur dort, wo sie sich kreuzen, und zugleich die Schnur, die in der linken Daumen-Zeigefingergabel liegt. Linke Hand entläßt alle Schnüre. Jetzt hängen vom rechten Daumen und Zeigefinger drei Schlaufen herab. Die Schlaufe auf der Seite des Spielers sei die Schlaufe 1, die nächste die Schlaufe 2 und die vom Spieler abgekehrte Schlaufe die Schlaufe 3. Der linke Daumen fährt vom Spieler weg durch die Schlaufen 1 und 3, der linke Kleinfinger in derselben Richtung nur durch die Schlaufe 1 (die Schlaufe 2 wird überhaupt nicht aufgenommen und rutscht deshalb zwischen die beiden linken radialen Daumenschnüre).

11. Bewegungen 10 spiegelbildlich an der rechten Hand wiederholen.

12. Caroline-Extension (siehe Seite 22).

Dieses »Armband«, das D. S. Davidson 1930/31 im Wardaman-Gebiet fand, gibt es auch auf der zu den Karolinen zählenden Mikronesier-Insel Yap. Dort ist die Figur als »drei Sterne« bekannt (Abb. 66).

Abb. 67

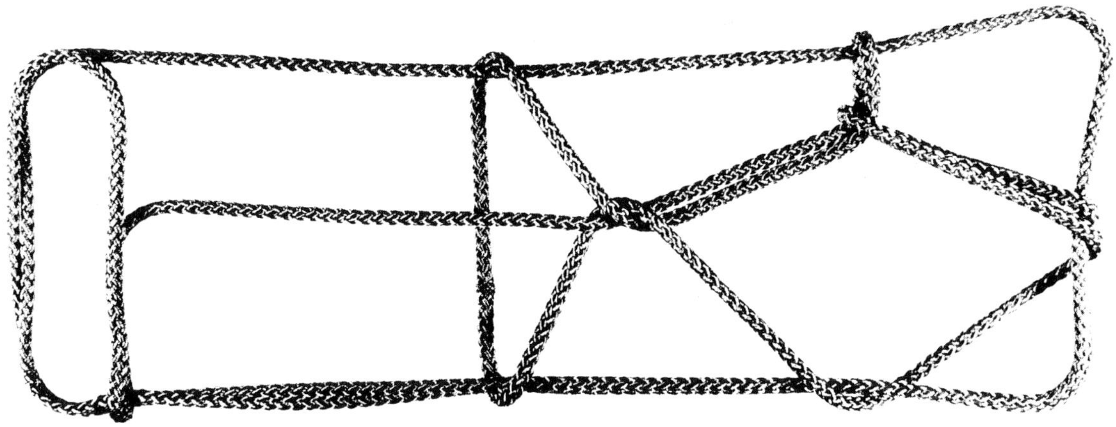

Ein Drückerfisch (250/II)

1. Opening A.

2. Der Zeigefinger greift über seine ulnare Schnur hinweg von distal durch die Kleinfingerschlaufe, dann, weiter rotierend, proximal an seiner eigenen Schlaufe vorbei und zwischen seiner eigenen radialen Schnur und der ulnaren Daumenschnur wieder nach oben in seine normale Position. Kleinfinger entlassen.

3. Mittel-, Ring- und Kleinfinger greifen von distal durch beide Zeigefingerschlaufen und halten die beiden ulnaren Zeigefingerschnüre gegen die Handfläche fest.

4. Schnüre spannen. Die ulnaren Daumenschnüre schlingen sich um die beiden Zeigefingern gemeinsame Radialschnur und verlaufen danach zum Zentrum der Figur. Dabei bildet sich ein Dreieck aus diesen beiden Schnüren und der distalen radialen Zeigefingerschnur. Der rechte Daumen entläßt vorsichtig seine Schlaufe und greift vom Spieler weg (ulnar zur distalen radialen Zeigefingerschnur und distal zur gerade entlassenen radialen Daumenschnur) in dieses Dreieck. Rechts von ihm umschlingt jetzt eine Schlaufe die rechte distale radiale Zeigefingerschnur. Der rechte Daumen schiebt diese Schlaufe möglichst weit nach rechts und zieht die beiden Schnüre der Schlaufe anschließend in seiner Beuge so weit in Richtung Handwurzel, bis die rechte proximale radiale Zeigefingerschnur auf seinen Rücken gleiten kann. Diese letztere Schnur nimmt er nun auf und zieht sie in radiale Richtung proximal zur distalen radialen Zeigefingerschnur heraus. Der rechte Mittelfinger greift von proximal durch die rechten Klein- und Ringfingerschlaufen und sodann von proximal durch die rechte Daumenschlaufe und übernimmt diese. Der rechte Daumen greift von distal durch die rechte Mittelfingerschlaufe und übernimmt diese. Die Schlaufe auf seiner Palmarseite vor sich her schiebend, fährt der rechte Daumen von proximal hinter die beiden rechten Palmarschnüre und zieht diese auf seinem Rücken durch seine bisherige Schlaufe in radiale Richtung. Rechten Klein- und Ringfinger entlassen. Rechter Kleinfinger greift von proximal durch die rechten Daumenschlaufen, übernimmt diese und hält sie gegen die Handfläche fest.

5. Rechter Daumen schiebt sich von proximal unmittelbar neben dem rechten Zeigefinger hinter die distale radiale Zeigefingerschnur. Rechten Zeigefinger entlassen. Rechter Zeigefinger greift von proximal durch die rechte Daumenschlaufe und nimmt die ulnare Daumenschnur auf seinem vordersten Glied auf. Rechten Daumen entlassen.

6. Linken Daumen entlassen. Die linke proximale radiale Zeigefingerschnur schlingt sich einmal völlig um beide ulnaren Kleinfingerschnüre. Der linke Daumen nimmt sie mit seinem Rücken nach dieser Umschlingung (also etwa in Figurmitte), aber außerhalb der soeben von ihm entlassenen Schlaufe, auf und zieht sie in die Ge-

gend der linken Zeigefingerwurzel. – Figur aufspannen, indem sich linker Zeigefinger und Daumen sowie rechter Zeigefinger nach oben recken und die Kleinfinger zur Handwurzel hin gebeugt bleiben.

Deutlich läßt sich jetzt in der Nähe der rechten Hand der trapezförmige »Drückerfisch« erkennen: Seine Schnauze berührt die rechte Palmarschnur, seine Rückenflosse schlingt sich um die radiale Zeigefingerschnur, und seine große Schwanzflosse steht in der Mitte der Figur senkrecht (Abb. 67).

Das hübsche Schnurbild des zwischen Korallen lebenden bunten Fisches brachte 1912 A. C. Haddon von einer Expedition zu den Eingeborenen der Torres Strait, einer Meerenge nördlich Australiens, mit.

Schnurfiguren aus Melanesien

Nördlich von Australien liegen im westlichen Pazifischen Ozean die »Schwarzen Inseln«, die Archipele von Melanesien. (Ihr Name stammt aus dem Griechischen: »melas« = »schwarz«, »nesos« = »Insel«.) Ihre zwischen drei und vier Millionen Einwohner verteilen sich auf mehrere Inselgruppen: die Salomonen, die Santa-Cruz-Inseln, die Neuen Hebriden und Neukaledonien, sowie die mit Abstand größte Melanesier-Insel, Neuguinea.

Im gesamten Gebiet ist die Schnurfigurentradition reich und zum Teil auch heute noch lebendig, obwohl sie unter dem Einfluß der modernen Lebensweise mit Fernsehen und anderen Unterhaltungsmöglichkeiten stark an Bedeutung verliert. Besonders gut erforscht sind in Melanesien im Hinblick auf die Schnurfiguren Neuguinea und der Archipel der Salomonen-Inseln. Einige wenige wissenschaftlich arbeitende »String-Figure«-Enthusiasten waren hier lange Jahre tätig und haben eine erstaunliche Fülle von Fadenspielen zusammengetragen, allen voran das Ethnologenehepaar Maude und der schottische Missionsgeistliche Philip D. Noble.

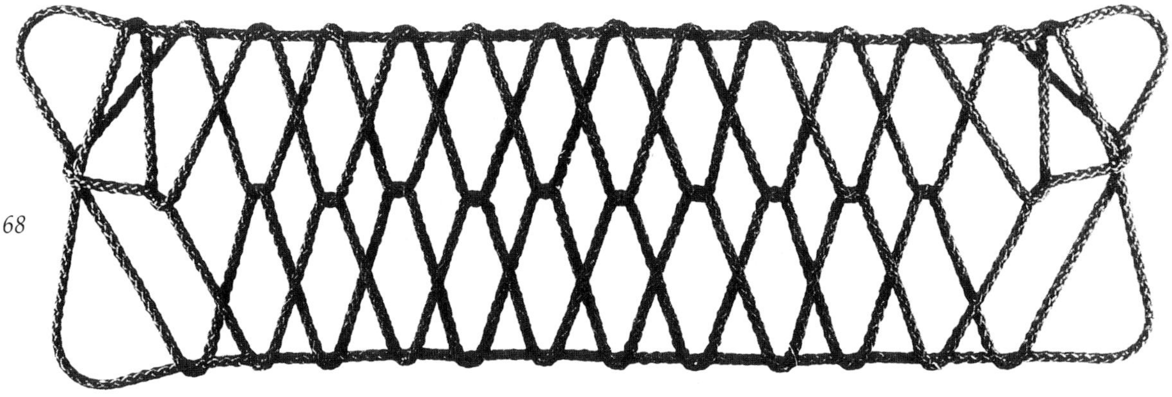

Abb. 68

Ein Schwarm Königsfischer (400/I)

1. Opening A.

2. Daumen greift distal an Zeigefingerschlaufe vorbei von proximal in die Kleinfingerschlaufe, nimmt die radiale Kleinfingerschnur auf und kehrt zurück.

3. Zeigefinger greift von proximal durch die Daumenschlaufe und nimmt die ulnare Daumenschnur auf. Daumen entlassen.

4. Daumen greift von distal durch die proximale Zeigefingerschlaufe, dann von proximal in die Kleinfingerschlaufe, nimmt die radiale Kleinfingerschnur auf und kehrt zurück. Kleinfinger entlassen.

5. Kleinfinger zieht in seiner Beuge die distale ulnare Zeigefingerschnur in proximale Richtung, bewegt sich dann proximal zur proximalen Zeigefingerschnur, greift von proximal in die Daumenschlaufe, nimmt die ulnare Daumenschnur auf und kehrt zurück. Daumen entlassen.

6. Daumen greift von distal durch die proximale Zeigefingerschlaufe, nimmt auf seinem Rücken die distale ulnare Zeigefingerschnur auf und kehrt mit dieser durch die proximale Zeigefingerschlaufe zurück. Zeigefinger von der distalen Schlaufe entlassen.

7. Daumen greift distal an der Zeigefingerschlaufe vorbei von proximal in die Kleinfingerschlaufe, nimmt die radiale Kleinfingerschnur auf und kehrt zurück.

8. Caroline-Extension (siehe Seite 22). Das Muster, wie es sich jetzt präsentiert, ist im gesamten melanesischen Inselraum und darüber hinaus weit verbreitet. Auf dem winzigen Inselchen Tikopia in den östlichen Salomonen wird es folgendermaßen weiter entwickelt:

9. Die Zähne nehmen die rechte distale ulnare Zeigefingerschnur auf. Der Zeigefinger entläßt seine distale Schlaufe, greift sofort von radial nach ulnar durch die Mundschlaufe und nimmt diese als distale Schlaufe auf. (Seine alte distale Schlaufe hat sich dadurch lediglich um 180 Grad gedreht.) Die Prozedur wird am linken Zeigefinger wiederholt.

10. Daumen entlassen.

11. Bewegungen 4 bis 6 wiederholen.

12. Daumen greift von distal durch die Zeigefingerschlaufe, von proximal in die Kleinfingerschlaufe, nimmt die radiale Kleinfingerschnur auf und kehrt durch die Zeigefingerschlaufe zurück.

13. Caroline-Extension (siehe Seite 22).

Wird eine noch längere Schnur verwendet, dann können die Bewegungen 9 bis 13 noch einmal oder sogar mehrmals wiederholt werden. Der »Schwarm der Königsfischer« (»Te kau nga sikotara«) wird dann größer und größer (Abb. 68) nach einmaliger Wiederholung.

Entdeckt hat diese Figur Raymond Firth bei den Eingeborenen der Insel Tikopia 1928/29.

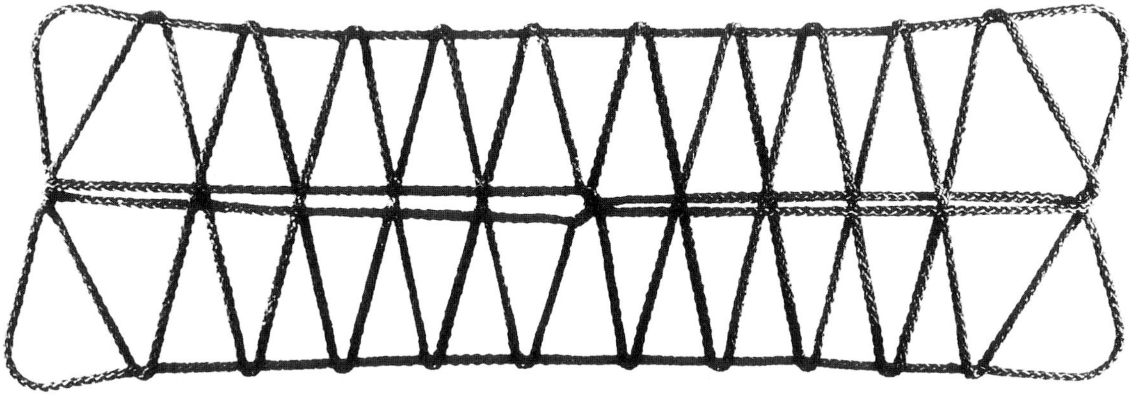

Abb. 69

Milchstraße (350/II)

1. Opening A.

2. Zeigefinger greift von proximal durch Kleinfingerschlaufe und übernimmt diese als distale Schlaufe.

3. Daumen greift von proximal durch die distale Zeigefingerschlaufe. Ring- und Kleinfinger greifen distal über die distale Zeigefingerschnur und halten sie sowie die proximale Zeigefingerschlaufe in ihren Beugen gegen die Handfläche fest. Mittelfinger bewegt sich distal zur distalen radialen Daumenschnur, greift von distal durch die proximale Daumenschlaufe und nimmt auf seinem Rücken die proximale radiale Daumenschnur auf. Sich wieder streckend, hebt er die proximale Daumenschlaufe über die distale hinweg völlig vom Daumen ab. Klein- und Ringfinger entlassen. Zeigefinger von seiner distalen Schlaufe entlassen. Zeigefinger greift von proximal durch die Mittelfingerschlaufe und übernimmt diese als eigene distale Schlaufe.

4. Bewegungen 3 dreimal wiederholen.

5. Kleinfinger greift von proximal durch die distale Zeigefingerschlaufe und übernimmt diese.

6. Daumen greift von distal durch die Zeigefingerschlaufe und drückt die radiale Zeigefingerschnur in seiner Beuge zur Handwurzel hin. Zeigefinger bewegt sich distal zu seiner eigenen ulnaren Schnur und zur Kleinfingerschlaufe in ulnare Richtung, krümmt sich nieder und greift dann proximal zur Kleinfingerschlaufe und zur eigenen ulnaren Schnur zurück in radiale Richtung. Er bewegt sich weiter in diese Richtung distal an der Daumenschlaufe vorbei, nimmt in seiner Beuge die radiale Daumenschnur auf und kehrt mit dieser in ulnare und später distale Richtung zurück. Daumen entlassen.

7. Daumen greift von distal durch die proximale Zeigefingerschlaufe, proximal an der Kleinfingerschlaufe vorbei, nimmt auf seinem Rücken die ulnare Kleinfingerschnur auf und zieht sie in radiale Richtung durch die proximale Zeigefingerschlaufe. Kleinfinger entlassen.

8. Kleinfinger greift von distal durch die distale Zeigefingerschlaufe und übernimmt diese.

9. Daumen greift von distal durch die Zeigefingerschlaufe und drückt die radiale Zeigefingerschnur in seiner Beuge zur Handwurzel hin. Zeigefinger greift von distal durch die Kleinfingerschlaufe, dann – sich in radiale Richtung bewegend – von proximal durch die eigene Schlaufe, distal an der Daumenschlaufe vorbei und nimmt in seiner Beuge die radiale Daumenschnur auf. Diese zieht er in ulnare Richtung durch seine eigene und durch die Kleinfingerschlaufe und streckt sich dann wieder. Der noch niedergehaltene Daumen nimmt auf seinem Rücken die ulnare Kleinfingerschnur auf, zieht diese proximal an der radialen Kleinfingerschnur vorbei und durch seine beiden bisherigen Schlaufen in radiale Richtung. Kleinfinger entlassen.

10. Kleinfinger greift von distal durch die distale Zeigefingerschlaufe und übernimmt diese.

11. Zeigefinger entlassen.

12. Caroline-Ende (siehe Seite 22).

Die Eingeborenen auf Tikopia nennen diese Schnurfigur – wie auch einige ähnliche Figuren – »Kau tukeniva«, die »Milchstraße« (Abb. 69). Bei ihrer Herstellung kommen zahlreiche in der Schnurfigurentechnik dieser Insel immer wiederkehrende Bewegungsabläufe vor, für die es in der melanesischen Inselsprache Kurzbezeichnungen gibt. So heißt zum Beispiel die gesamte Bewegung 7 einfach »Fakamau«, die Bewegung 8 (und 10) »Furifuri ifo«. Der komplexe Bewegungsablauf unter Punkt 6 läßt sich in stenographischer Kürze als »Tao sokatasi, ta e toru und Daumen entlassen« zusammenfassen. Honor Maude, die die von Raymond Firth 1928/29 auf Tikopia gesammelten 54 Figuren 1970 in einem Buch zusammengefaßt hat, bediente sich darin dieser inseleigenen Terminologie. Es ist verblüffend, wie extrem kurz damit oft ihre Beschreibungen selbst komplizierter Figuren ausfallen.

Abb. 70

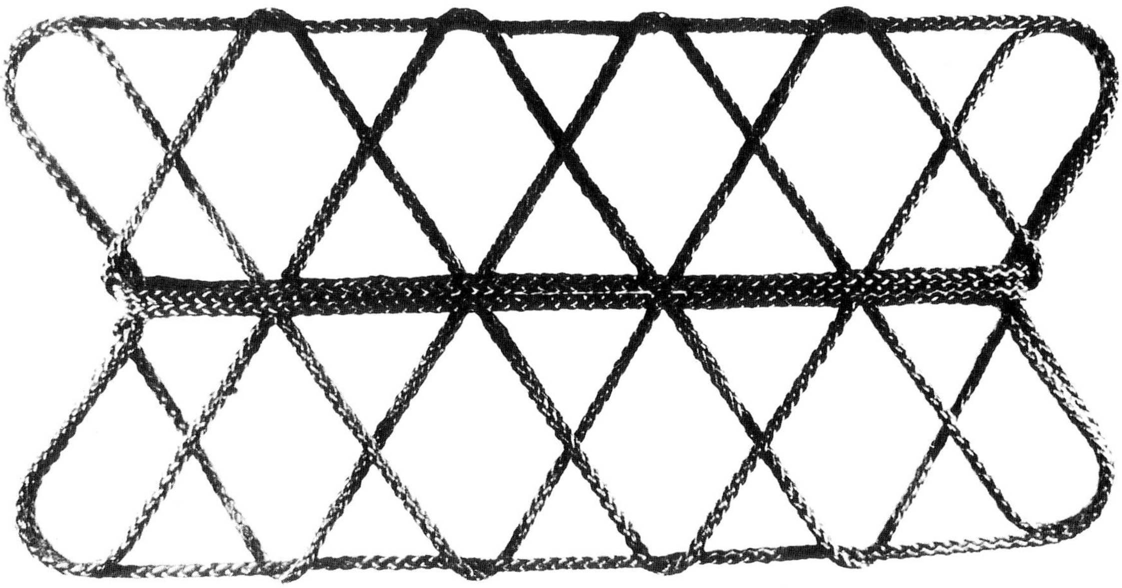

Weg in die Dunkelheit (400/II)

1. Opening A.

2. Die Zähne nehmen von oben die ulnaren Zeigefinger- und die radialen Kleinfingerschnüre dort auf, wo sie sich in der Figurmitte kreuzen.

3. Der rechte Zeigefinger greift von oben durch die beiden Mundschlaufen, nimmt die beiden linken Mundschnüre auf seinem Rücken auf und zieht sie nach rechts. Der linke Zeigefinger greift zwischen den rechten Mundschnüren und dem Körper nach rechts, nimmt die beiden rechten Mundschnüre auf seinem Rücken auf und zieht sie nach links. Zähne entlassen. Schnüre spannen.

4. Daumen greift proximal an den Zeigefingerschlaufen vorbei, von proximal in die Kleinfingerschlaufe und rotiert dann in proximale, radiale und wieder distale Richtung weiter bis in seine normale Position. Kleinfinger entlassen.

5. Ring- und Kleinfinger greifen proximal an den Zeigefingerschlaufen vorbei, von distal durch beide Daumenschlaufen und ziehen beide ulnare Daumenschnüre zur Handwurzel nieder. Daumen greift von proximal durch alle Zeigefingerschlaufen. Jeder Daumen besitzt jetzt zwei proximale radiale Schnüre, eine einzelne mittlere radiale Schnur und zwei distale radiale Schnüre. Navaho Daumen nur mit den beiden proximalen Schnüren. (Das geht leicht mit Hilfe des Mittelfingers, der von proximal durch die drei Zeigefinger-Daumenschlaufen greift, sich über die beiden distalen und die mittlere radiale Daumenschnur nach radial hinabbeugt, auf seinem Rücken die beiden proximalen radialen Daumenschnüre aufnimmt und diese über die Daumenkuppe hebt.)

6. Daumen greift von distal durch die Zeigefingerschlaufen und übernimmt diese.

7. Zeigefinger greift von proximal durch die Daumenschlaufen (deren beide ulnare Schnüre allerdings nur scheinbar Daumenschnüre sind und in Wirklichkeit von den niedergehaltenen Klein- und Ringfinger kommen), nimmt auf dem Rücken seines vordersten Gliedes die beiden scheinbaren ulnaren Daumenschnüre auf und streckt sich mit ihnen hoch. Daumen entlassen, Handflächen vom Spieler abwenden und Figur zwischen hochgereckten Zeigefingern und niedergehaltenen Kleinfingern aufspannen. (Abb. 70)

Wie die beiden vorhergehenden Figuren stammt auch der »Weg in die Dunkelheit« (»Ara ki te popouri«) von Tikopia, wo ihn Raymond Firth aufzeichnete.

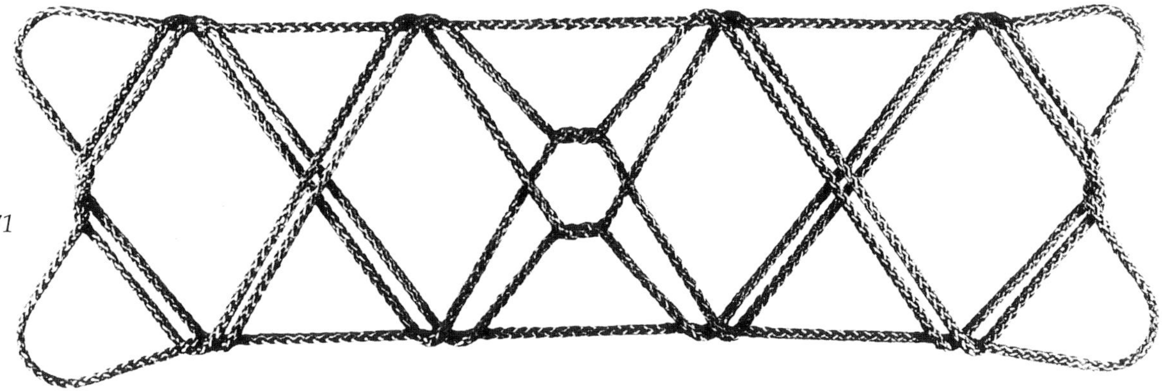

Abb. 71

Ein Netz (350/I)

1. Opening A.

2. Kleinfinger, Zeigefinger und Daumen rotieren – jeweils einzeln – mit ihrer eigenen Schlaufe einmal um 360 Grad in radiale Richtung.

3. Daumen greift von distal durch die Zeigefingerschlaufe, zieht die radiale Zeigefingerschnur nach proximal und bleibt niedergebeugt. Zeigefinger greift von ulnar und proximal durch seine eigene Schlaufe, bewegt sich dann in radiale Richtung, nimmt in seiner Beuge die radiale Daumenschnur auf und zieht diese, indem er sich wieder streckt, durch seine eigene Schlaufe. Daumen entlassen.

4. Daumen greift von distal durch die proximale Zeigefingerschlaufe, proximal an der Kleinfingerschlaufe vorbei, nimmt auf seinem Rücken die ulnare Kleinfingerschnur auf und zieht sie in radiale Richtung durch die proximale Zeigefingerschlaufe. Kleinfinger entlassen.

5. Kleinfinger greift von distal in die distale Zeigefingerschlaufe und übernimmt diese.

6. Daumen greift von distal durch die Zeigefingerschlaufe und zieht die radiale Zeigefingerschnur nach proximal. Zeigefinger greift von distal durch die Kleinfingerschlaufe, sodann von proximal durch die eigene Schlaufe, bewegt sich weiter in radiale Richtung, nimmt in seiner Beuge die radiale Daumenschnur auf und zieht diese, indem er sich wieder streckt, durch die eigenen Schlaufen. Der Daumen, noch niedergebeugt, greift proximal an der Kleinfingerschlaufe vorbei, nimmt auf seinem Rücken die ulnare Kleinfingerschnur auf und zieht diese nach radial durch seine beiden eigenen Schlaufen. Kleinfinger entlassen.

7. Kleinfinger greift von distal in die distale Zeigefingerschlaufe und übernimmt diese.

8. Zeigefinger entlassen.

9. Caroline-Ende (siehe Seite 22).

Das fertige Muster heißt »Kau kupenga« (»Netz«), ist aber nur eine von vier Figuren gleichen Namens auf der Insel Tikopia (Abb. 71). Gesammelt hat dieses Fadenspiel wiederum Raymond Firth.

Abb. 72

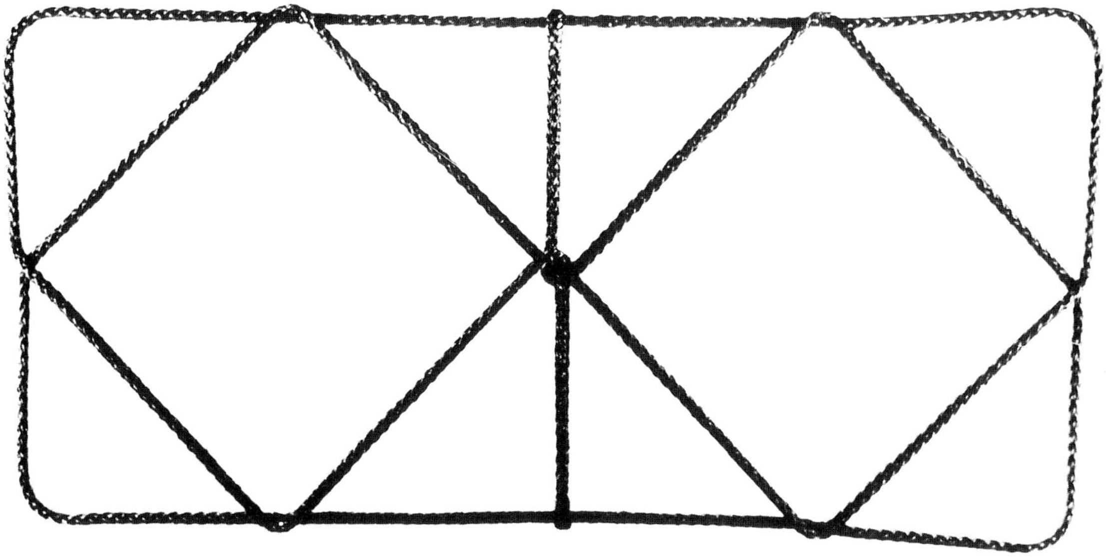

Porouruurumatawa (250/II)

1. Opening A.

2. Daumen, Mittel-, Ring- und Kleinfinger greifen von proximal durch die Zeigefingerschlaufe, die dadurch zum Handgelenk abrutscht.

3. Zeigefinger bewegt sich distal an der Daumenschlaufe vorbei, nimmt in seiner Beuge die radiale Daumenschnur auf, zieht diese in ulnare Richtung an der ulnaren Daumenschnur vorbei und greift dann von distal durch die Kleinfingerschlaufe. In seiner Beuge nimmt er die radiale Kleinfingerschnur auf, zieht diese in radiale Richtung proximal an der bisher von ihm gehaltenen radialen Daumenschnur vorbei und streckt sich wieder.

4. Vor der rechten Handfläche schlingt sich die radiale rechte Zeigefingerschnur um die radiale rechte Daumenschnur. In dieser Umschlingung ergreifen linker Daumen und Zeigefinger diese beiden Schnüre. Rechten Daumen, Zeige- und Kleinfinger entlassen. Vom linken Daumen und Zeigefinger hängen jetzt zwei Schlaufen herab, eine auf der Seite des Spielers, eine auf der vom Spieler abgewandten Seite. Der rechte Kleinfinger greift in Richtung vom Spieler weg nur durch die dem Spieler zugewandte Schlaufe. Der rechte Daumen greift in Richtung auf den Spieler zu nur durch die vom Spieler abgewandte der beiden Schlaufen. Linker Daumen und Zeigefinger lassen die beiden Schlaufen los. – Bewegungen entsprechend an der linken Hand wiederholen.

5. Bewegung 3 wiederholen.

6. Navaho ganze rechte Hand mit der Handgelenkschlaufe.

7. Linker Daumen und Zeigefinger ergreifen wie in Bewegung 4 die rechte radiale Zeigefinger- und die rechte radiale Daumenschnur, wo sie sich kreuzen. Rechte Hand entlassen. Rechter Daumen greift in ulnare Richtung vom Spieler weg durch beide zwischen linken Daumen und Zeigefinger gehaltene Schlaufen, rechter Kleinfinger greift in derselben Richtung nur durch die dem Spieler zugekehrte Schlaufe. Linker Daumen und Zeigefinger lassen die beiden Schlaufen los.

8. Bewegung 7 (nicht 6!) entsprechend an linker Hand wiederholen.

9. Caroline-Extension (siehe Seite 22).

»Porouruurumatawa« ist auf der Salomon-Insel Takataka ein legendärer Mann, der in der Tiefsee steht (Abb. 72). Die Figur entdeckte Honor Maude zwischen 1963 und 1965.

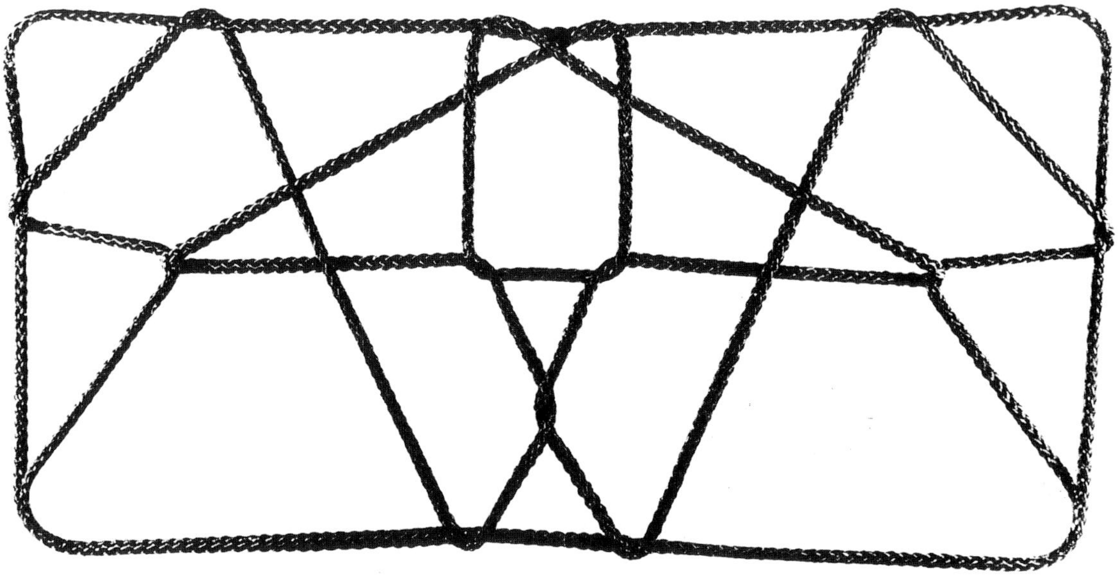

Abb. 73

Ein Menschenfresser (250/III)

1. Opening A.

2. Zeigefinger greift von distal durch die Kleinfingerschlaufe, dann in radiale Richtung an der eigenen Schlaufe vorbei und rotiert weiter in distale Richtung. Kleinfinger entlassen.

3. Mittel-, Ring- und Kleinfinger greifen von distal durch beide Zeigefingerschlaufen und ziehen die ulnaren Zeigefingerschnüre in Richtung Handwurzel.

4. Beide Daumen vorsichtig entlassen und dann gemeinsam vom Spieler weg – also in distale Richtung) durch die große hängende (gerade entlassene) Schlaufe stecken. Rechter Daumen greift zusätzlich durch das Schnurdreieck unterhalb der Mitte der für beide Zeigefinger gemeinsamen distalen radialen Schnur und zieht dessen linken Schenkel auf der Palmarseite des rechten Daumens in gleicher Weise den rechten Schenkel desselben Dreiecks auf und zieht ihn auf den Spieler zu.

5. Mittelfinger greift proximal an den beiden radialen Zeigefingerschnüren vorbei von proximal durch die Daumenschlaufe und übernimmt diese.

6. Daumen greift von distal durch die Mittelfingerschlaufe, nimmt auf seinem Rücken die proximale radiale Zeigefingerschnur auf (die Schnur, die diagonal zu den beiden ulnaren Kleinfingerschnüren verläuft) und zieht sie durch die Mittelfingerschlaufe. Mittelfinger entlassen.

7. Daumen greift von proximal durch die distale Zeigefingerschlaufe. Navaho Daumen.

8. Zeigefinger entlassen. Zeigefinger greift von distal durch die Daumenschlaufe und übernimmt diese. Figur zwischen hochgereckten Zeigefingern und niedergehaltenen Kleinfingern spannen (Abb. 73).

Der »Menschenfresser« (er heißt »Porotoutouta'a«) stammt aus dem Hauptdorf der Salomoninsel Oteiroa, wo ihn Honor Maude zwischen 1963 und 1965 entdeckte.

Abb. 74

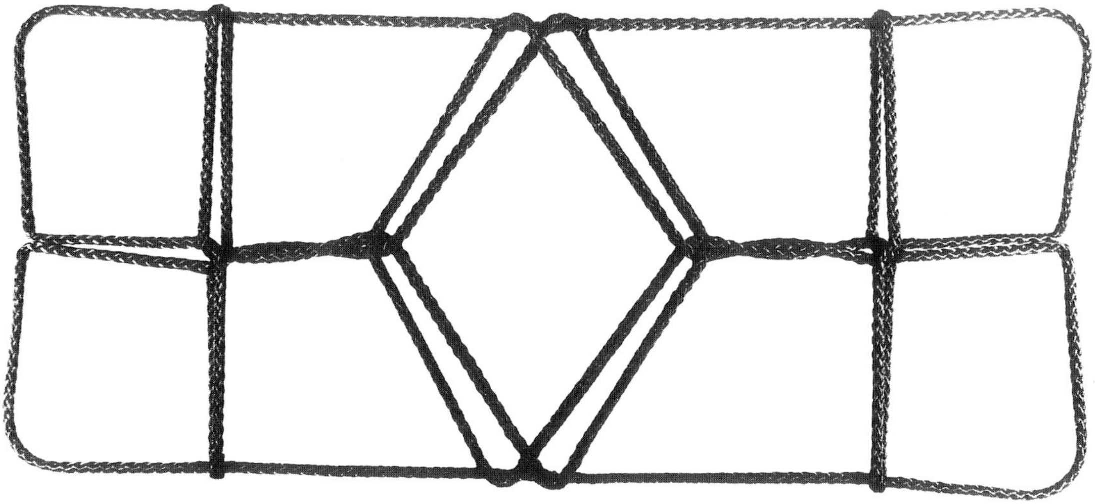

Zwei Frauen kochen Kohl (300/II)

1. Opening A.

2. Daumen entlassen.

3. Zähne nehmen von oben in der Mitte zwischen den Händen die ulnare Kleinfingerschnur auf und ziehen sie distal an allen anderen Schnüren vorbei. Der rechte Daumen greift von oben durch die Mundschlaufe, nimmt auf seinem Rücken die linke Mundschnur auf und zieht sie nach rechts. Der linke Daumen nimmt die rechte Mundschnur auf. Zähne entlassen.

4. Ringfinger greift von distal in die Kleinfingerschlaufe übernimmt diese.

5. Kleinfinger greift von distal durch Ringfingerschlaufe, proximal an Zeigefinger und Daumenschlaufen vorbei, nimmt auf seinem Rücken die radiale Daumenschnur auf und kehrt durch die Ringfingerschlaufe zurück. Daumen entlassen.

6. Daumen greift von distal durch die Zeigefingerschlaufe, dann proximal an allen anderen Schnüren vorbei, nimmt auf seinem Rücken die ulnare Kleinfingerschnur auf und kehrt durch die Zeigefingerschlaufe zurück.

7. Die radiale Zeigefingerschnur verläuft proximal zur Daumenschlaufe und dann zur Mitte der Figur. Der Kleinfinger bewegt sich distal zu seiner radialen Schnur, zur Ringfingerschlaufe und zur ulnaren Zeigefingerschnur und nimmt die radiale Zeigefingerschnur zwischen der radialen Daumenschnur und der Figurmitte auf seinem Rücken auf.

8. Navaho Kleinfinger.

9. Rechter Daumen und Zeigefinger ergreifen die linke ulnare Daumenschnur und die linke radiale Kleinfingerschnur. Linke Hand von allen Schnüren entlassen. Von Daumen und Zeigefinger der rechten Hand hängen zwei Schlaufen herab. Der linke Daumen greift in Richtung vom Spieler weg durch beide Schlaufen, der linke Kleinfinger in derselben Richtung nur durch die dem Spieler zugekehrte Schlaufe.

10. Bewegungen 9 entsprechend an der rechten Hand ausführen.

11. Caroline-Extension (siehe Seite 22). Muster gegebenenfalls mit den Mittelfingern ordnen (Abb. 74).

»Rua keni pi paa«, »zwei Frauen kochen Kohl«, heißt diese beim Aufspannen überraschende Figur auf der Salomon-Insel Takataka, wo sie Honor Maude zwischen 1963 und 1965 wiederentdeckte. Schon 1928 hatte die Ethnologin dieselbe Figur unter der Bezeichnung »Namu« (ein »Wasserbecken«) auf der Insel Malaita gefunden.

Abb. 75

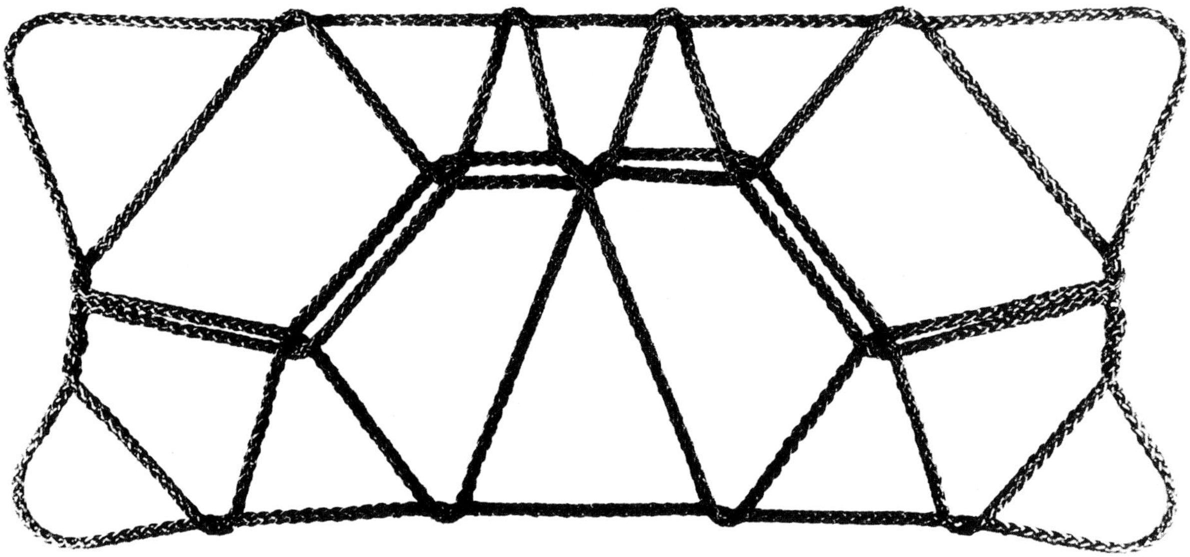

Niu walu mini (250/I)

1. Opening A.

2. Daumen greift von distal in die Zeigefingerschlaufe und nimmt auf seinem Rücken die ulnare Zeigefingerschnur auf.

3. Zeigefinger greift distal zu seiner Radialschnur von proximal in die Daumenschlaufe und nimmt auf seinem Rücken die proximale ulnare Daumenschnur auf. Daumen entlassen.

4. Daumen greift von proximal durch die distale Zeigefingerschlaufe und übernimmt diese.

5. Kleinfinger bewegt sich distal zur Zeigefingerschlaufe, greift von proximal durch die Daumenschlaufe und nimmt die ulnare Daumenschnur auf.

6. Zeigefinger greift distal zur Palmarschnur von proximal durch die Kleinfingerschlaufe und nimmt die proximale radiale Kleinfingerschnur auf. Kleinfinger entlassen.

7. Kleinfinger greift von proximal durch die distale Zeigefingerschlaufe und übernimmt sie.

8. Daumen bewegt sich proximal an der Zeigefingerschlaufe vorbei, greift von proximal in die Kleinfingerschlaufe, nimmt die radiale Kleinfingerschnur auf und kehrt mit ihr proximal zur Zeigefingerschlaufe zurück. Kleinfinger entlassen.

9. Mittel-, Ring- und Kleinfinger greifen von proximal durch die Zeigefingerschlaufe und halten die radiale Zeigefingerschnur gegen die Handfläche fest. Zeigefinger greift von distal durch die beiden Daumenschlaufen, nimmt in seiner Beuge beide ulnare Daumenschnüre auf und rotiert weiter in ulnare und schließlich distale Richtung durch seine eigene Schlaufe hindurch, wobei er diese verliert.

10. Mittel-, Ring- und Kleinfinger entlassen.

11. Kleinfinger greift von proximal durch beide Daumenschlaufen, zieht in seiner Beuge die distale radiale Daumenschnur (die Schnur, die diagonal zur Figurmitte verläuft) in Richtung Handwurzel, nimmt dann – sich wieder strekkend – auf seinem Rücken die proximale radiale Daumenschnur auf und zieht diese in ulnare Richtung an der distalen radialen Daumenschnur vorbei, die er zugleich entläßt. Daumen entlassen.

12. Daumen nimmt von proximal kommend auf seinem Rücken jene radiale Zeigefingerschnur auf, die geradlinig von einem Zeigefinger zum anderen verläuft.

13. Zeigefinger entlassen und Figur zwischen Daumen und Kleinfingern aufspannen. – Das Muster läßt sich besser präsentieren, wenn man mit der *radialen* Daumenschnur eine Art Caroline-Extension (siehe Seite 22) vornimmt (Abb. 75).

Entdeckt wurde die Figur 1929 auf der Salomonen-Insel Santa Cruz von Honor Maude.

Abb. 76

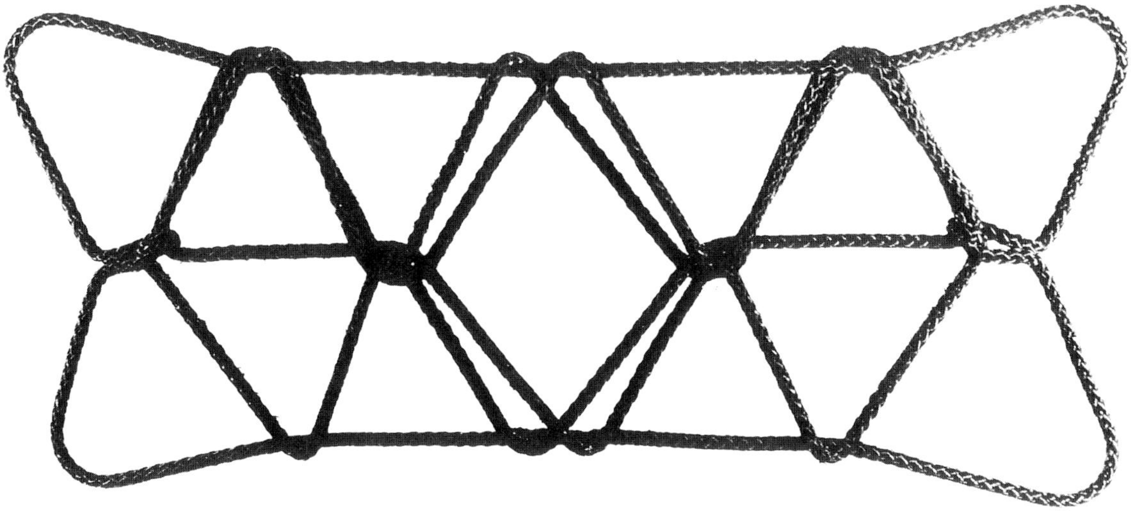

Mond und zwei Sterne (300/III)

1. Opening A.

2. Daumen greift distal an der Zeigefingerschlaufe vorbei von proximal durch die Kleinfingerschlaufe und nimmt die radiale Kleinfingerschnur auf.

3. Zeigefinger greift distal zur Palmarschnur von proximal durch die proximale Daumenschlaufe und nimmt die proximale ulnare Daumenschnur auf. Daumen entlassen.

4. Daumen greift von distal durch die proximale Zeigefingerschlaufe und von proximal in die Kleinfingerschlaufe, nimmt auf seinem Rücken die radiale Kleinfingerschnur auf und kehrt mit dieser durch die proximale Zeigefingerschlaufe zurück. Kleinfinger entlassen.

5. Kleinfinger greift von distal durch die distale Zeigefingerschlaufe, dann proximal an der proximalen Zeigefingerschlaufe vorbei und von proximal durch die Daumenschlaufe. Er nimmt die ulnare Daumenschnur auf und kehrt mit dieser durch die distale Zeigefingerschlaufe zurück. Daumen entlassen.

6. Daumen greift distal an der proximalen radialen Zeigefingerschnur vorbei und nimmt auf seinem Rücken beide ulnaren Zeigefingerschnüre auf.

7. Navaho Daumen. Zeigefinger entläßt seine distale Schlaufe.

8. Daumen greift distal zur Zeigefingerschlaufe von proximal durch die Kleinfingerschlaufe.

9. Caroline-Extension (siehe Seite 22).

10. Beide Zeigefingerschlaufen entlassen. Schnüre spannen.

11. Caroline-Extension (siehe Abb. 77).

12. Die aufgespannte Figur so auf die Knie legen, daß die Handflächen vom Spieler weg nach unten weisen, aber die Finger zunächst noch nicht aus ihren Schlaufen ziehen. Der Daumen entläßt seine beiden radialen Schnüre, greift unter der ulnaren Kleinfingerschnur auf den Spieler zu und nimmt diese auf. Klein- und Zeigefinger vorsichtig entlassen. Um die ulnare Daumenschnur schlingen sich jetzt insgesamt vier Schlaufen. Parallel zur Daumenschnur greifen die Kleinfinger von den Seiten in Richtung Schnurmitte von unten durch die jeweils erste dieser Schlaufen und nehmen sie auf. Hände in normale Position bringen und Schnüre spannen.

13. Daumen greift von proximal durch die Kleinfingerschlaufe. Caroline-Extension.

14. Im Zentrum der Figur zeigt sich ein rautenförmiges Muster mit doppelter äußerer Begrenzung. – Bis hierher ist die Figurenserie den Papuas in der Gegend von Numba unter dem Namen »Tia koro koro« bekannt und weit verbreitet. Die Worte bedeuten »obskur« und beziehen sich wahrscheinlich auf das Verderben von Lebensmitteln. Im Gebiet von Itokama entwickelt man aus diesem letzten Muster weitere Figuren:

15. Figur mit den Handflächen nach unten auf die Knie legen und Hände völlig entlassen. Nach links und rechts weisen jetzt je zwei schlanke,

Abb. 77

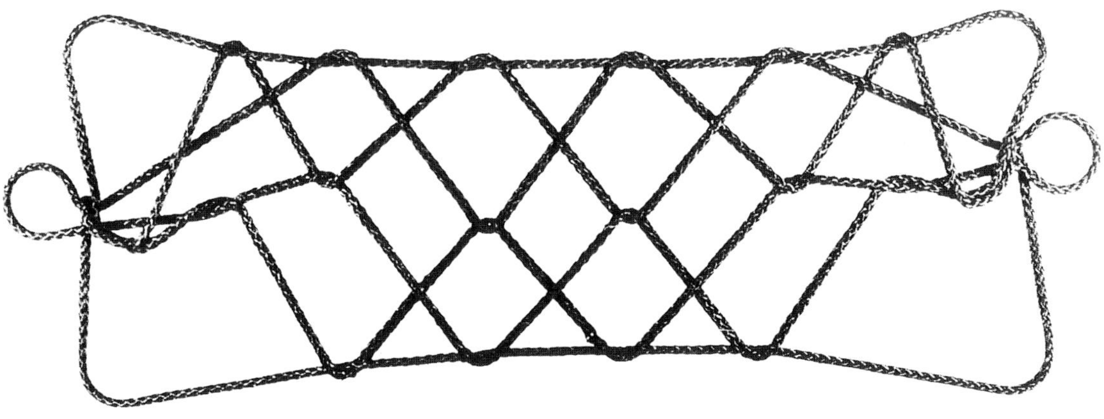

zueinander parallel liegende Schlaufen. Der Daumen greift von oben in die Schlaufe, die dem Spieler näher liegt, der Kleinfinger greift jenseits der vom Spieler entfernteren Schlaufe auf die Knie. Der Daumen greift unter der vorderen Begrenzungsschnur hindurch in Richtung auf den Spieler zu, der Kleinfinger unter der hinteren Begrenzungsschnur hindurch in derselben Richtung.

16. Über die Schlaufen, durch die die Kleinfinger greifen, verlaufen zwei kurze Schnurstücke (die äußeren Seitenlinien der rautenförmigen Figur); jeder Zeigefinger nimmt, von außen zur Figurmitte hin greifend, auf seinem Rücken das ihm näher gelegene dieser beiden Schnurstücke auf. Hände in normale Position bringen und Schnüre spannen.

17. Daumen greifen distal an den Zeigefingerschlaufen vorbei von proximal durch die Kleinfingerschlaufen. – Caroline-Extension.

18. Daumen vorsichtig entlassen. Vom zentralen Rautenmuster verlaufen dicht beieinander drei Schnüre auf jede Hand zu. Der Daumen greift über diese Schnüre in die Figur, zieht alle drei Schnüre in seiner Beuge auf den Spieler zu und dann zur Handwurzel und greift anschließend ulnar zur ulnaren Kleinfingerschnur in distale Richtung. Er nimmt die ulnare Kleinfingerschnur auf seinem Rücken auf und zieht sie an den drei Schnüren – die er entläßt – vorbei in radiale Richtung.

19. Daumen- und Kleinfingerspitzen berühren einander auf der distalen Seite der Zeigefingerschlaufe. Kleinfingerschlaufe wird über die Kleinfinger- und Daumenspitzen hinweg auf den Daumen umgelegt.

20. Kleinfinger greift von proximal durch die distale Zeigefingerschlaufe, übernimmt diese.

21. Zeigefinger greift distal zu allen dazwischenliegenden Schnüren von distal durch die proximale Daumenschlaufe, nimmt auf seinem Rükken die proximale radiale Daumenschnur auf (die geradlinig von Daumen zu Daumen verläuft). Daumen von allen Schnüren entlassen.

22. Daumen greift von proximal durch beide Zeigefingerschlaufen, nimmt auf seinem Rücken die distale radiale Zeigefingerschnur auf und zieht diese nach proximal und radial durch die proximale Zeigefingerschlaufe (entspricht Navaho). Zeigefinger entlassen.

23. Zeigefinger greift von proximal durch die Daumenschlaufe und übernimmt diese. Daumen entlassen.

24. Daumen greift von proximal durch die Kleinfingerschlaufe und sodann von proximal durch die Zeigefingerschlaufe.

25. Zeigefinger entlassen. Caroline-Extension.

Die fertige Figur heißt »der Mond und zwei Sterne« (Abb. 76). Interessanterweise steht dabei links und rechts von der zentralen Raute, die den Mond darstellt, ein und derselbe Stern. Einmal ist es der Planet Venus als Morgenstern, einmal die Venus als Abendstern. Entdeckt hat diese Figurenserie der Schotte Philip D. Noble 1973 im Itokamagebiet in Papua Neuguinea.

Schnurfiguren aus Mikronesien

Mikronesien, die »Welt der kleinen Inseln«, liegt im nordwestlichen und mittleren Pazifischen Ozean und gliedert sich in ein knappes Dutzend Inselgruppen: Nauru, Kiribati, Tuvalu, die Bonin-Inseln, Guam, die Marianen, die Karolinen, die Marshall-Inseln, Wallis und Futuna.

In Bezug auf Fadenspiele sind vor allem Nauru und die Gilbert-Inseln (seit 1979 als Staat Kiribati unabhängig) erforscht. Über die Fadenspiele der anderen Archipele wurde bisher wenig oder gar nichts publiziert.

Auf den Gilberts sammelten H. C. und H. E. Maude weit über hundert verschiedene Schnurfiguren, und Nauru gilt unter »String-Figure«-Enthusiasten geradezu als Mekka der Fadenspiele. Bis zum Zweiten Weltkrieg gab es auf dieser winzigen Insel jedes Jahr regelrechte Schnurfigur-Olympiaden, bei denen die Insulaner sich in ihrer Geschicklichkeit mit der Schnurschlinge maßen. Dabei kam es nicht nur darauf an, bestimmte Figuren möglichst schnell zu produzieren, sondern auch darauf, besonders eindrucksvolle neue Muster zu erfinden. Doch nicht genug damit. Je zwei Erfinder wandten einander den Rücken zu und stellten ihr neues Muster so her, daß der Kontrahent die Methode nicht sehen konnte. Dann galt es für diesen, den oft überaus komplexen Vorgang herauszufinden. Beobachter berichteten von einer geradezu unglaublichen Findigkeit der nauruanischen Schnurfigurenexperten in dieser Hinsicht.

Abb. 78

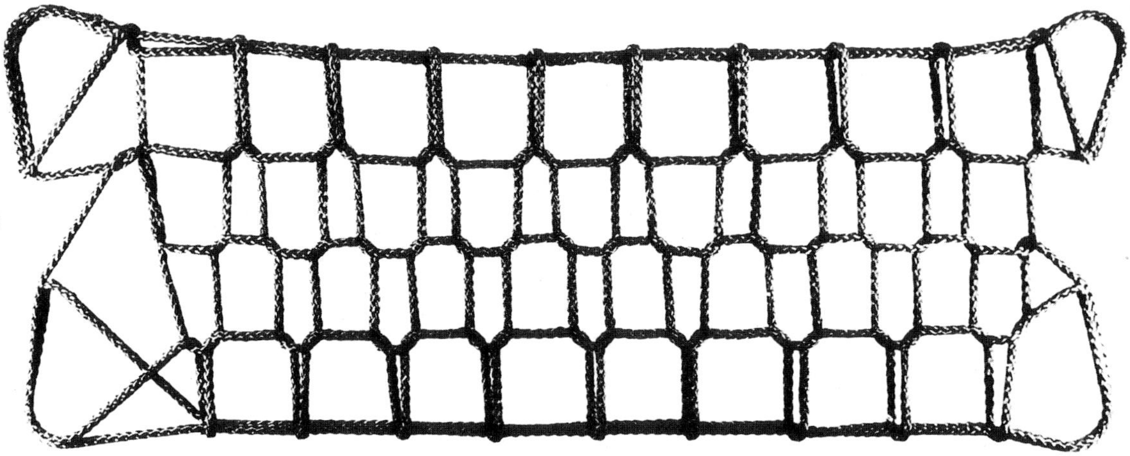

Ein Fischnetz (400/II)

1. Schlinge um beide große Zehen legen.

2. Linker Kleinfinger greift von proximal in die Schlinge und zieht die proximale Schnur zum Spieler.

3. Füße nur wenig voneinander getrennt halten. Der rechte Zeigefinger nimmt von distal die ulnare Zehenschnur auf und zieht sie ebenfalls zum Spieler. Der linke Daumen greift von distal durch die rechte Zeigefingerschlaufe und übernimmt diese. Schnüre spannen.

4. Rechter Daumen und Zeigefinger ergreifen nahe dem Fuß die rechte Schnur der rechten Zehenschlaufe und ziehen diese distal zur linken Schnur der rechten Zehenschlaufe und distal zur rechten Schnur der linken Zehenschlaufe. Der Mittelfinger der rechten Hand hakt sich über die rechte Schnur der linken Zehenschlaufe und zieht diese rechts von der von Daumen und Zeigefinger der rechten Hand gehaltenen Schnur in distale Richtung. Daumen und Zeigefinger entlassen ihre bisherige Schnur und erfassen statt dessen die Mittelfingerschnur. Mit ihr bewegen sie sich weiter nach links distal an der linken Schnur der linken Zehe vorbei. Über diese hakt sich wiederum der Mittelfinger und zieht sie rechts von der von Daumen und Zeigefinger gehaltenen Schnur nach distal. Daumen und Zeigefinger der rechten Hand ergreifen nunmehr diese Schnur und lassen ihre bisherige Schnur los. Mit der jetzt gehaltenen Schnur bewegen sich Daumen und Zeigefinger der rechten Hand (an der Schnur entlanggleitend) auf die linke Hand zu und hängen sie so über den linken Kleinfinger, daß die linke Schnur der linken Zehe zu einer ulnaren Kleinfingerschnur wird.

5. Daumen und Zeigefinger der rechten Hand ergreifen nahe des Fußes die linke Schnur der rechten Zehenschlaufe, ziehen diese distal an der rechten Schnur derselben Schlaufe vorbei, gleiten an ihr nach oben und hängen sie so über den linken Daumen, daß die linke Schnur der rechten Zehenschlaufe zu einer radialen Daumenschnur wird.

6. Die Bewegungen 4 und 5 werden solange abwechselnd wiederholt, bis die Schnüre zwischen der linken Hand und den Zehen fast aufgebraucht sind.

7. Daumen und Zeigefinger der rechten Hand heben die Schlaufe um den rechten großen Zeh in der Nähe des Fußes ab und stecken sie von distal durch alle linken Daumenschlaufen. Der linke Daumen wird dabei entlassen. Nach diesem Durchfädeln befinden sich auf der distalen Seite des ehemaligen Daumenschlaufenbündels zwei Schlaufen. Durch sie greift vom Spieler fort der rechte Kleinfinger. Auf der proximalen Seite des Schlaufenbündels befindet sich eine einzelne Schlaufe (die ehemalige rechte Zehenschlaufe). Sie wird auf den rechten Daumen gehängt.

8. Daumen und Zeigefinger der rechten Hand heben die Schlaufe um den linken großen Zeh in

der Nähe des Fußes ab und stecken sie von distal durch alle linken Kleinfingerschlaufen. Der linke Kleinfinger wird dabei entlassen. Nach diesem Durchfädeln befinden sich auf der distalen Seite des ehemaligen Kleinfingerschlaufenbündels zwei Schlaufen. Durch sie greift auf den Spieler zu der linke Kleinfinger. Die einzelne Schlaufe auf der anderen Seite des Schlaufenbündels wird über den linken Daumen gehängt.

9. Zwischen den doppelten Palmarschnüren beider Hände hängen zahlreiche lose Schlaufen. Der Daumen jeder Hand greift von radial/proximal durch die ihm nächstgelegene dieser Schlaufen.

10. Die Zähne nehmen beiden linke Daumenschlaufen auf. Linken Daumen entlassen. Linker Daumen übernimmt von proximal beide linke Kleinfingerschlaufen. Linker Kleinfinger übernimmt von proximal beide rechte Kleinfingerschlaufen. Rechter Kleinfinger übernimmt von proximal beide rechte Daumenschlaufen. Rechter Daumen übernimmt von unten beide Mundschlaufen. Figur spannen (Abb. 78) Zum Auflösen der Figur wird die rechte Hand entlassen, und die linken radialen Daumenschnüre und ulnaren Kleinfingerschnüre werden herausgezogen.

Für diese eindrucksvolle Figur gibt es auf der Gilbert-Insel Beru zwei Namen: »Te Kibena« (»ein kleines Fischnetz«) und »Te Karaun« (»ein großes Fischnetz«).

Nei Teang, ein Beru-Insulaner, hat das »Netz« dem Ehepaar Maude gezeigt.

Abb. 79

Schädel (350/II)

1. Opening A.

2. Hände einander nähern, bis sich beide Zeigefingerspitzen berühren. Linke Zeigefingerschlaufe auf den rechten Zeigefinger hinüberlegen, wo sie als proximale Schlaufe zu liegen kommt. Distale rechte Zeigefingerschlaufe auf den linken Zeigefinger hinüberlegen. Hände trennen und Fäden spannen.

3. Zeigefinger greift von proximal durch die Daumenschlaufe und übernimmt diese.

4. Daumen greift von distal durch die proximale Zeigefingerschlaufe, dann von proximal durch die Kleinfingerschlaufe, nimmt die radiale Kleinfingerschnur auf und kehrt mit ihr durch die proximale Zeigefingerschlaufe zurück. Kleinfinger entlassen.

5. Daumen greift von proximal durch die distale Zeigefingerschlaufe und übernimmt diese.

6. Zeige-, Mittel-, Ring- und Kleinfinger greifen distal zur distalen Daumenschlaufe von distal in die proximale Daumenschlaufe hinein. Sie nehmen gemeinsam die proximale radiale Daumenschnur auf, strecken sich, heben dabei die aufgenommene Schnur ganz vom Daumen ab.

7. Daumen greift von proximal durch die Schlaufe auf allen vier Fingern und übernimmt diese.

8. Bewegungen 6 und 7 wiederholen.

9. Der Mittelfinger der rechten Hand drückt die rechte radiale Zeigefingerschnur von distal durch beide Daumenschlaufen. Dort halten die Zähne diese Schnur fest. Die Zähne fassen anschließend auch die ulnare rechte Zeigefingerschnur. Rechten Zeigefinger entlassen.

10. Rechter Kleinfinger greift von proximal durch beide rechte Daumenschlaufen und übernimmt diese. Rechter Daumen greift von unten in beide Mundschlaufen und übernimmt diese. Zähne entlassen.

11. Bewegungen 9 und 10 entsprechend an der linken Hand ausführen.

12. Zeigefinger greift von distal durch die doppelte Kleinfingerschlaufe und sodann von proximal durch die doppelte Daumenschlaufe, nimmt auf seinem vordersten Glied die beiden Schnüre auf, die zwischen Kleinfinger- und Daumenschlaufen verlaufen und streckt sich.

13. Daumen entlassen und Figur aufspannen. Dabei sind die Handflächen vom Spieler weggewandt, die Zeigefinger weisen nach oben, und die Kleinfinger sind nach unten gekrümmt.

Die fertige Figur wird mit der Zunge noch geordnet (Abb. 79).

Der Eingeborenenname dieser Schnurfigur heißt »Te Kabanei«, ein »Bündel von Schädeln« und erinnert lebhaft an die Zeiten des Kannibalismus. Die Machart ist in vielen Bewegungen sehr typisch für die Gilbert-Inseln. So nennt Honor Maude, die »Te Kabanei« im Süden der Insel Tabiteuea entdeckte, die Bewegungen 6 bis 8 »Gilbert-Bewegung«, die Bewegung 9 bis 13 »Gilbert-Extension«. Beide Bewegungsabläufe kommen bei zahlreichen Figuren dieses Archipels und auch benachbarter Inselgruppen vor.

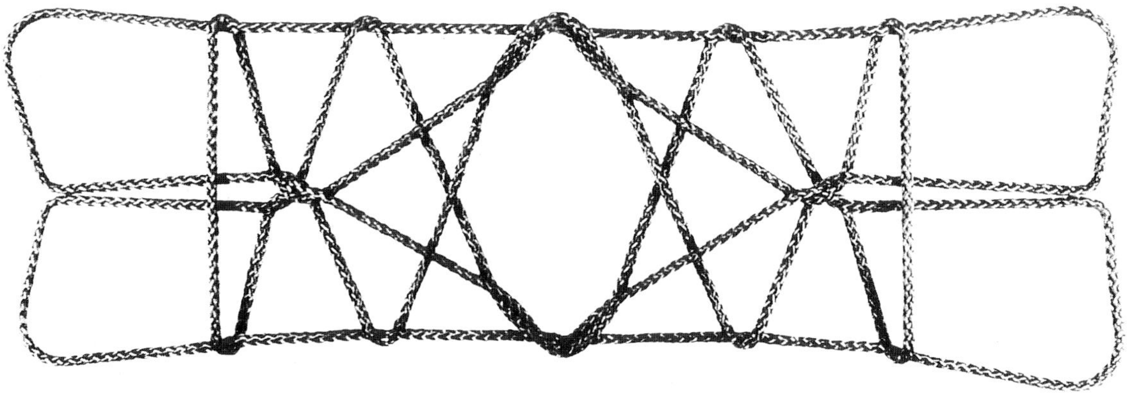

Abb. 80

Vier Itai-Blattsterne und ihr Brunnen (300/I)

1. Opening A, wobei allerdings erst der linke Zeigefinger die Palmarschnur der rechten Hand und dann der rechte Zeigefinger die Palmarschnur der linken Hand aufnimmt.

2. Kleinfinger rotiert um 360 Grad mit seiner Schlaufe in ulnare Richtung. Zeigefinger rotiert um 360 Grad mit seiner Schlaufe in ulnare Richtung. Daumen rotiert um 360 Grad mit seiner Schlaufe in radiale Richtung.

3. Daumen greift distal an der Zeigefingerschlaufe vorbei, von proximal durch die Kleinfingerschlaufe und nimmt die radiale Kleinfingerschnur auf.

4. Zeigefinger greift distal an der Palmarschnur vorbei, von proximal durch die proximale Daumenschlaufe. Daumen entlassen.

5. Daumen greift von proximal durch die distale Zeigefingerschlaufe und übernimmt diese.

6. Kleinfinger greift distal zur Zeigefingerschlaufe von proximal durch die Daumenschlaufe und nimmt die ulnaare Daumenschnur auf.

7. Zeigefinger greift distal zur Palmarschnur von proximal durch die proximale Kleinfingerschlaufe. Kleinfinger entlassen.

8. Kleinfinger greift von proximal durch die distale Zeigefingerschlaufe und übernimmt diese.

9. Daumen greift von proximal durch die Zeigefingerschlaufe und nimmt die radiale Zeigefingerschnur auf.

10. Zeigefinger greift von distal in die eigene Schlaufe und von proximal durch die proximale Daumenschlaufe und nimmt die ulnare Daumenschnur auf. Daumen entlassen.

11. Daumen greift von proximal durch die distale Zeigefingerschlaufe und übernimmt diese.

12. Kleinfinger greift von proximal durch die Zeigefingerschlaufe und nimmt die ulnare Zeigefingerschnur auf.

13. Zeigefinger greift von distal in die eigene Schlaufe und von proximal durch die proximale Kleinfingerschlaufe und nimmt die radiale Kleinfingerschnur auf. Kleinfinger entlassen.

14. Kleinfinger greift von proximal durch die distale Zeigefingerschlaufe und übernimmt sie.

15. Zeigefinger entlassen, aber Schnüre nicht spannen.

16. Zeigefinger greift von distal durch die Daumenschlaufe und nimmt auf seinem Rücken die radiale Daumenschnur auf. Daumen entlassen.

17. Daumen greift proximal an der Zeigefingerschlaufe vorbei, von proximal durch die Kleinfingerschlaufe und dann von proximal durch die Zeigefingerschlaufe. Zeigefinger entlassen.

18. Caroline-Extension (siehe Seite 22).

Auch diese reizvolle Schnurfigur lernte das Ehepaar Maude im Gilbert-Archipel (Abb. 80). Die Eingeborenen der Insel Nikumau spielen sie und nennen sie »Aman itoi ni ba-n itai aia maniba«, ein »Stern von Itai-Blättern und ihr Brunnen«.

Abb. 81

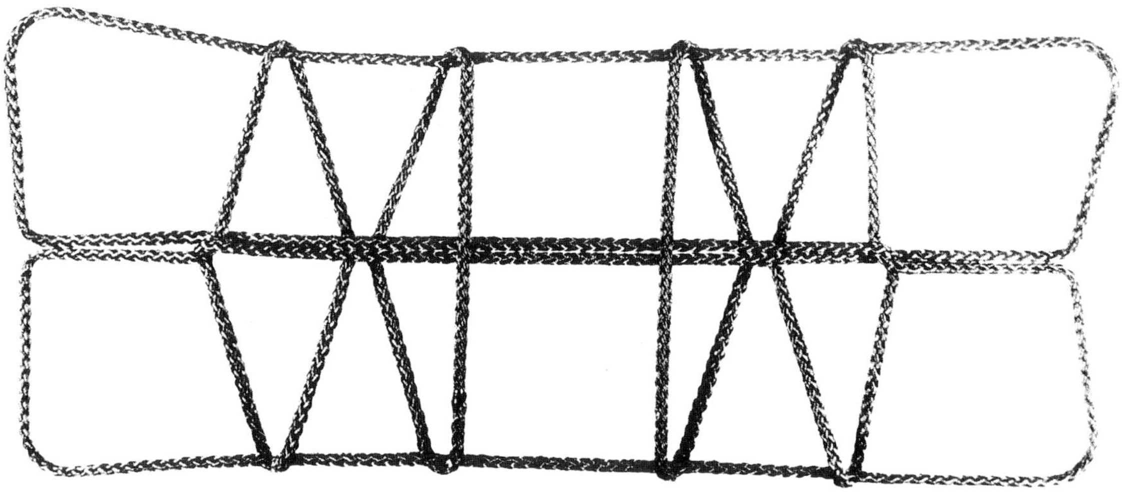

Ten takiba te kan-ni (250/II)

1. Position I.

2. Rechte Hand bewegt sich distal zur linken ulnaren Kleinfingerschnur in ulnare Richtung, dann in proximale Richtung und greift von proximal nach distal zwischen linke radiale Daumenschnur und linke ulnare Kleinfingerschnur. Schnur spannen. Linke Hand greift von ulnar und proximal hinter die rechte ulnare Kleinfingerschnur und nimmt diese auf. Spannen.

3. Opening A.

4. Daumen, Mittel-, Ring- und Kleinfinger greifen von proximal durch die Zeigefingerschlaufe, die dadurch zum Handgelenk abrutscht.

5. Zeigefinger greift von distal durch die Kleinfingerschlaufe und zieht in seiner Beuge die radiale Kleinfingerschnur in radiale Richtung distal an der ulnaren Daumenschnur vorbei, greift dann von distal in die Daumenschlaufe und nimmt – sich wieder streckend – auf seinem Rücken die ulnare Daumenschnur auf.

6. Daumen entlassen.

7. Daumen greift von proximal durch die Zeigefingerschlaufe und übernimmt diese.

8. An beiden Händen beide Handgelenkschlaufen über die Finger heben und wie in Position I hinter Daumen und Kleinfinger legen.

9. Bewegungen 5 wiederholen.

10. Kleinfinger entlassen.

11. Kleinfinger greift von distal durch die Zeigefingerschlaufe und übernimmt sie. Spannen.

12. Um die Palmarschnur jeder Hand liegt eine einzelne Schlaufe. Zeigefinger greift von distal nach proximal durch diese Schlaufe, drückt deren radiale Schnur soweit in radiale Richtung, bis er mit seiner Kuppe von distal zwischen beide ulnaren Daumenschnüre greifen kann. In radiale, dann distale Richtung rotierend, greift er von proximal nach distal durch die proximale Daumenschlaufe und nimmt dabei auf seinem Rücken dazu die ulnare Daumenschnur auf, die in ihrer Fortsetzung zum anderen Zeigefinger führt.

13. Daumen vorsichtig entlassen und von proximal durch die distale Zeigefingerschlaufe stekken (deren radiale Schnur geradlinig von Zeigefinger zu Zeigefinger verläuft).

Diese Figur ist in Mikronesien unter den Namen: »Kanuschuppen«, »Kanukiel«, »Haus« oder »Regenbogen« weit verbreitet.

14. Die Zähne nehmen die rechte radiale Daumenschnur auf. Rechten Daumen und Zeigefinger entlassen. Rechter Daumen greift von proximal durch die rechte Kleinfingerschlaufe und dann von oben durch die Mundschlaufe. Zähne entlassen.

15. Bewegungen 14 entsprechend an der linken Hand ausführen.

16. Caroline-Extension (siehe Seite 22).

Die Bedeutung des einheimischen Namens der Figur ist unbekannt. Das Ehepaar Maude hat dieses eigenwillige Fadenspiel sowohl auf der Gilbert-Insel Beru wie auf der Insel Tamana gefunden (Abb. 81).

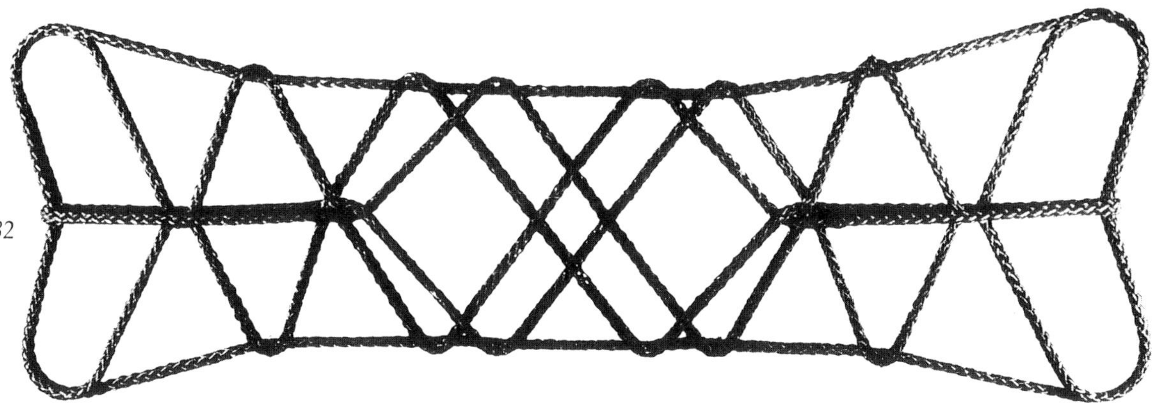

Abb. 82

Nabel mit Nabelschnüren (300/II)

1. Opening A.

2. Daumen greift von distal durch die Zeigefingerschlaufe, dann von proximal durch die Kleinfingerschlaufe, nimmt die radiale Kleinfingerschnur auf und kehrt mit ihr durch die Zeigefingerschlaufe zurück.

3. Zeigefinger greift distal zur Palmarschnur von proximal durch die Daumenschlaufe und nimmt die proximale ulnare Daumenschnur auf. Daumen entlassen.

4. Daumen greift von distal durch die proximale Zeigefingerschlaufe, proximal an der Kleinfingerschlaufe vorbei, nimmt auf seinem Rücken die ulnare Kleinfingerschnur auf und kehrt zurück. Kleinfinger entlassen.

5. Kleinfinger greift von distal durch die distale Zeigefingerschlaufe und übernimmt diese.

6. Klein- und Zeigefinger rotieren jeweils einzeln um 360 Grad mit ihren Schlaufen in ulnare Richtung, Daumen rotiert um 360 Grad in radiale Richtung.

7. Zeigefinger greift von proximal durch die Daumenschlaufe und übernimmt diese.

8. Daumen greift von distal durch die proximale Zeigefingerschlaufe und von proximal durch die Kleinfingerschlaufe, nimmt die radiale Kleinfingerschnur auf und kehrt mit dieser durch die proximale Zeigefingerschlaufe zurück. Kleinfinger entlassen.

9. Daumen greift von proximal durch die distale Zeigefingerschlaufe und übernimmt diese.

10. Zeige-, Mittel-, Ring- und Kleinfinger greifen distal zur distalen Daumenschlaufe von distal in die proximale Daumenschlaufe hinein. Sie nehmen gemeinsam die proximale radiale Daumenschnur auf, strecken sich, heben dabei die aufgenommene Schnur ganz vom Daumen ab.

11. Daumen greift von proximal durch die Schlaufe auf allen vier Fingern und übernimmt diese

12. Bewegungen 10 und 11 wiederholen.

13. Daumen rotiert mit seinen Schlaufen um 360 Grad in radiale Richtung.

14. Der Mittelfinger der rechten Hand drückt die rechte radiale Zeigefingerschnur von distal durch beide Daumenschlaufen. Dort halten die Zähne diese Schnur fest. Die Zähne fassen anschließend auch die ulnare rechte Zeigefingerschnur. Rechten Zeigefinger entlassen.

15. Rechter Kleinfinger greift von proximal durch beide rechte Daumenschlaufen und übernimmt diese. Rechter Daumen greift von unten in beide Mundschlaufen und übernimmt diese. Zähne entlassen.

16. Bewegungen 14 und 15 entsprechend an der linken Hand ausführen.

17. Zeigefinger greift von distal durch die doppelte Kleinfingerschlaufe und sodann von proximal durch die doppelte Daumenschlaufe, nimmt auf seinem vordersten Glied die beiden Schnüre auf, die zwischen Kleinfinger- und Daumenschlaufen verlaufen und streckt sich.

18. Daumen entlassen und Figur aufspannen. Dabei sind die Handflächen vom Spieler weggewandt, die Zeigefinger weisen nach oben, und die Kleinfinger sind nach unten gekrümmt (Abb. 82).

Die Bewegungen 7 bis 18 sind als Abschluß zahlreicher Figuren auf Nauru so häufig, daß sie durch ein einziges Wort ausgedrückt werden: *Amwangiyo*, was soviel heißt wie »verzweigt«.

Die zwei »Nabel mit den Nabelschnüren« zeigte der Nauru-Insulaner Adumweor der Ethnologin Honor Maude.

Abb. 83

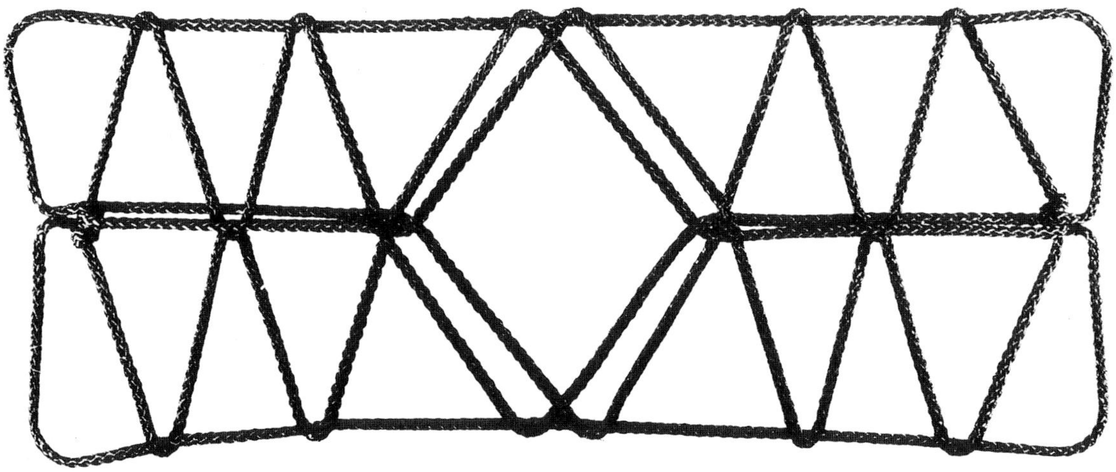

Amwangiyo (300/II)

1. Opening A.

2. Klein- und Zeigefinger rotieren jeweils einzeln mit ihrer Schlaufe um 360 Grad in ulnare Richtung, Daumen rotiert um 360 Grad in radiale Richtung.

3. Amwangiyo (Bewegungen 7 bis 18 der Figur »Nabel mit Nabelschnüren« (siehe Seite 107).

4. Ulnare Zeigefingerschnüre so anordnen, daß die proximale Schnur geradlinig von Zeigefinger zu Zeigefinger verläuft und die distale ulnare Zeigefingerschnur die proximale ulnare Zeigefingerschnur radial kreuzt. Der Mittelfinger der rechten Hand drückt die proximale ulnare rechte Zeigefingerschnur in radiale Richtung (auf den Spieler zu) durch die distale Zeigefingerschlaufe. Dort nehmen die Zähne sie auf. Rechten Zeigefinger entlassen.

5. Rechter Daumen und Zeigefinger greifen von distal durch die rechte distale Kleinfingerschlaufe, fassen jene ulnare Kleinfingerschnur, die gerade von Kleinfinger zu Kleinfinger verläuft und ziehen sie nach oben durch die andere Kleinfingerschlaufe. Kleinfinger entlassen. Die mit Daumen und Zeigefinger der rechten Hand gehaltene Schlaufe wird wie bei Position I hinter rechten Kleinfinger und Daumen gelegt, wobei die ulnare Kleinfingerschnur gerade zum Kleinfinger der anderen Hand läuft. Rechter Daumen greift von oben in die Mundschlaufe. Zähne entlassen.

6. Bewegungen 5 an der linken Hand wiederholen.

7. Caroline-Extension.

Auch die Bewegungen 4 bis 7 sind bei den Fadenspielen auf Nauru weit verbreitet. Honor Maude, die auch diese Figur sammelte, gab ihnen die Bezeichnung *Nauru-Ende*.

Weil bei der Herstellung dieses Musters die »Amwangiyo«-Bewegungsfolge dominiert, heißt auch die ganze Figur so (Abb. 83).

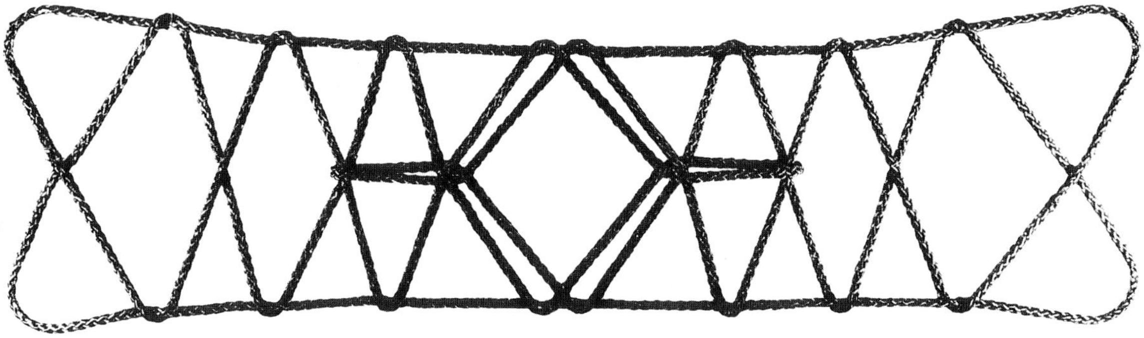

Abb. 84

Demaibura (300/II)

1. Opening A.

2. Klein- und Zeigefinger rotieren jeweils einzeln um 360 Grad mit ihrer Schlaufe in ulnare Richtung, Daumen rotiert um 360 Grad in radiale Richtung.

3. Daumen greift von distal durch die Zeigefingerschlaufe, dann von proximal durch die Kleinfingerschlaufe, nimmt die radiale Kleinfingerschnur auf und kehrt mit ihr durch die Zeigefingerschlaufe zurück.

4. Zeigefinger greift distal zur Palmarschnur und proximal durch die proximale Daumenschlaufe und nimmt die proximale ulnare Daumenschnur auf. Daumen entlassen. Daumen greift von proximal durch die distale Zeigefingerschlaufe und übernimmt diese.

5. Kleinfinger greift von proximal durch die Zeigefingerschlaufe, dann von proximal durch die Daumenschlaufe, nimmt die ulnare Daumenschnur auf und kehrt durch die Zeigefingerschlaufe zurück.

6. Zeigefinger greift distal zu seiner ulnaren Schnur von proximal durch die Kleinfingerschlaufe und nimmt die proximale radiale Kleinfingerschnur auf. Kleinfinger entlassen. Kleinfinger greift von proximal durch die distale Zeigefingerschlaufe und übernimmt diese.

7. Zeigefinger entlassen.

8. Kleinfinger rotiert mit seiner Schlaufe um 360 Grad in ulnare Richtung, Daumen rotiert mit seiner Schlaufe um 360 Grad in radiale Richtung.

9. Daumen greift von proximal durch die Kleinfingerschlaufe. Zeigefinger greift distal zur Palmarschnur von proximal durch die proximale Daumenschlaufe, nimmt deren ulnare Schnur auf und streckt sich wieder. Daumen entlassen. Daumen greift von proximal durch die Zeigefingerschlaufe und übernimmt diese.

10. Kleinfinger greift von proximal durch die Daumenschlaufe. Zeigefinger greift distal zur Palmarschnur von proximal durch die proximale Kleinfingerschlaufe. Kleinfinger entlassen. Kleinfinger greift von proximal durch die Zeigefingerschlaufe und übernimmt diese.

11. Zeigefinger greift von distal durch die Daumenschlaufe und übernimmt diese.

12. Daumen bewegt sich proximal an der Zeigefingerschlaufe vorbei, greift von proximal durch die Kleinfingerschlaufe und dann von proximal durch die Zeigefingerschlaufe. Zeigefinger entlassen.

13. Caroline-Extension (siehe Seite 22).

Auch diese Figur entdeckte Honor Maude. Ein Nauru-Insulaner Nemens Ijauwe zeigt sie ihr vor dem Zweiten Weltkrieg. Sie heißt »Demaibura«, und das ist der Name einer Frau (Abb. 84).

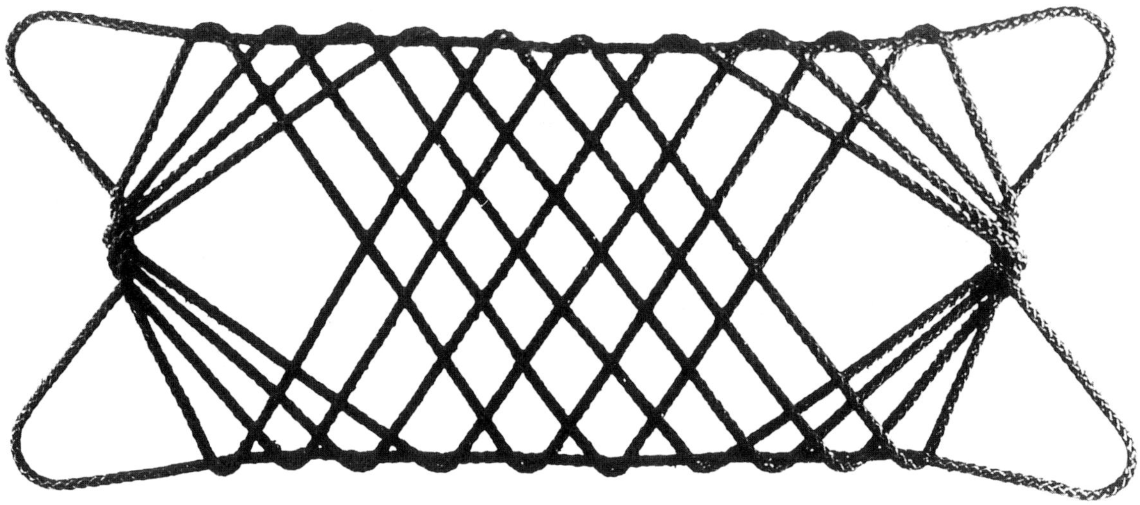

Abb. 85

Eine Matte (400/II)

1. Opening A.

2. Ringfinger greift von proximal durch die Zeigefingerschlaufe.

3. Die Mittelfinger nehmen wechselweise die gegenüberliegende palmare Mittelfingerschnur auf (ähnlich wie bei Opening A).

4. Klein-, Ring-, Mittel- und Zeigefinger rotieren mit ihren Schlaufen jeweils um 360 Grad in ulnare Richtung. Daumen rotiert um 360 Grad in radiale Richtung.

5. Daumen greift nacheinander von distal durch die Zeigefinger-, die Mittelfinger- und die Ringfingerschlaufen und drückt in seiner Beuge die drei radialen Schnüre dieser Schlaufen zusammen mit seiner ulnaren Schnur in Richtung Handwurzel. Zeigefinger greift distal an den ulnaren Zeige-, Mittel- und Ringfingerschnüren vorbei und von distal durch die Kleinfingerschlaufe. Seine Kuppe krümmt sich dann in radiale Richtung proximal zu den vier soeben passierten Schnüren und distal zur radialen Daumenschnur. Die radiale Daumenschnur nimmt der Zeigefinger auf seinem Rücken auf, zieht sie in ulnare Richtung proximal an vier Schnüren vorbei und dann nach distal. Der noch niedergehaltene Daumen greift proximal und dann ulnar an der ulnaren Kleinfingerschnur vorbei, nimmt diese auf seinem Rücken auf und zieht sie völlig nach radial heraus.

6. Kleinfinger entlassen. Kleinfinger greift von distal durch die distale Zeigefingerschlaufe und übernimmt diese.

7. Zeige-, Mittel- und Ringfinger entlassen.

8. Caroline-Ende (siehe Seite 22) und Figur mit Mittelfingern und Zunge sorgfältig ordnen (Abb. 85).

Diese sehr schöne Figur heftete ein Nauru-Insulaner kurz nach der Jahrhundertwende für den Völkerkundler W. H. Furness auf ein Blatt Karton. Ihre Machart blieb in Ethnologenkreisen lange Zeit unbekannt. Erst Honor Maude erfuhr sie vor dem Zweiten Weltkrieg auf Nauru.

Abb. 86

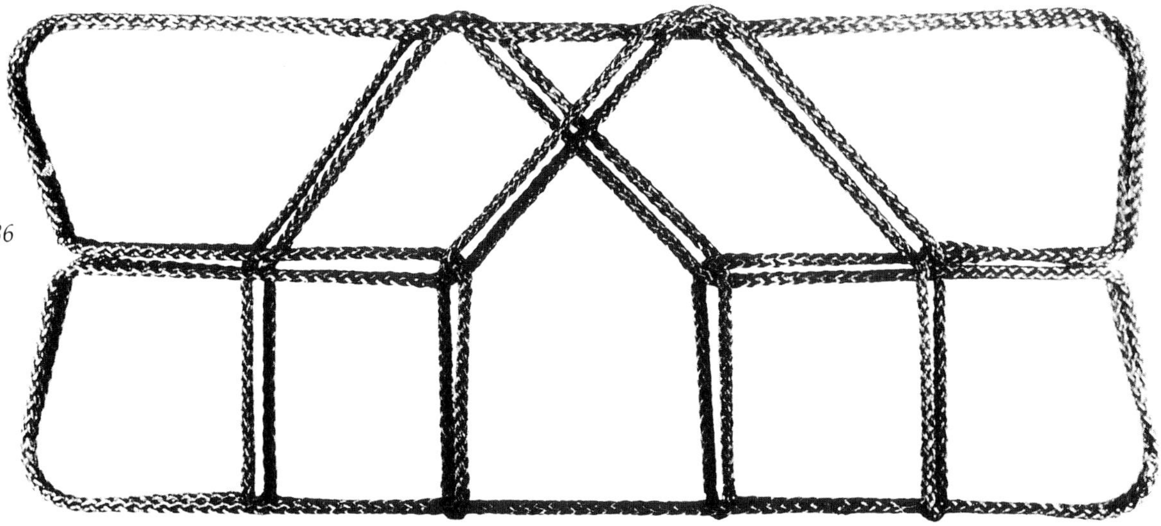

Die Beine zweier Brachvögel (350/III)

1. Opening A.

2. Zeigefingerschlaufe auf Mittelfinger umhängen. Daumenschlaufe auf Zeigefinger umhängen. Rechter Daumen greift von distal durch die rechte Zeigefingerschlaufe und rotiert weiter erst in proximale, dann in radiale und schließlich wieder in distale Richtung. Der linke Daumen greift von proximal durch die Schlaufe um den rechten Daumen und weitet sie nach links aus.

3. Daumenschlaufe auf Zeigefinger umhängen. Daumen greift von distal durch distale Zeigefingerschlaufe und übernimmt diese.

4. Kleinfingerschlaufe auf Zeigefinger umhängen. Kleinfingerschlaufe greift von distal durch distale Zeigefingerschlaufe und übernimmt sie.

5. Hände nähern sich einander. Rechter Daumen und Zeigefinger greifen von distal zwischen Zeige- und Mittelfingerschlaufen der linken Hand, dann proximal an der linken Zeigefingerschlaufe vorbei, ergreifen die linke ulnare Daumenschnur und ziehen sie zwischen Zeige- und Mittelfingerschlaufe nach distal. Beide Daumen greifen gemeinsam von radial nach ulnar unter der soeben hochgehobenen Schnur hindurch und nehmen sie auf. Navaho beide Daumen. Der rechte der entstandenen kleinen Schnurringe wird bis fast zur Figurmitte geschoben.

6. Hände nähern sich einander. Rechter Daumen und Zeigefinger greifen von distal zwischen Zeige- und Mittelfinger der linken Hand, dann proximal an der linken Mittelfingerschlaufe vorbei, ergreifen die linke radiale Kleinfingerschnur und ziehen sie zwischen Zeige- und Mittelfingerschlaufe nach distal. Beide Kleinfinger greifen von ulnar nach radial unter der soeben hochgezogenen Schnur hindurch und nehmen diese auf. Navaho beide Kleinfinger. Der linke der entstandenen kleinen Schnurringe wird bis fast zur Figurmitte geschoben.

7. Rechter Daumen und Zeigefinger ergreifen linke ulnare Zeigefingerschnur und radiale Mittelfingerschnur und heben die Schlaufen vom linken Zeige- und Mittelfinger ab. Rechter Daumen greift vom Spieler weg durch die beiden abgehobenen Schlaufen und übernimmt diese. Rechter Daumen und Zeigefinger ergreifen linke ulnare Daumenschnur und radiale Kleinfingerschnur und heben die Schlaufen vom linken Daumen und Kleinfinger ab. Der linke Daumen greift auf den Spieler zu durch beide abgehobene Schlaufen und übernimmt diese. Der linke Kleinfinger greift von distal durch die beiden distalen rechten Daumenschlaufen und übernimmt diese.

8. Bewegungen 7 spiegelbildlich an der rechten Hand ausführen.

9. Zeigefinger greift von distal durch beide Daumenschlaufen und übernimmt diese. Daumen greift proximal an den Zeigefingerschlaufen vorbei von proximal durch die Kleinfingerschlaufe und dann von proximal durch die Zeigefingerschlaufen. Zeigefinger entlassen.

10. Caroline-Extension (siehe Seite 22) mit beiden ulnaren Zeigefingerschnüren. Muster ordnen (Abb. 86).

Auch diese Figur – ihr Eingeborenenname ist »Aro nanan akiwoe« – lernte Honor Maude 1937.

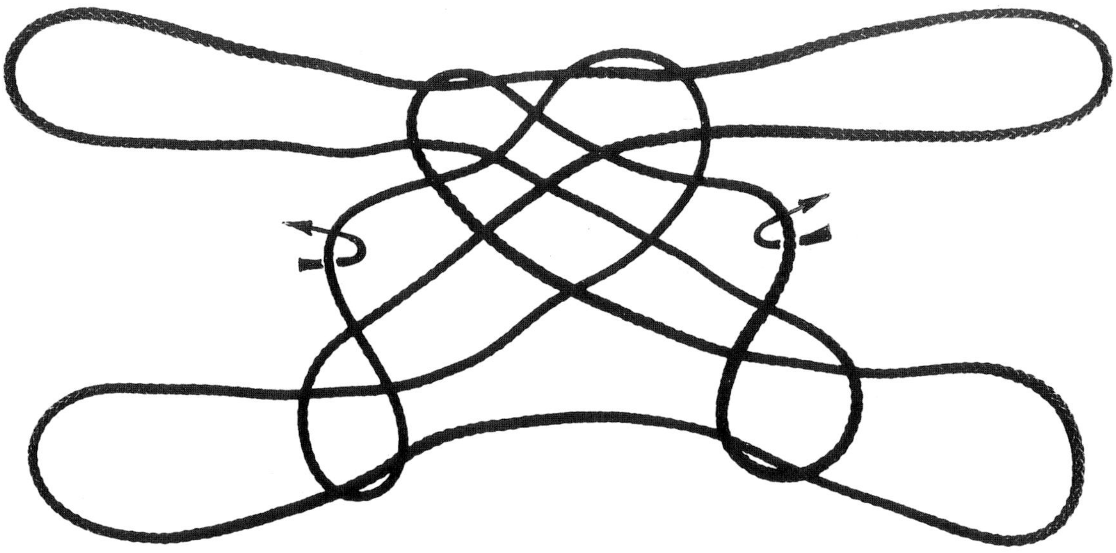

Abb. 87

Egattamma (350/III)

1. Opening A.

2. Zeigefingerschlaufe auf Mittelfinger umhängen. Daumenschlaufe auf Zeigefinger umhängen. Rechter Daumen greift von distal durch die rechte Zeigefingerschlaufe und rotiert weiter erst in proximale, dann in radiale und schließlich wieder in distale Richtung. Der linke Daumen greift von proximal durch die Schlaufe um den rechten Daumen und weitet sie nach links aus.

3. Daumen greift distal zur Zeigefingerschlaufe von proximal durch die Mittelfingerschlaufe und nimmt die radiale Mittelfingerschnur auf.

4. Zeigefinger greift distal zur radialen Mittelfingerschnur von proximal durch die proximale Daumenschlaufe und nimmt die proximale ulnare Daumenschnur auf. Daumen entlassen.

5. Daumen greift von proximal durch die proximale Zeigefingerschlaufe, proximal an allen anderen Schnüren vorbei in ulnare Richtung, nimmt auf seinem Rücken die ulnare Kleinfingerschnur auf und kehrt durch die proximale Zeigefingerschlaufe zurück. Kleinfinger entlassen.

6. Daumen greift von proximal durch die distale Zeigefingerschlaufe und übernimmt diese. Kleinfinger greift distal zu Zeige- und Mittelfingerschlaufen, dann von distal in die distale Daumenschlaufe, nimmt auf seinem Rücken die radiale distale Daumenschnur auf und kehrt zurück. Daumen von distaler Schlaufe entlassen.

7. Mittelfinger entlassen.

8. Händen mit parallelen Handflächen und nach oben weisenden Fingern halten und Figur vorsichtig auf die Knie oder auf einen Tisch legen. Dabei Zeigefinger entlassen, nicht aber Daumen und Kleinfinger. Schnüre wie in Abbildung 87 anordnen. Die beiden Zeigefinger nehmen den beiden gekrümmten Pfeilen folgend je eine Schlaufe auf.

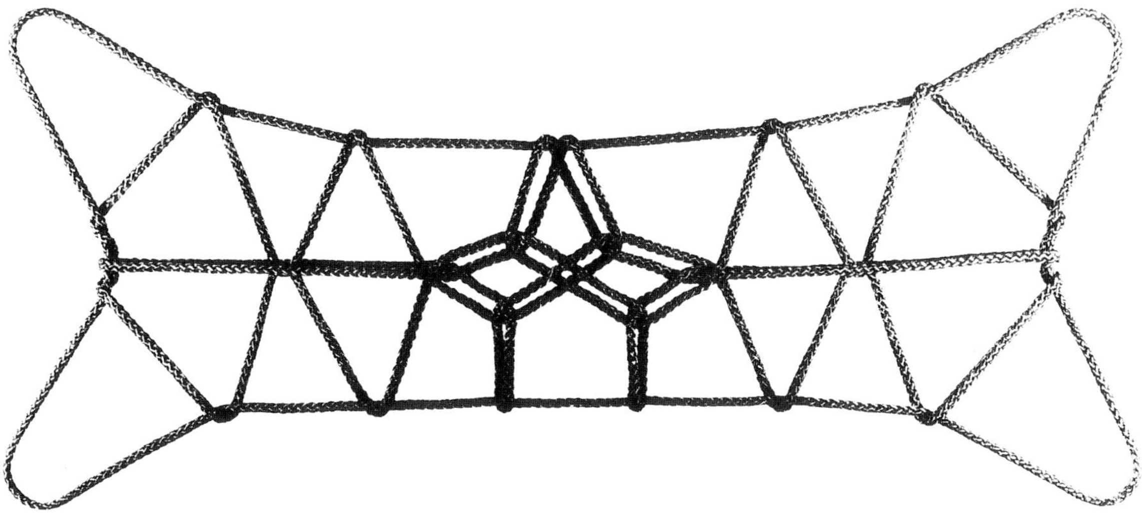

Abb. 88

9. Zeigefinger rotiert mit seinen Schlaufen um 360 Grad in ulnare Richtung.

10. Amwangiyo (Bewegungen 7 bis 18 der Figur »Nabel mit Nabelschnüren«, (siehe Seite 107).

11. Nauru-Ende (Bewegungen 4 bis 7 der Figur »Amwangiyo«, (siehe Seite 108). Muster ordnen (Abb. 88).

Die Figur teilt das Geschick der zuvor beschriebenen »Matte«. Auch sie erhielt W. H. Furness als fertiges Muster, und auch von ihr erfuhr erst 1937 Honor Maude die Herstellungsmethode.

Häufig widmen die Nauru-Insulaner ihre besonders schönen Figuren berühmten oder befreundeten Personen. So ist auch »Egattamma« der Name einer Frau.

Schnurfiguren aus Polynesien

»Vielinselland« – so die deutsche Übersetzung von »Polynesien« – ist ein äußerst zutreffender Name für den größten Inselbereich der Welt im zentralen Pazifischen Ozean, östlich der Datumsgrenze. Zusammengefaßt wurde das von Neuseeland bis Hawaii reichende Riesengebiet aufgrund der einheitlichen eingeborenen Bevölkerung, der Polynesier. Zu Polynesien gehören neben den gerade genannten Inselgruppen die Sporaden, die Phoenix-, Tokelau-, Samoa-, Tonga-, Cook-, Gesellschafts-, Tubuai-, Tuamotu- und die Marquesas-Inseln.

Ausführliche Untersuchungen über Schnurfiguren liegen von Hawaii vor, von den Tuamotus, besonders auch von dem kleinen Tuamotu-Atoll Pukapuka (bisher unveröffentlicht), von der Osterinsel und von Neuseeland, wo die Maoris wahre Schnurfigurenmeister sind. Daneben sind einige Figuren von den Cook-Inseln und den Ellice-Inseln bekannt geworden.

Abb. 89

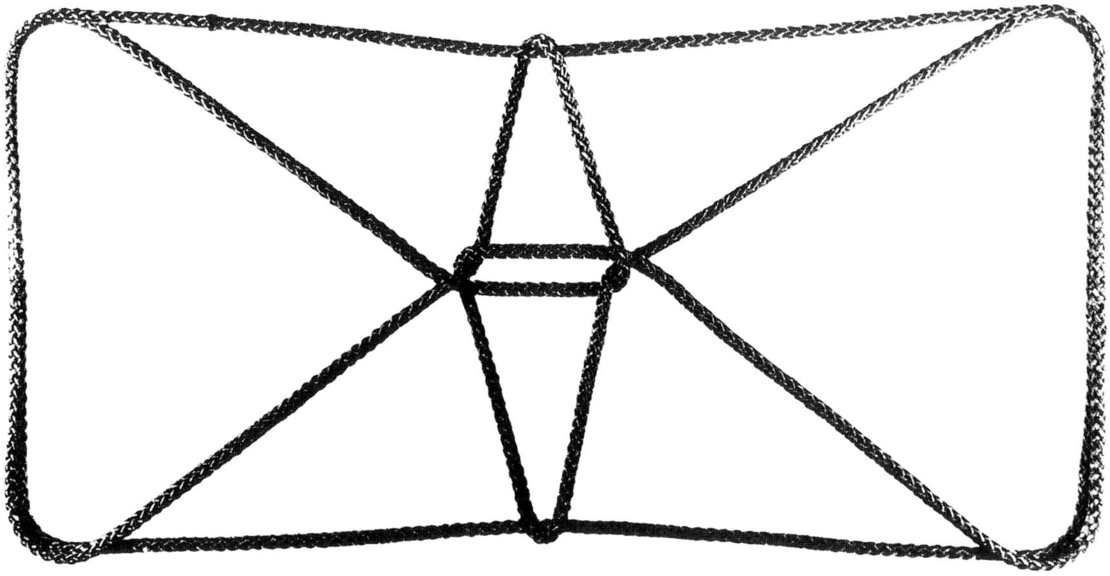

Eine Spinne (250/I)

1. Opening A.

2. Daumen greift von proximal durch die Zeigefingerschlaufe, sodann von proximal durch die Kleinfingerschlaufe und nimmt die radialen Schnüre beider Schlaufen auf.

3. Kleinfinger greift distal an der ulnaren Zeigefingerschnur vorbei von proximal durch die proximale Daumenschlaufe und nimmt deren ulnare Schnur auf Daumen entlassen.

4. Daumen greift distal an der Zeigefingerschlaufe vorbei von proximal durch beide Kleinfingerschlaufen und kehrt zurück.

5. Zeigefinger greift distal zu den beiden Palmarschnüren von distal durch seine eigene Schlaufe und hält die beiden Palmarschnüre gegen die Handfläche fest. Kleinfinger entlassen und Zeigefinger erst in ulnare, dann in distale Richtung drehen. Dabei verliert er seine ursprüngliche Schlaufe und nimmt nur die beiden ursprünglichen Palmarschnüre mit. Die mattenartige Figur, die jetzt entstanden ist, heißt auf Hawaii »Po«, die »Dunkelheit«. Die kleinen Rauten bedeuten sieben Sterne am Nachthimmel (Abb. 90).

Abb. 90

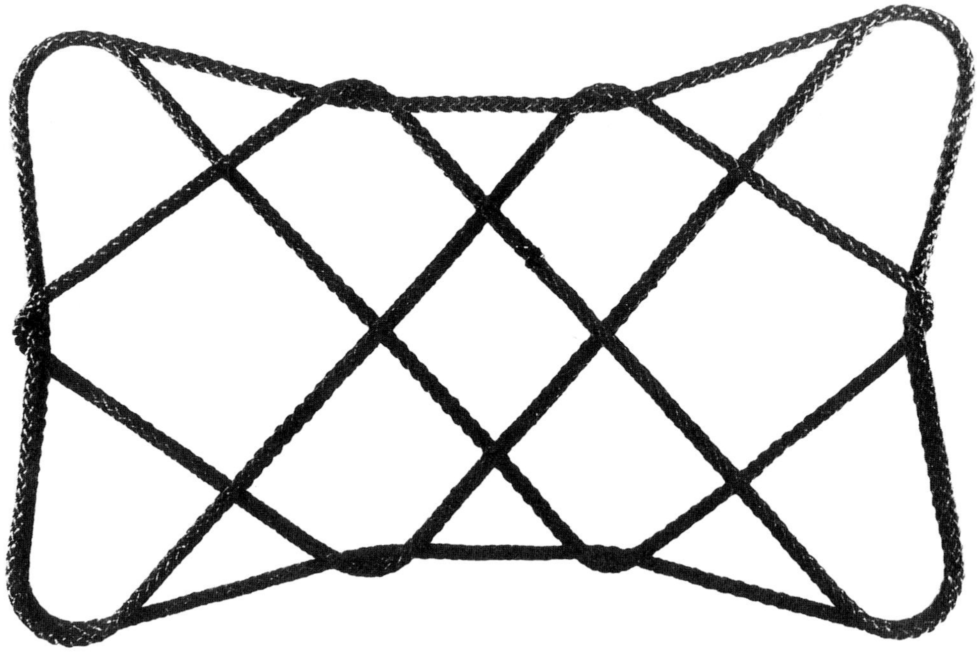

6. Rechten Daumen entlassen. Rechter Daumen greift von proximal durch die rechten Zeigefingerschlaufen und übernimmt diese. Zeige-, Mittel-, Ring- und Kleinfinger der rechten Hand greifen von distal durch die rechten Daumenschlaufen und übernehmen diese.

7. Linken Zeigefinger entlassen. Zeige-, Mittel-, Ring- und Kleinfinger der linken Hand greifen von proximal in die linken Daumenschlaufen und übernehmen diese.

8. Zeige- und Kleinfinger weit spreizen und Figur aufspannen (Abb. 89).

Diese Schnurfigur ist auf allen Hawaii-Inseln bekannt, doch variiert ihr Name. Sie kann »Spinne« heißen oder »Stern« (»hoku«) oder auch »kohe ekemu«, was soviel bedeutet wie »umarme mich«.

Lyle A. Dickey hat sie zwischen 1915 und 1917 aufgezeichnet.

Abb. 91

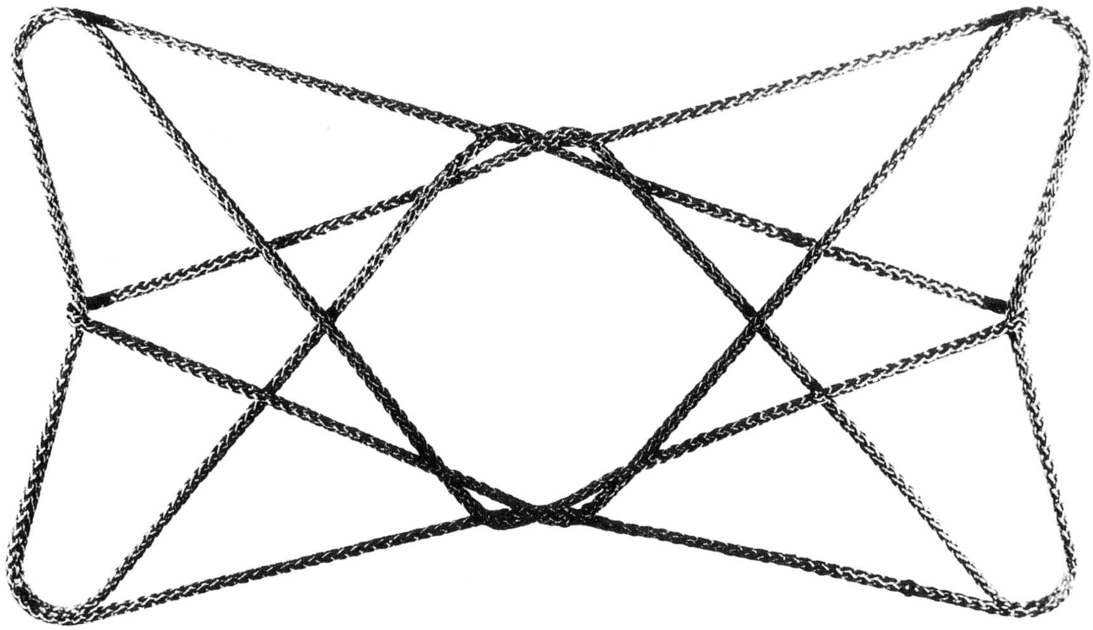

Ein Stern (250/I)

1. Position I. Handflächen vom Spieler abwenden. Daumen rotiert in ulnare Richtung um 360 Grad um die ulnare Kleinfingerschnur, wobei geschlossene Schnurringe sowohl um den Daumen wie um den Kleinfinger entstehen.

2. Daumen und Zeigefinger der rechten Hand halten die radiale und die ulnare linke Kleinfingerschnur dort fest, wo sie sich kreuzen. Der linke Kleinfinger rotiert einmal um 360 Grad in ulnare Richtung. – Bewegung entsprechend am rechten Kleinfinger ausführen.

3. Opening A.

4. Daumen greift von proximal durch die Zeigefingerschlaufe und sodann von proximal durch die Kleinfingerschlaufe. Kleinfinger entlassen.

5. Kleinfinger greift distal zur ulnaren Zeigefingerschnur von proximal durch beide Daumenschlaufen und nimmt deren ulnare Schnüre auf. Daumen entlassen.

6. Daumen greift distal zur Zeigefingerschlaufe von proximal durch beide Kleinfingerschlaufen und nimmt deren radiale Schnüre auf.

7. Zeigefinger greift distal zu beiden Palmarschnüren von distal in seine eigene Schlaufe und hält beide Palmarschnüre gegen die Handfläche fest. Kleinfinger entlassen. Zeigefinger rotiert um 180 Grad in ulnare Richtung. Figur zwischen den nach unten gestreckten Daumen und den hochgereckten Zeigefingern aufspannen.

Das überraschend einfach zu produzierende schöne Muster heißt »hoku«, also »Stern« (Abb. 91). Lyle A. Dickey entdeckte es um 1916 auf der Hawaii-Insel Kauai.

Abb. 92

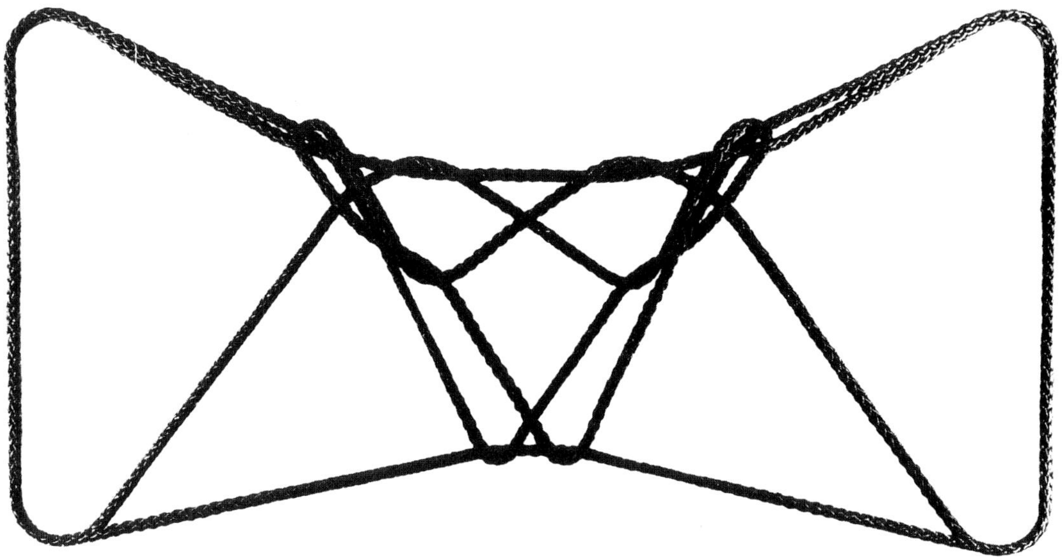

Kuha und Rati (250/II)

1. Opening A, aber mit Mittel- statt mit Zeigefingern.

2. Zeigefinger greift von proximal durch die Daumenschlaufe und übernimmt diese.

3. Daumen greift proximal an allen Schnüren vorbei, nimmt auf seinem Rücken die ulnare Kleinfingerschnur auf und kehrt zurück.

4. Daumen greift von proximal durch die Zeigefingerschlaufe. Kleinfinger entlassen.

5. Kleinfinger bewegt sich distal zur Mittelfingerschlaufe und zur ulnaren Zeigefingerschnur, greift von proximal durch die proximale Daumenschlaufe und nimmt die proximale ulnare Daumenschnur auf. Daumen entlassen.

6. Daumen greift von distal durch die Zeigefingerschlaufe und von proximal in die Mittelfingerschlaufe und zieht mit seinem Rücken die radiale Mittelfingerschnur in radiale und distale Richtung durch die Zeigefingerschlaufe. Sodann greift er distal zur ulnaren Zeigefingerschnur von distal durch die Mittelfingerschlaufe und von proximal in die Kleinfingerschlaufe, wobei die proximale Mittelfingerschnur von seinem Rücken rutscht. Er nimmt die radiale Kleinfingerschnur auf und zieht sie proximal zu beiden Mittelfingerschnüren und distal zu beiden Zeigefingerschnüren in die radiale Richtung.

7. Daumen greift in unmittelbarer Nähe des Zeigefingers von proximal hinter die radiale Zeigefingerschnur. Navaho Daumen.

8. Kleinfinger entlassen und Schnüre spannen.

9. Von der distalen Seite der Schnur, die auf der dorsalen Seite Daumen und Zeigefinger miteinander verbindet, verläuft eine Schnur in Richtung Figurmitte. Mittelfinger vorsichtig entlassen. Mittelfinger bewegt sich distal zur ulnaren Zeigefingerschnur und proximal zur soeben erwähnten Schnur und nimmt diese auf seinem Rücken auf.

10. Zeige- und Mittelfinger nach oben und Daumen nach unten recken und Figur aufspannen (Abb. 92).

»Kuha und Rati« sind auf der Osterinsel als zwei mythologische Helden bekannt.

Der Anthropologe Olaf Blixen aus Montevideo registrierte diese Figur zusammen mit zahlreichen anderen von derselben Insel während einer seiner drei ethnologischen Forschungsreisen von 1971, 1973 und 1978.

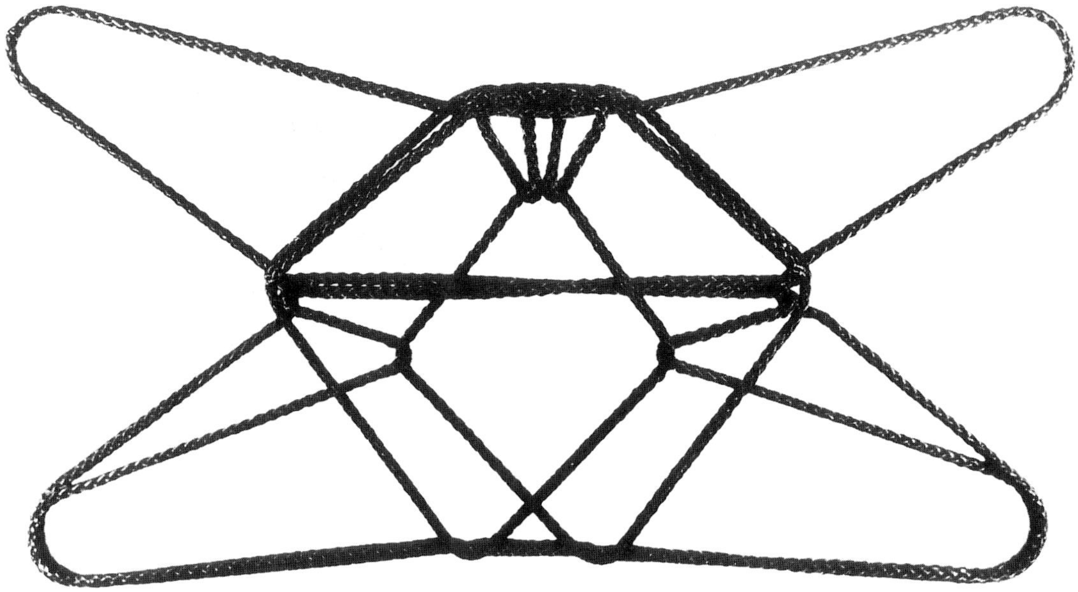

Abb. 93

Die Sonne von Maui (300/III)

1. Opening A.

2. Zeigefinger greift distal zu seiner ulnaren Schnur von distal durch die Kleinfingerschlaufe, rotiert in dieser Richtung weiter, proximal an der eigenen Schlaufe vorbei und zwischen radialer Zeigefingerschnur und ulnarer Daumenschnur wieder in distale Richtung. Kleinfinger entlassen.

3. Kleinfinger greift von distal durch beide Zeigefingerschlaufen und zieht in seiner Beuge beide ulnare Zeigefingerschnüre zur Handfläche. Dann greift er von proximal durch die Daumenschlaufe und hält auch die radiale Daumenschnur nieder. Daumen entlassen.

4. Daumen greift von distal durch die distale Kleinfingerschlaufe und dann zurück in Richtung auf den Spieler durch die ihm näher liegende Raute in der Mitte der Figur. Dabei nimmt er auf seinem Rücken die proximale radiale Zeigefingerschnur auf, nachdem diese die distale radiale Kleinfingerschnur passiert hat. Kleinfinger entläßt seine distale Schlaufe, greift von proximal durch die Daumenschlaufe und hält zusammen mit seinen beiden anderen Schnüren die radiale Daumenschnur nieder. Daumen entlassen.

5. Daumen greift von distal durch die Kleinfingerschlaufen, nimmt die einzelne radiale Kleinfingerschnur auf seinem Rücken auf und bewegt sich wieder nach radial. Kleinfinger von der distalen Schlaufe entlassen.

6. Daumen greift proximal zu den radialen Zeigefingerschnüren von proximal hinter beide Palmarschnüre und zieht diese durch seine eigene Schlaufe. Zeigefinger entlassen.

7. Ulnare Daumenschnüre so ordnen, daß die distale Schnur gerade von Daumen zu Daumen verläuft. Zeigefinger greift von ulnar nach radial zwischen beide ulnare Daumenschnüre. Daumen entlassen und Figur aufspannen.

Das jetzt entstandene Muster heißt auf den Tuamotu-Inseln »die steinernen Rückenlehnen von Maui«. Maui ist ein mythologischer legendärer Held.

8. Vom Zentrum der Figur verläuft auf jeder Seite horizontal eine Schnur zur proximalen Seite der Palmarschnur. Jeder Daumen drückt diese Schnur auf seiner Seite in Richtung Zeigefingerspitze, bis sich auf jeder Seite der Figur von der Palmarschnur in Richtung Figurmitte ein Dreieck öffnet.

9. Daumen greift vom Spieler weg durch das Dreieck auf seiner Seite der Figur, nimmt auf seinem Rücken den oberen Schenkel des Dreiecks auf und zieht diesen auf den Spieler zu.

10. Rechter Daumen greift von proximal in die linke Daumenschlaufe und übernimmt diese. Linker Daumen greift von proximal durch die proximale rechte Daumenschlaufe und hebt diese über die distale Schlaufe hinweg vom rechten Daumen ab. Schnüre spannen.

11. Daumen greift von proximal durch die Zeigefingerschlaufe und zieht die radiale Zeigefingerschnur durch seine eigene Schlaufe(n). Zeigefinger entlassen und sodann von proximal in die Daumenschlaufe stecken. Daumen entlassen und Schnüre spannen.

12. Von der linken Palmarschnur verläuft eine Schnur auf die radiale Seite des rechten Kleinfingers. Diese Schnur nimmt der linke Daumen von ulnar nach radial auf seinem Rücken auf. Der rechte Daumen nimmt die entsprechende Schnur auf der anderen Seite der Figur in gleicher Weise auf.

13. Linker Daumen greift von proximal in die rechte Daumenschlaufe. Rechten Daumen entlassen und von proximal durch beide linke Daumenschlaufen stecken.

14. Bewegung 11 wiederholen.
Die Figur heißt jetzt »Maui und Ri«. Ri war ein Freund und Gehilfe Mauis, wurde aber von diesem nach einem Streit in einen Hund – den ersten Hund der Welt – verwandelt.

15. Daumen greift von radial nach ulnar durch die ringförmige Schlaufe in der Nähe des Zeigefingers und nimmt auf seinem Rücken die dem Spieler zugewandte Schnur dieser Schlaufe auf.

16. Bewegung 10 wiederholen.

17. Bewegung 11 wiederholen.

18. Von der radialen Seite jeder Palmarschnur verläuft eine Schnur zur Figurmitte und von dort hinab zu den ulnaren Kleinfingerschnüren der anderen Hand. Der Daumen nimmt diese Schnur zwischen der Palmarschnur und der Figurmitte von proximal nach distal auf seinem Rücken auf.

19. Bewegung 11 wiederholen. Schnüre so ordnen, daß sich um die Mitte der gemeinsamen ulnaren Zeigefingerschnur nur zwei kleine Schlaufen winden. Jetzt heißt die Figur »die Rettung der Sonne«.

20. Schnüre gut spannen. Im ulnaren Bereich der Figur zeigen sich zwei Dreiecke, deren Spitzen an den ulnaren Kleinfingerschnüren liegen und deren jeweilige Basis von vier Schnüren gebildet wird, die waagrecht durch die Figur laufen. Der rechte Daumen greift vom Spieler fort durch das Dreieck auf der linken Seite der Figur und zieht in seiner Beuge deren rechten Schenkel nach rechts und nach radial. Entsprechend greift der linke Daumen anschließend durch das rechte Dreieck und zieht in seiner Beuge deren linken Schenkel nach links und nach radial.

21. Bewegung 11 wiederholen und Figur zwischen hochgereckten Zeigefingern und niedergehaltenen Kleinfingern spannen.

Diese recht komplizierte Figur heißt auf den Tuamotu-Inseln »Hana o Maui«, die »Sonne von Maui« (Abb. 93). Mit ihr ist wohl der ästhetische Höhepunkt dieser Fadenspielserie erreicht, die Serie aber noch nicht abgeschlossen. In einer Reihe weiterer ähnlicher Bewegungen entstehen nacheinander noch der »Mond von Maui« und schließlich die »Soldaten von Maui«. Diese schließlich lassen sich auf komplizierte Weise in eine relativ einfache Figur umwandeln, die den »vier Augen« (»Gama nani«) in Sierra Leone gleicht (siehe Seite 32).

Die »Sonne von Maui« entdeckte während seiner ethnologischen Arbeiten auf den Tuamotus zwischen 1929 und 1931 Kenneth Emory.

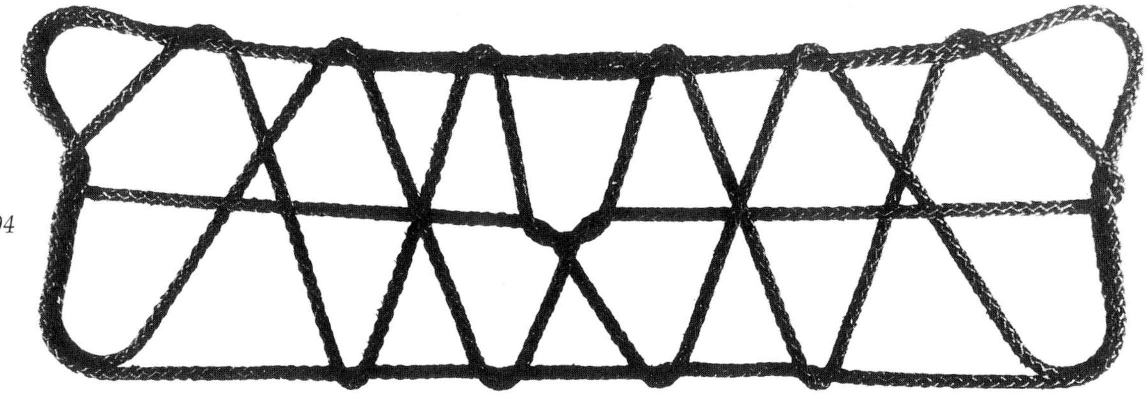

Abb. 94

Die vielen Wege des Tafai (300/III)

1. Opening A.

2. Zeigefinger bewegt sich distal zu seiner ulnaren Schnur und zur Kleinfingerschlaufe, dann – niedergebeugt – proximal an der Kleinfingerschlaufe und seiner eigenen Schlaufe vorbei und greift von distal durch die Daumenschlaufe. Zeigefinger nimmt die ulnare Daumenschnur auf und rotiert mit dieser erst in ulnare, dann in distale Richtung zurück in seine normale Position. Daumen entlassen.

3. Daumen greift von proximal durch beide Zeigefingerschlaufen und zieht in seiner Beuge die beiden ulnaren Zeigefingerschnüre sowie die radiale Kleinfingerschnur nach proximal. Handflächen wenden sich vom Spieler ab, und alle vier Finger krümmen sich von distal auf die ulnare Seite der ulnaren Kleinfingerschnur. Proximal zu dieser greifen sie von distal (also auf den Spieler zu) durch die Daumenschlaufe. Der Zeigefinger läßt dabei die beiden Dorsalschnüre von seinem Rücken gleiten. Daumen und Mittelfinger entlassen.

4. Zeigefinger hochrecken, Ring- und Kleinfinger niederhalten und die Figur spannen. Das Muster heißt jetzt »Hope oni«. Die Bedeutung dieses Namens ist unbekannt.

5. Daumen greift von distal durch die Ring-Kleinfingerschlaufen, nimmt auf seinem Rücken jene ulnare Kleinfingerschnur auf, die diagonal zur ulnaren Zeigefingerschnur verläuft und zieht diese in proximale Richtung. Dann nimmt der Daumen in seiner Beuge die beiden geradlinig von Kleinfinger zu Kleinfinger verlaufenden ulnaren Kleinfingerschnüre auf und zieht in radiale Richtung aus der Figur heraus.

6. Klein- und Ringfinger entlassen, Fingerspitzen nach oben wenden und Schnüre sehr leicht spannen. Von den beiden radialen Daumenschnüren und der proximalen ulnaren Daumenschnur hängt frei eine Schlaufe herab. Kleinfinger greift proximal zur proximalen ulnaren Daumenschnur in Richtung zur Figurmitte durch diese hängende Schlaufe und nimmt sie auf. Mit ihr bewegt er sich in ulnare Richtung in seine normale Position.

7. Zeigefinger entlassen. Zeigefinger greift von proximal durch die Kleinfingerschlaufe und übernimmt sie.

8. Daumen greift von proximal durch die Zeigefingerschlaufe. Daumen- und Zeigefingerspitzen aneinanderlegen. Navaho Daumen mit beiden proximalen Schlaufen, die dabei auf die ulnare Seite des Zeigefingers gleiten. Navaho Zeigefinger mit seiner proximalen Schlaufe, die dabei auf die radiale Seite des Daumens gleitet. Daumen- und Zeigefingerspitzen wieder trennen.

9. Mittel-, Ring- und Kleinfinger greifen von proximal durch die Zeigefingerschlaufen und von distal durch die Daumenschlaufen und halten die beiden zwischen diesen Schlaufen verlaufenden Schnüre gegen die Handfläche fest.

10. Daumen entlassen und Figur zwischen hochgereckten Zeigefingern und niedergebeugten Mittel-, Ring- und Kleinfingern spannen (Abb. 94).

Diese Figur ist auf den Inseln Hivaoa, Uahuka, Uapou und Fatuhiva des Marquesas-Archipels unter verschiedenen Namen bekannt. Eine Bezeichnung ist »Te a'anui manamana o Tafai«, »die vielen Wege des Tafai«. Dieser Tafai war ein mythologischer Held, der einmal an eine Wegverzweigung kam und nicht wußte, welche Richtung er einschlagen sollte.

Aufgezeichnet hat die Figur Willowdean Chatterson Handy 1925.

Abb. 95

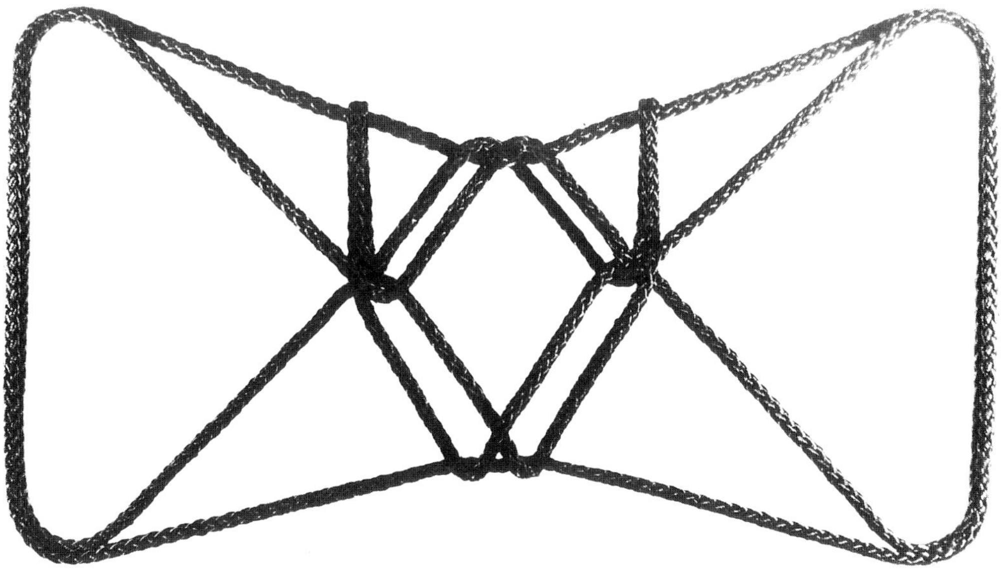

Venus (250/II)

1. Opening A.

2. Daumen greift von distal durch die Zeigefingerschlaufe, nimmt die ulnare Zeigefingerschnur auf seinem Rücken auf und kehrt zurück.

3. Mittelfinger greift distal zur radialen Zeigefingerschnur von proximal durch die proximale Daumenschlaufe und nimmt die proximale ulnare Daumenschnur auf.

4. Daumen entlassen.

5. Daumen greift von distal durch die Zeigefingerschlaufe, proximal an der Mittelfingerschlaufe vorbei, von proximal in die Kleinfingerschlaufe, nimmt die radiale Kleinfingerschnur auf seinem Rücken auf und kehrt zurück.

6. Kleinfinger entlassen.

7. Daumen greift von proximal durch die Zeigefingerschlaufe und dann von proximal durch die Mittelfingerschlaufe.

8. Daumen und Zeigefinger klemmen die distale ulnare Daumenschnur zwischen sich fest. Zeigefinger greift von distal über die eigene Palmarschnur durch seine eigene Schlaufe, sowie durch die proximale Daumenschlaufe. Mittelfinger entlassen. Dorsale Zeigefingerschnur vom Zeigefinger gleiten lassen.

9. Mittel-, Ring- und Kleinfinger greifen von proximal in die Zeigefingerschlaufen. Daumen entlassen, Zeigefinger aufrichten, Mittel-, Ring- und Kleinfinger geschlossen halten und Figur aufspannen.

Das in seiner Endbewegung recht überraschend auftauchende schöne Muster heißt »Venus« (»Kopu«) – gemeint ist der Abendstern – und stammt von den Maori Neuseelands (Abb. 95).

Entdeckt hat es Johannes C. Andersen um 1920.

Abb. 96

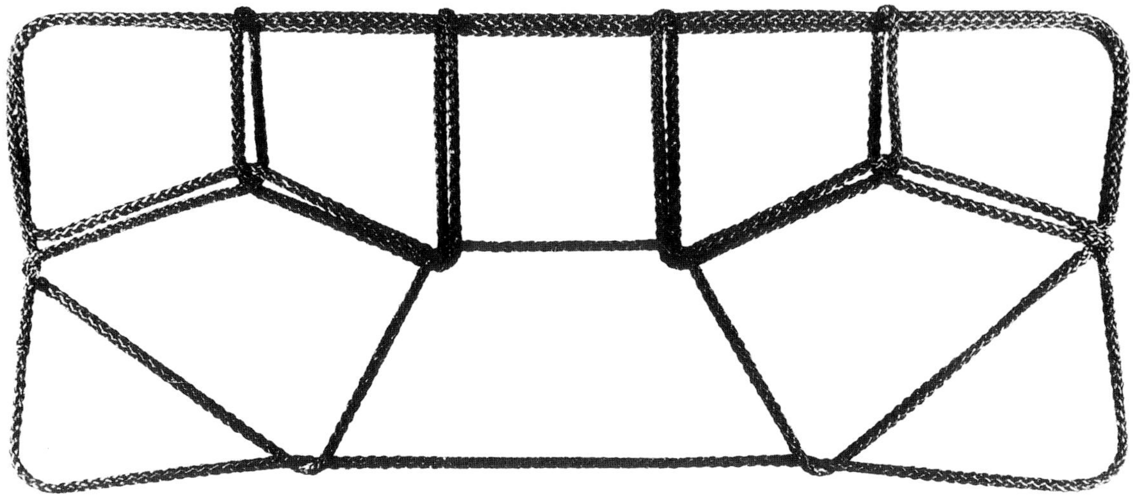

Die vier Maui-Brüder (250/III)

1. Opening A.

2. Ringfinger greift von proximal durch die Zeigefingerschlaufe und übernimmt diese.

3. Mittelfinger greift von proximal durch die Daumenschlaufe und übernimmt diese.

4. Linker Daumen greift von proximal durch die linke Mittelfingerschlaufe. Linker Zeigefinger greift von distal in die linke Daumenschlaufe und nimmt auf seinem Rücken die radiale linke Daumenschnur auf.

5. Rechter Zeigefinger bewegt sich auf die linke Seite der linken Hand und greift links vom linken Daumen von proximal durch die linke Zeigefingerschlaufe.

6. Linken Daumen entlassen. Schnüre spannen.

7. Daumen greift proximal an Zeige-, Mittel- und Ringfingerschlaufen vorbei und dann von distal durch die Kleinfingerschlaufe. Auf seinem Rükken nimmt er die ulnare Kleinfingerschnur auf und kehrt mit dieser distal zur radialen Kleinfingerschnur und proximal zu allen anderen Schnüren zurück.

8. Daumen greift distal an Zeige-, Mittel- und Ringfingerschlaufen vorbei und proximal an der radialen Kleinfingerschnur, nachdem diese – vom Kleinfinger aus gesehen – proximal an der radialen Kleinfingerschnur vorbeigelaufen ist. Daumen nimmt die radiale Kleinfingerschnur auf seinem Rücken auf und kehrt zurück.

9. Zeigefinger greift distal zur distalen ulnaren Daumenschnur durch die eigene Schlaufe und fährt von distal hinter die Palmarschnur (die proximale ulnare Daumenschnur). Diese nimmt er auf seinem Rücken auf und zieht sie nach distal durch seine eigene Schlaufe.

10. Daumen entlassen und Schnüre spannen.

11. Rechter Daumen und Zeigefinger greifen von distal durch die distale linke Zeigefingerschlaufe, erfassen die linke proximale radiale Zeigefingerschnur und ziehen diese durch die distale Zeigefingerschlaufe nach distal. Linker Daumen greift von radial nach ulnar zwischen die linke distale Zeigefingerschnur und die von den Fingern der rechten Hand hochgezogene Schnur und nimmt die letztere auf seinem Rükken auf. – Bewegung entsprechend an der rechten Hand wiederholen.

12. Zeigefinger von der distalen Schlaufe entlassen.

13. Rechter Daumen und Zeigefinger ergreifen die linke ulnare Zeigefingerschnur und die linke radiale Mittelfingerschnur. Linken Zeige-, Mittel-, Ring- und Kleinfinger entlassen. Linker Kleinfinger greift von proximal durch die linke Daumenschlaufe, übernimmt diese und hält sie, nach unten gekrümmt, gegen die Handfläche fest. Linker Mittelfinger greift auf den Spieler zu durch die beiden vom rechten Daumen und Zeigefinger gehaltenen Schlaufen, übernimmt diese und hält sie gegen die linke Handfläche

fest. – Bewegungen entsprechend an der rechten Hand wiederholen.

14. Daumen greift von distal in beide Mittelfingerschlaufen und übernimmt diese. Zeigefinger greift von proximal durch beide Daumenschlaufen. Daumen beugt sich innerhalb der Zeigefingerschlaufen (die natürlich auch seine eigenen Schlaufen sind) in ulnare Richtung und drückt jene ulnare Zeigefingerschnur, die zur Figurmitte verläuft, gegen die Wurzel des Ringfingers.

15. Hände mit den Handflächen parallel halten, alle Finger vom Spieler weggewandt, und Figur zwischen Zeige- und Kleinfingern aufspannen, während der Daumen seine Position an der Wurzel des Ringfingers beibehält.

Es erscheinen die »vier Maui-Brüder«. Wenn die beiden mittleren sich nicht von allein voneinander trennen, muß die Zunge etwas nachhelfen (Abb. 96).

Die vier mythischen Maui-Brüder fand Johannes C. Andersen um 1920 beim Maori-Stamm der Tuhoe auf Neuseeland.

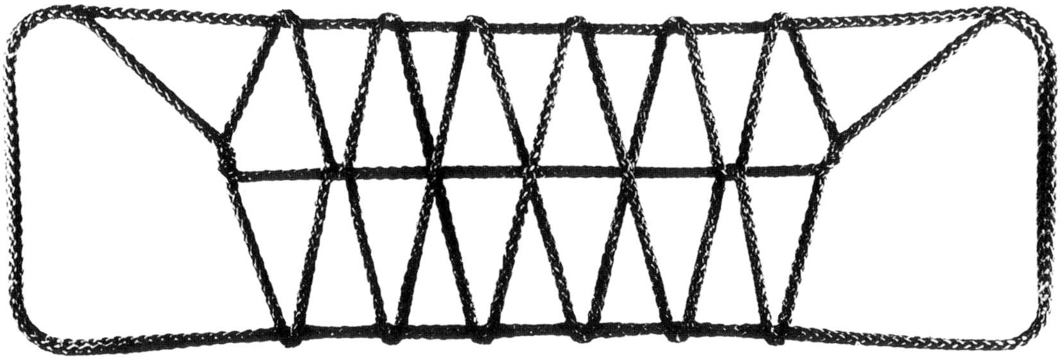

Abb. 97

Eine Nebelbank (300/I)

1. Opening A.

2. Zeigefinger greift distal zu seiner ulnaren Schnur von distal durch die Kleinfingerschlaufe, rotiert dann nach radial unter seiner eigenen Schlaufe weiter und um diese herum wieder in distale Richtung. Kleinfinger entlassen.

3. Zeigefinger rotiert mit seinen beiden Schlaufen um 360 Grad in ulnare Richtung.

4. Mittel-, Ring- und Kleinfinger greifen von distal in die Zeigefingerschlaufen und ziehen beide ulnaren Zeigefingerschnüre in Richtung Handwurzel. Daumen greift von proximal durch die proximale Zeigefingerschlaufe (deren radiale Schnur in der Figurmitte zu den ulnaren Kleinfingerschnüren verläuft) und nimmt die proximale radiale Zeigefingerschnur auf. Navaho Daumen.

5. Zeigefinger entlassen und Schnüre spannen. Zeigefinger greift von distal durch die Daumenschlaufe, drückt die ulnare Daumenschnur nach ulnar und greift dann von proximal in die Schlaufen von Mittel-, Ring- und Kleinfingern. Die beiden radialen Schnüre dieser Schlaufen zieht er nach distal durch die Daumenschlaufe. Daumen entlassen.

6. Mittel-, Ring- und Kleinfinger vorsichtig aus ihren Schlaufen ziehen und von proximal durch die Zeigefingerschlaufe stecken. Diese drei Finger niederhalten, Zeigefinger hochrecken und Figur aufspannen (Abb. 97).

Diese Figur, von den Maoris in Neuseeland »Pae kaka« oder »Pae kohu« (eine »Nebelbank«) genannt, ist eine Variante einer ähnlichen, aber einfacheren Figur, die entsteht, wenn man mit einer kürzeren Schlinge arbeitet und die Bewegung 3 ersatzlos ausläßt.

Entdeckt hat die »Nebelbank«; wie die beiden vorhergehenden Fadenspiele, Johannes C. Andersen.

Schnurfiguren aus Japan

Manche Schnurfigurenexperten – unter ihnen L. A. Dickey – halten Japan für die Wiege der Fadenspiele. Sie sind davon überzeugt, daß die japanische Schnurfigurtradition die älteste der Welt sei, und daß sie vom alten Nippon aus einerseits nach Ozeanien und Australien, andererseits nach Nordamerika und in die Arktis und schließlich auch über Asien bis Europa ausgestrahlt habe. In der Tat spricht die geographische Lage Japans für eine derartige Theorie, und daß die japanischen Fadenspiele sehr alt sind, mag auch zutreffen. Aus der einheimischen Literatur geht hervor, daß sie in der Edo-Ära (1603–1867) besonders beliebt waren, aber ihre Geschichte reicht sehr wahrscheinlich viel weiter zurück.

Dennoch ist Japan wohl kaum das Stammland der Schnurfiguren, denn obwohl die fernöstlichen Insulaner eine große Zahl verschiedener Muster beherrschen, sind die meisten davon recht simpel. Sie erinnern weit mehr an die einfachen Abhebespiele Europas, als an die teilweise recht komplexen Figuren, wie sie etwa in Ozeanien oder bei den Eskimos vorkommen.

Wiederbelebt hat das Interesse am Fadenspiel in Japan nicht zuletzt die von Professor Hiroshi Noguchi und dem schottischen Missionsgeistlichen Philipp D. Noble 1978 in Tokio gegründete »Nippon Ayatori Kyokai«, die »Japanische Schnurfiguren-Gesellschaft«. Ihre japanischen Mitglieder sammelten Figuren im ganzen Land und entdecken auch heute noch jedes Jahr Muster, die kaum ein Japaner kennt. Das Spiel mit den Schnüren hat in Japan viele Namen: »Ayatori«, »Ayakake«, »Itokoki«, »Itotori«, »Chidorigake«, »Itoge« usw. Sie alle bedeuten aber grundsätzlich dasselbe: »Schnüre weben«.

Abb. 98

Yamano-Tunnel (200/I)

1. Opening A.

2. Daumen greift proximal zur Zeigefingerschlaufe von distal durch die Kleinfingerschlaufe, übernimmt diese und kehrt zurück.

3. Daumen greift von distal durch die Zeigefingerschlaufe und zieht die radiale Zeigefingerschnur zusammen mit seinen beiden eigenen ulnaren Schnüren in Richtung Handwurzel. Zeigefinger bewegt sich distal zu den radialen Daumenschnüren nach radial, nimmt in seiner Beuge die proximale radiale Daumenschnur (die geradlinig von Daumen zu Daumen verläuft) auf und zieht diese nach ulnar durch seine eigene Schlaufe. Figur zwischen hochgereckten Zeigefingern und niedergehaltenen Daumen aufspannen. Die Handflächen sind dabei vom Spieler weggewandt (Abb. 98).

Aufgezeichnet hat diese Figur Hiroshi Noguchi 1986.

Abb. 99

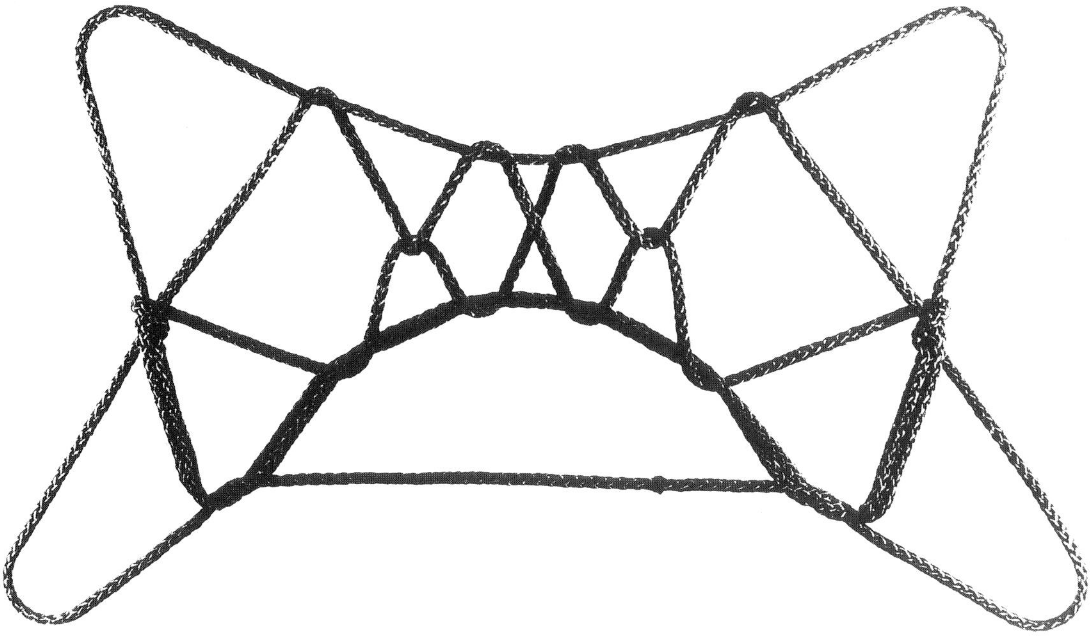

Tunnel (250/II)

1. Opening A.

2. Zeige-, Mittel-, Ring- und Kleinfinger greifen von distal durch die Daumenschlaufe und übernehmen diese gemeinsam. Sie rutscht auf der ulnaren Seite zum Handgelenk.

3. Daumen bewegt sich proximal zur proximalen radialen Zeigefingerschnur, zur distalen Zeigefingerschlaufe und zur Kleinfingerschlaufe, nimmt die ulnare Kleinfingerschnur auf und kehrt proximal zu den dazwischenliegenden Schnüren zurück.

4. Daumen greift distal zur proximalen radialen Zeigefingerschnur von distal durch die distale Zeigefingerschlaufe und nimmt die ulnare Zeigefingerschnur auf seinem Rücken auf. Kleinfinger entlassen.

5. Mittel-, Ring- und Kleinfinger von ihrer gemeinsamen Dorsalschnur entlassen, die als einfache Schlaufe auf dem Zeigefinger hängenbleibt.

6. Kleinfinger greift distal zu den drei Zeigefingerschnüren von proximal durch die Daumenschlaufe und nimmt die einzelne ulnare Daumenschnur auf. Daumen von beiden Schlaufen entlassen.

7. Daumen greift distal zu beiden Zeigefingerschlaufen von proximal durch die Kleinfingerschlaufe und nimmt die radiale Kleinfingerschnur auf.

8. Daumen greift in unmittelbarer Nähe des Zeigefingers von proximal durch beide Zeigefingerschlaufen und nimmt beide radiale Zeigefingerschnüre auf. – Navaho Daumen mit der einzelnen proximalen Schlaufe.

9. Zeigefinger greift von distal in das kleine Dreieck, das die radiale Kleinfingerschnur um die Daumenschlaufe zieht und rotiert dann weiter in ulnare und schließlich in distale Richtung. Kleinfinger während dieser Bewegung entlassen.

10. Kleinfinger greift von proximal durch die Daumenschlaufen, nimmt in seiner Beuge die Schnur auf, die auf der distalen Seite der Figur geradlinig von Palmarschnur zu Palmarschnur verläuft und zieht diese nach proximal durch die Daumenschlaufen. Daumen entlassen und Figur zwischen hochgereckten Zeigefingern und niedergehaltenen Kleinfingern spannen.

Dieser schöne »Tunnel« (»Tonneru«) kommt in der gleichen Form u. a. auch auf Hawaii vor, wo er »Salzkeller« heißt (Abb. 99). Beschrieben hat ihn, wie die vorige Figur, 1986 Hiroshi Noguchi.

Abb. 100

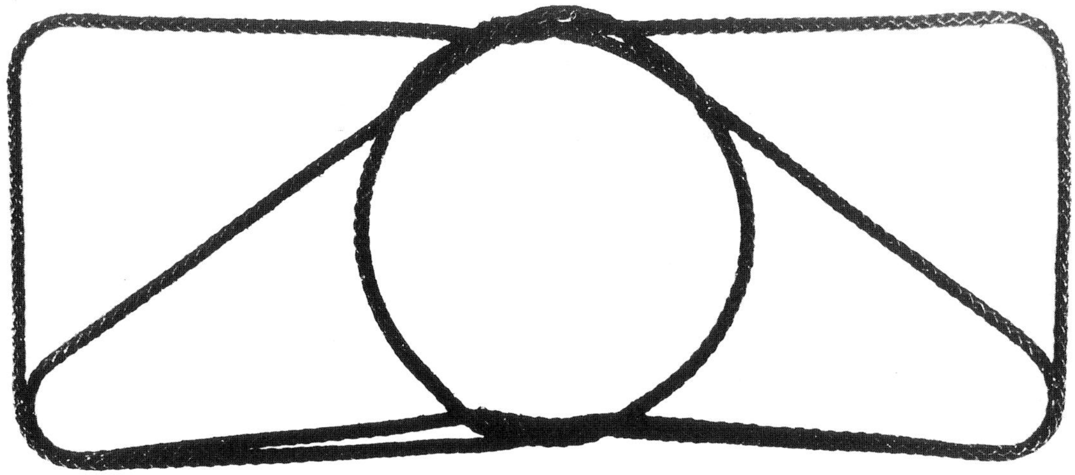

Eine Eule (200/II)

1. Opening A, aber mit den Mittelfingern anstelle der Zeigefingern. (Diese Art der Eröffnung ist in Japan die gebräuchlichere und wird in der Schnurfigurenliteratur gelegentlich als »JA«, »japanische Eröffnung A«, bezeichnet.)

2. Klein, Ring-, Mittel- und Zeigefinger greifen gemeinsam von distal durch die Daumenschlaufe und übernehmen diese.

3. Daumen, Zeige-, Mittel und Ringfinger greifen gemeinsam von distal durch die Kleinfingerschlaufe und übernehmen diese. Jetzt gibt es eine radiale und eine ulnare Handgelenkschnur.

4. Daumen greift distal zu seiner ulnaren Schnur von proximal durch die Mittelfingerschlaufe. Nacheinander Klein-, Ring- und Mittelfinger entlassen (auch von der ulnaren Handgelenkschnur).

5. Kleinfinger greift von proximal durch beide Zeigefingerschlaufen, nimmt auf seinem Rücken diejenige ulnare Zeigefingerschnur auf, die diagonal zur Figurmitte verläuft und zieht sie proximal an der anderen (geradlinigen) ulnaren Zeigefingerschnur vorbei nach ulnar.

6. Kleinfinger greift distal zur gerade von Zeigefinger zu Zeigefinger verlaufenden ulnaren Zeigefingerschnur und dann von proximal durch die Raute im Zentrum der Figur. Er nimmt dabei auf seinem Rücken die ulnare Daumenschnur auf und kehrt zurück. Er hat jetzt zwei ulnare Schnüre.

7. Daumen entlassen.

8. Daumen greift von proximal durch beide Zeigefingerschlaufen und drückt mit seinem Rücken die diagonal zur Figurmitte verlaufende radiale Zeigefingerschnur nach proximal und radial an der geradlinig von Zeigefinger zu Zeigefinger verlaufenden radialen Zeigefingerschnur vorbei. Gemeinsame Dorsalschnur von Daumen und Zeigefinger über die distale Zeigefingerschlaufe und über die Fingerkuppen von Daumen und Zeigefinger heben und fallen lassen. Figur zwischen Zeige- und Kleinfingern spannen (Abb. 100).

Die Schnurfigur heißt »Hukuru« (»Eule«) und ist in Japan allgemein bekannt.

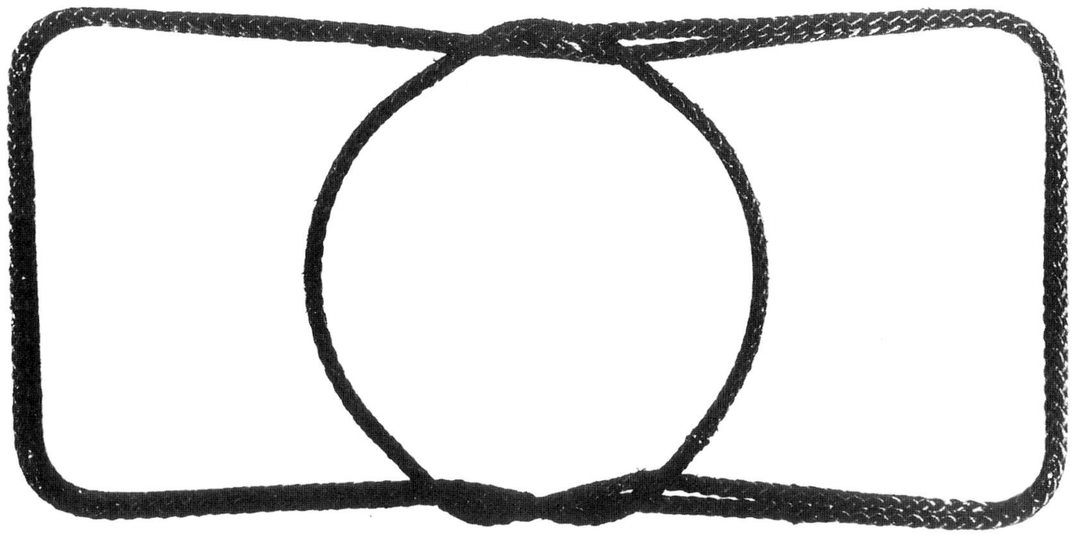

Abb. 101

Eine Maske (200/I)

1. Opening JA (wie Opening A, jedoch mit den Mittel- statt mit Zeigefingern).

2. Klein-, Ring-, Mittel- und Zeigefinger greifen von distal durch die Daumenschlaufe und übernehmen diese gemeinsam.

3. Daumen greift von proximal duch die Mittelfingerschlaufe und übernimmt diese.

4. Daumen und Zeigefinger der rechten Hand heben die linke Dorsalschnur ab und hängen sie auf den linken Mittelfinger. Bewegung entsprechend an der rechten Hand wiederholen.

5. Kleinfinger greift von distal durch die Mittelfingerschlaufe und innerhalb dieser von distal durch seine eigene Schlaufe. Er nimmt auf seinem Rücken seine eigene Radialschnur auf und kehrt zurück.

6. Navaho Kleinfinger. Daumen entlassen und Figur spannen.

Das Ergebnis gleicht jetzt der europäischen Figur »Anleinen von Lochiels Hunden« (siehe Abb. 13 auf Seite 25).

7. Daumen bewegt sich proximal zu allen Schnüren, nimmt alle Schnüre auf seinem Rücken auf und kehrt zurück. Linker Mittelfinger greift von proximal durch die rechte Kleinfingerschlaufe und kehrt zurück. Rechter Mittelfinger greift innerhalb der linken Mittelfingerschlaufe von proximal durch die linke Kleinfingerschlaufe und kehrt zurück.

8. Daumen und Kleinfinger entlassen. Klein- und Ringfinger von distal durch die Mittelfingerschlaufen stecken. Mittelfinger entlassen. Mittel- und Zeigefinger von proximal durch die gemeinsamen Schlaufen von Klein- und Ringfinger stecken. Figur mit hochgereckten Zeigefingern und niedergehaltenen anderen Fingern aufspannen (Abb. 101).

Dieses Abbild einer ovalen japanischen Tanzmaske beschrieb Hiroshi Noguchi 1983.

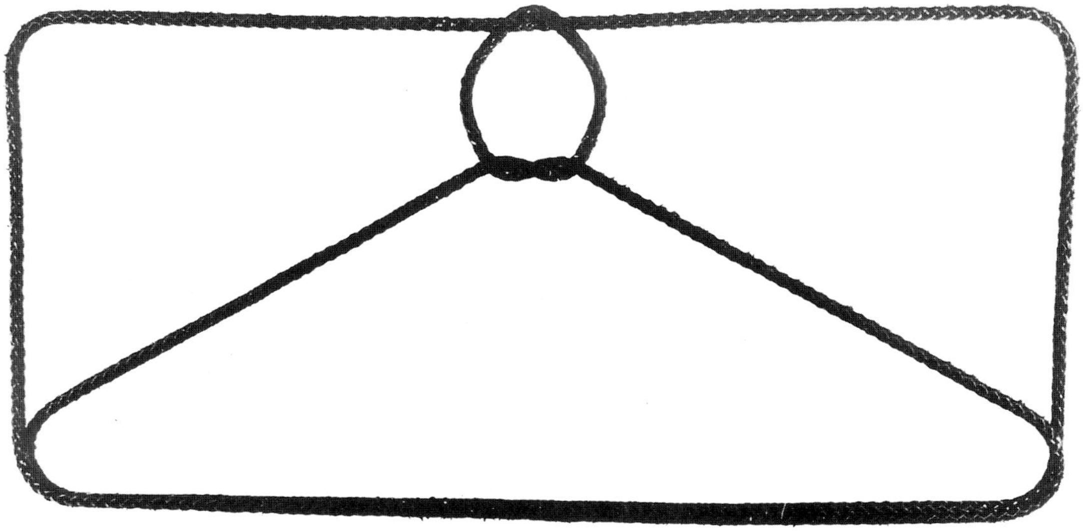

Abb. 102

Der Mond über einem Berg (200/I)

1. Schlinge auf den Tisch legen. Daumen und Zeigefinger jeder Hand greifen von oben in die Schlinge, Zeigefinger bewegt sich unter der vom Spieler abgewandten Schnur hindurch in Richtung vom Spieler weg. Daumen bewegt sich unter der dem Spieler zugewandten Schnur auf den Spieler zu. Handflächen aufeinander zuwenden, Schnüre aufnehmen und Hände in normale Position bringen. An jeder Hand gibt es jetzt eine ulnare Daumenschnur, eine radiale Zeigefingerschnur und eine palmare Schnur zwischen Daumen und Zeigefinger, die proximal von den beiden zuerst genannten Schnüren verläuft.

2. Daumen greift von proximal in die Zeigefingerschlaufe und nimmt die radiale Zeigefingerschnur auf. Zeigefinger greift innerhalb seiner eigenen Schlaufe von proximal durch die Daumenschlaufe und nimmt die ulnare Daumenschnur auf.

3. Rechter Zeigefinger greift von proximal zwischen linkem Daumen und Zeigefinger hinter die linke Palmarschnur und zieht diese nach rechts. Linker Zeigefinger greift innerhalb der rechten Zeigefingerschlaufe von proximal hinter die rechte Palmarschnur und zieht diese nach links.

4. Navaho Zeigefinger mit beiden proximalen Schlaufen (das sind die beiden Schlaufen, deren dorsale Schnur zum Daumen weiterläuft). Diese Bewegung wird ausgeführt, indem sich der Zeigefinger einfach so weit distal über seine einzelne radiale Schnur beugt, bis die beiden proximalen ulnaren Schnüre von seinem Rücken rutschen und sich dann wieder streckt.

5. Zeigefinger greift distal zu seiner Radialschnur von proximal durch die distale Daumenschlaufe und nimmt deren ulnare Schnur (die gerade von Daumen zu Daumen verläuft) auf.

6. Linke Hand entlassen. Linker Daumen greift von proximal durch die rechten Daumenschlaufen, linker Zeigefinger greift von proximal durch die rechten Zeigefingerschlaufen. Schnüre spannen.

7. Navaho Zeigefinger (mit der Schlaufe, die er mit dem Daumen gemeinsam hat). Die Methode ist dieselbe wie bei Bewegung 4. Die ulnaren Zeigefingerschnüre kreuzen sich in der Mitte der Figur. Beide Kleinfinger nehmen beide ulnare Zeigefingerschnüre gemeinsam an dieser Kreuzung auf, indem sie sich von proximal kommend auf die radiale Seite dieser Schnüre schieben.

8. Daumen entlassen. Hände mit parallelen Handflächen halten. Die Finger weisen vom Spieler weg. Figur langsam aufspannen (Abb. 102).

»Yama no ue no otukisan«, »der Mond über einem Berg« heißt diese einfache, aber nichts destoweniger reizvolle Figur. Sie ist in Japan verbreitet.

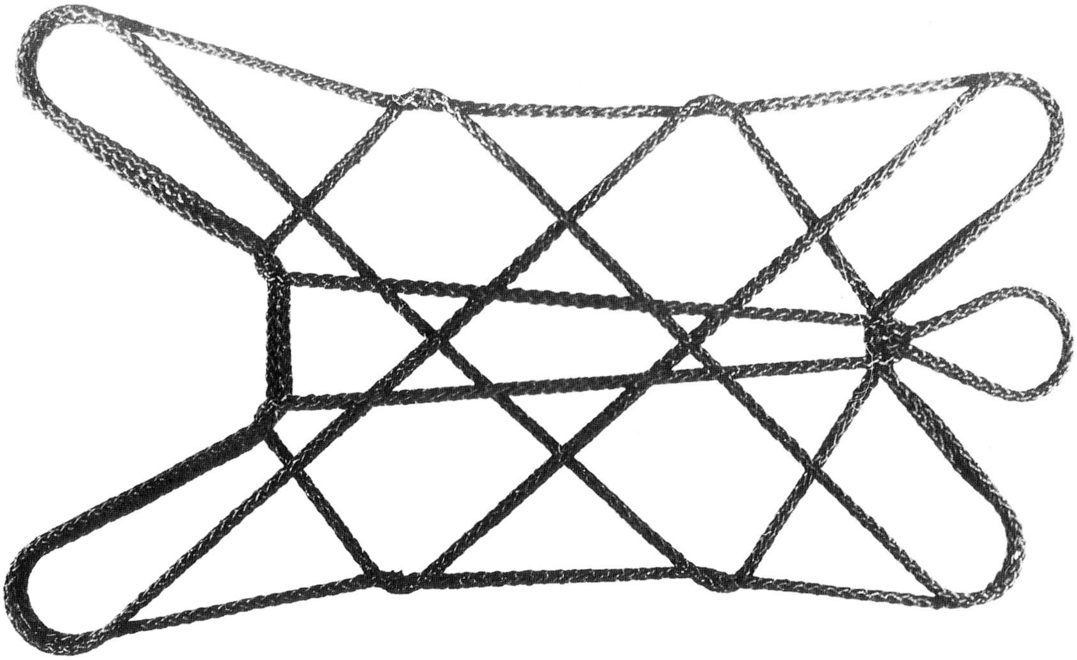

Abb. 103

Eine Schildkröte (300/I)

1. Opening JA (wie Opening A, jedoch mit den Mittel- statt mit den Zeigefingern).

2. Daumen und Kleinfinger greifen von proximal durch die Mittelfingerschlaufe.

3. Daumen greift von proximal durch die proximale Kleinfingerschlaufe. Kleinfinger entlassen.

4. Kleinfinger greift distal zur ulnaren Mittelfingerschnur von proximal durch die Daumenschlaufen und nimmt die beiden ulnaren Daumenschnüre auf. Daumen entlassen.

5. Daumen greift distal zur Mittelfingerschlaufe von proximal durch die Kleinfingerschlaufen und nimmt beide radialen Kleinfingerschnüre auf.

6. Linker Mittelfinger greift von distal hinter die dorsale rechte Mittelfingerschnur und übernimmt die rechte Mittelfingerschlaufe als eigene distale Schlaufe. Navaho linken Mittelfinger. Rechter Mittelfinger greift von distal hinter die dorsale linke Mittelfingerschnur und übernimmt diese. Figur zwischen weit gespreizten Daumen und Kleinfingern aufspannen und mit dem linken Zeigefinger ordnen, indem er von distal in das Zentrum der Figur greift, in seiner Beuge alle dabei erfaßten Schnüre kräftig nach links zieht und sie dann wieder entläßt (Abb. 103).

Diese »Schildkröte« ist nicht nur in Japan bekannt. Sie ist auch sonst weit verbreitet. In Südamerika wird sie mit dem »Kopf« (der Schlaufe um den rechten Mittelfinger) nach oben gehalten. Die »Arme« (die Schlaufen um rechten Daumen und Kleinfinger) weisen ebenfalls nach oben, die »Beine« (die Schlaufen vom linken Daumen und Kleinfinger) nach unten, und sie stellt ein »Gespenst« dar.

Abb. 104

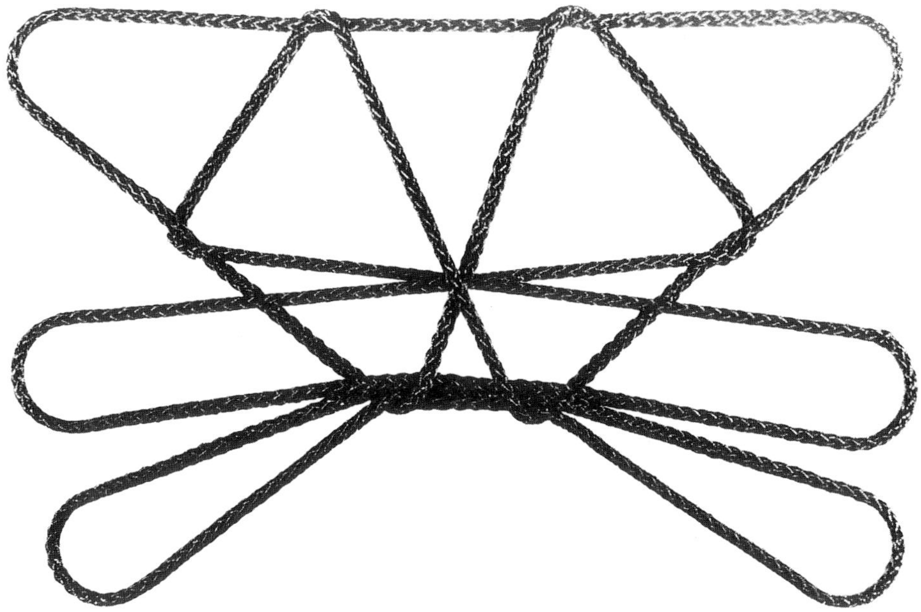

Ein Taschenkrebs (250/II)

1. Opening JA (wie Opening A, jedoch mit den Mittel- statt mit den Zeigefingern).

2. Bei gut gespannten Schnüren greifen alle Finger der rechten Hand (auch der Daumen) vom Spieler fort über alle Schnüre hinweg, dann nach unten und unter allen Schnüren wieder auf den Spieler zu. Die Handfläche weist dann nach oben, die Finger weisen zum Spieler hin. In dieser Haltung bewegt sich die rechte Hand etwas nach links, und der rechte Daumen greift von distal in die linke Daumenschlaufe. Danach rotiert die reche Hand wieder zurück in die ursprüngliche Position, wobei der rechte Daumen die linke radiale Daumenschnur mitnimmt. Um den rechten Daumen verlaufen jetzt zwei kleine Schlaufen, deren radiale Schnüre ineinander übergehen. Der linke Daumen greift von proximal unmittelbar am rechten Daumen nur durch die distale rechte Daumenschlaufe, nimmt also die rechte distale radiale Daumenschnur auf. Er zieht sie nach links. Durch Bewegen der Hände werden die Daumenschlaufen möglichst stark ausgeweitet.

3. Navaho Daumen. Handflächen parallel halten, Finger weisen vom Spieler weg. Figur aufspannen (Abb. 104).

Das »Taschenkrebs«-Muster beschrieben 1973 die Japaner S. Yuasa und T. Ariki.

Schnurfiguren international

Ethnologen sind in ihrer Arbeitsauffassung gelegentlich widersprüchlich. Was die Schnurfigurenforschung betrifft, haben sie sich längst darüber geeinigt, daß vergleichende Analysen des Fadenspiels verschiedener Regionen wertvolle Hinweise auf kulturelle oder soziale Verbindungen zwischen geographischen Gebieten geben können. Handelsbeziehungen zum Beispiel haben in Ozeanien zur Verbreitung bestimmter Fadenspiel von Archipel zu Archipel geführt, und andersherum läßt sich durch einen bestimmten Verbreitungsraum charakteristischer Figuren auf lange bestehende Kommunikation zwischen den entsprechenden Inselgruppen schließen.

Gerade diese geographische Verschiebung von Schnurfiguren macht den Ethnologen aber auch zu schaffen, nämlich dann, wenn sie jüngeren Datums ist. Wenn etwa auf Hawaii gleiche Figuren auftauchen wie in Japan, dann braucht das noch lange nicht für alte kulturelle Kontakte zwischen beiden Inselgruppen zu sprechen. Ein gelangweilter Matrose oder gar spielende Kinder aus einem Urlaubsjet können die Fadenspiele erst kürzlich in ein fernes Land gebracht haben. In jüngster Vergangenheit war das zum Beispiel intensiv in Nordafrika der Fall, wo französische Lehrer in algerischen und marokkanischen Kindergärten und Grundschulen die wenigen einfachen europäischen Fadenspiele verbreiteten.

Ich sagte, Ethnologen seien in ihrer Arbeitsauffassung gelegentlich widersprüchlich. Was sie nämlich als ihr Weltbild verfälschende Störeffekte betrachten, ist eine genauso legitime geographische Wanderung von Schnurfiguren, wie jene früherer Zeit. Auch sie belegt ja nichts anders als soziale Kontakte.

Eine weltumspannende Welle völlig diffuser internationaler Verbreitung von Schnurfiguren aller Regionen lösten ausgerechnet Ethnologen selbst in den vergangenen Jahrzehnten aus, und zwar gerade durch ihre String-Figure-Forschung. Die zahlreichen Publikationen über ihre Arbeiten in Fachzeitschriften und Monographien stehen in vielen wissenschaftlichen Bibliotheken in aller Welt, und den Experten in Kanada und den USA sind heute alle gängigen Muster der neuseeländischen Maoris ebenso geläufig, wie deutschen Schnurfiguren-Enthusiasten Fadenspiele der Eskimos oder japanischen »Ayatori«-Freunden die Schnurmotive der südamerikanischen Indios. Mehr noch: die intensive Beschäftigung nicht nur der Ethnologen, sondern auch vieler Mathematiker, Topologen, Pädagogen, Bewegungstherapeuten, Neurologen und begeisterter Hobbyisten hat dazu geführt, daß in jüngster Zeit in vielen Ländern der Welt neue Schnurfiguren entstehen, die nicht selten ausgeprägte Fadenspieltraditionen klassischer String-Figure-Gebiete im wahrsten Sinne des Wortes miteinander verknüpfen. So lassen sich typische Bewegungsabläufe der Eskimos hervorragend mit klassischen Präsentationsmethoden für das fertige Muster aus der Südsee verbinden. So erfährt eine an sich einfache Indianerfigur kunstvolle Varianten durch Standardpassagen etwa von den Gilbert-Inseln oder von Nauru.

Das alles kann auch der ernsthafte Ethnologe nicht ablehnen, denn Schnurfiguren sind seit eh und je aus Spiel- und Erfinderfreude erwachsen, und hätte man immer nur versucht, ausschließlich die alten Muster zu bewahren, dann wäre das Repertoire – das heute weltweit etwa 3000 wissenschaftlich registrierte Muster aufzuweisen hat – wohl kaum über jene elf Figuren hinausgewachsen, die »Na Ubwebwe« anläßlich der Entstehung von Himmel und Erde vorführte. Schon 1906 packte schließlich die Altmeisterin der Schnurfigurenforschung – Caroline Furness Jayne – der Spieltrieb: Sie konnte es sich nicht verkneifen, einem rund 400seitigen Werk über Schnurfiguren viereinhalb Seiten mit eigenen »Erfindungen« anzufügen.

Interessant ist in diesem Zusammenhang übrigens eine Reaktion notorischer Schnurfigurenspieler, nämlich der Mitglieder eines nordamerikanischen Indiostammes, als man ihnen einige wundervolle Muster aus Ozeanien vorführte: »Das sind doch gar keine Schnurfiguren!«

Hier also einige moderne Schnurfiguren, die eigentlich gar keine Schnurfiguren sind:

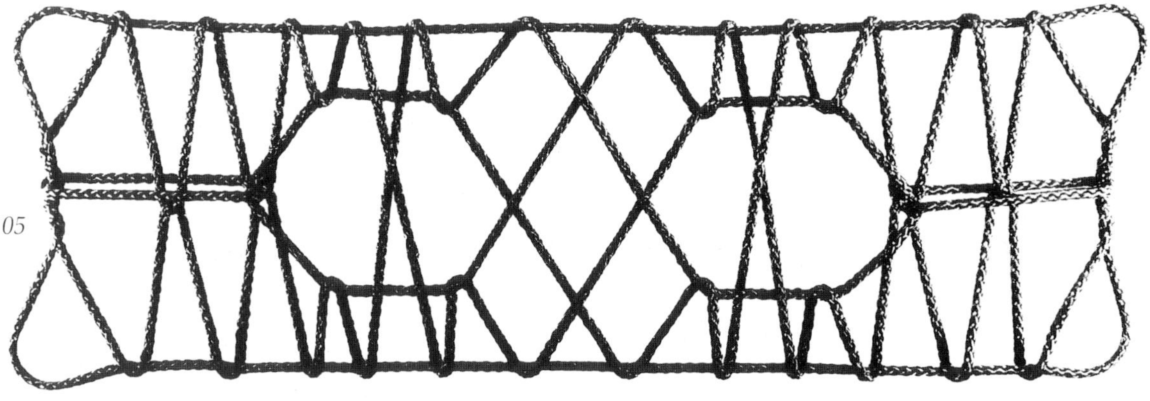

Abb. 105

Zwei Teiche mit Brücken (400/III)

1. Position I.

2. Rechter Zeigefinger greift von distal hinter die linke Palmarschnur, zieht diese in seiner Beuge etwas nach rechts und rotiert dann um 180 Grad in radiale Richtung, bis er wieder nach oben weist. Schnüre spannen. Linker Zeigefinger greift in unmittelbarer Nähe des rechten Zeigefingers von distal durch die rechte Zeigefingerschlaufe, dann von distal hinter die rechte Palmarschnur und zieht diese durch die rechte Zeigefingerschlaufe nach links. Sodann rotiert er um 180 Grad in radiale Richtung. Spannen.

3. Rechter Daumen und Zeigefinger greifen von distal durch die linke Zeigefingerschlaufe, erfassen die ulnare linke Daumenschnur und radiale linke Kleinfingerschnur und ziehen beide gemeinsam nach distal durch die linke Zeigefingerschlaufe. Linken Daumen und Kleinfinger entlassen. Die von rechtem Daumen und Zeigefinger gehaltenen Schlaufen distal von der linken Zeigefingerschlaufe unverdreht auf linken Daumen und Kleinfinger zurückhängen. Bewegungen entsprechend an der rechten Hand wiederholen.

4. Bewegung 3 wiederholen.

5. Daumen greift von distal durch die Zeigefingerschlaufe und übernimmt diese. Zeigefinger greift von proximal durch die distale Daumenschlaufe und übernimmt diese.

6. Bewegung 3 zweimal wiederholen.

7. Daumen greift von distal durch die Zeigefingerschlaufe und übernimmt diese. Zeigefinger greift von proximal durch die distale Daumenschlaufe und übernimmt diese.

8. Amwangyio (Bewegungen 7 bis 18 der Figur »Nabel mit Nabelschnüren« auf Seite 107).

9. Nauru-Ende (Bewegungen 4 bis 7 der Figur »Amwangiyo« auf Seite 108) (Abb. 105).

Die »zwei Teiche« lassen sich auch ohne die Brücke herstellen, wenn man einfach die Bewegung 5 ausläßt (Abb. 106).

Die beiden eng verwandten Figuren habe ich 1985 erfunden.

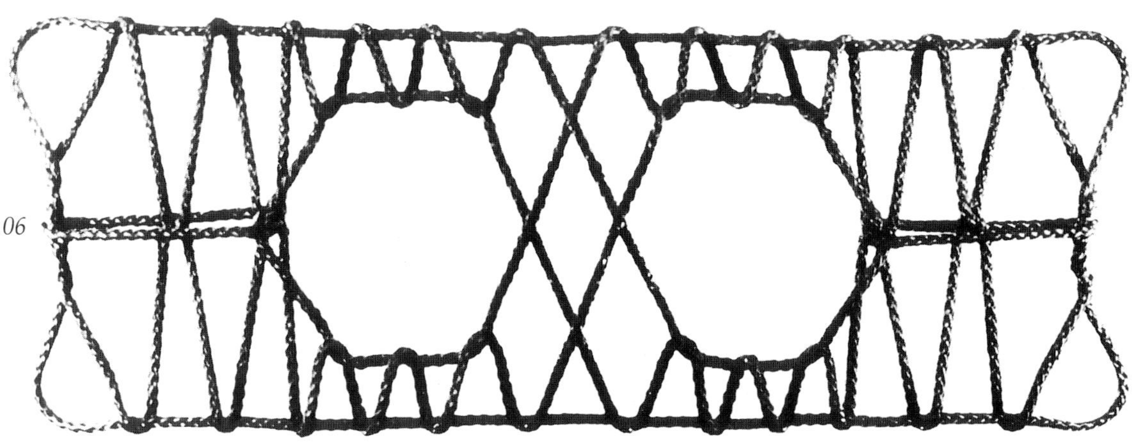

Abb. 106

Abb. 107

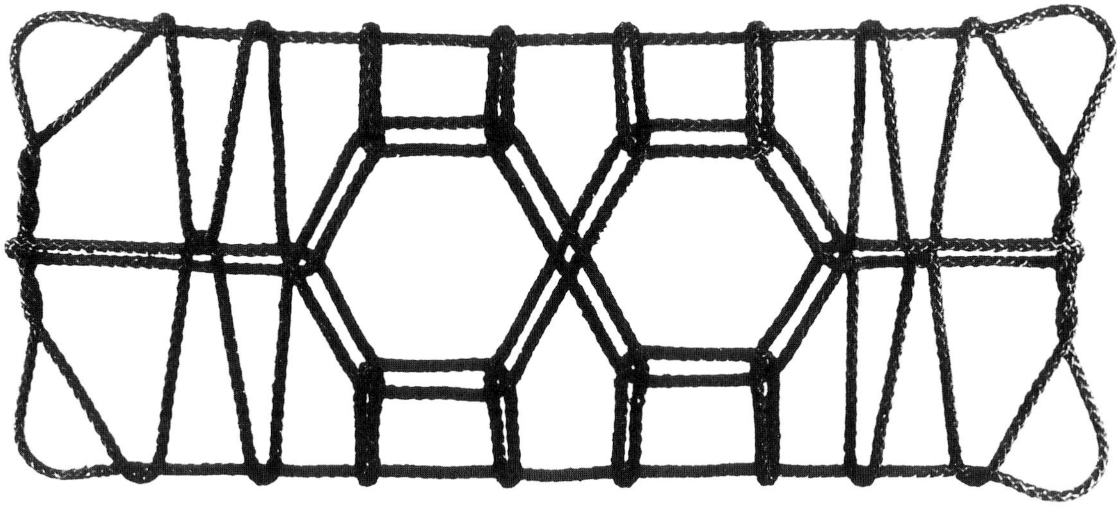

Honor Maude (400/III)

1. Opening A.

2. Daumen greift von distal durch die Zeigefingerschlaufe und übernimmt diese. Zeigefinger greift von proximal durch die distale Daumenschlaufe und übernimmt diese.

3. Daumen greift von distal durch die Zeigefingerschlaufe, dann (mit Hilfe des Mittelfingers) proximal an der radialen Zeigefingerschnur vorbei nach radial und rotiert schließlich wieder in distale Richtung.

4. Rechter Daumen und Zeigefinger greifen von distal durch die kleine distale linke Daumenschlaufe, fassen die linke proximale Daumenschlaufe und ziehen sie nach distal durch die distale Schlaufe hindurch. Linken Daumen entlassen und nur die vom rechten Daumen und Zeigefinger gehaltene Schlaufe wieder auf den linken Daumen zurückhängen. Um die linke Daumenschlaufe schlingt sich jetzt in der Nähe des Daumens ein kleiner Schnurring. Dieser wird vom Daumen und Zeigefinger der rechten Hand bis etwa in die Figurmitte nach rechts geschoben. – Bewegungen entsprechend an der rechten Hand wiederholen.

5. Kleinfinger greift von distal durch die Zeigefingerschlaufe, dann (mit Hilfe der Finger der anderen Hand) proximal an der ulnaren Zeigefingerschnur vorbei nach ulnar und rotiert schließlich wieder in distale Richtung.

6. Rechter Daumen und Zeigefinger greifen von distal durch die kleine distale linke Kleinfingerschlaufe, fassen die linke proximale Kleinfingerschlaufe und ziehen sie nach distal durch die distale Schlaufe hindurch. Linken Kleinfinger entlassen und nur die vom rechten Daumen und Zeigefinger gehaltene Schlaufe wieder auf den linken Kleinfinger zurückhängen. Um die linke Kleinfingerschlaufe schlingt sich jetzt in der Nähe des Kleinfingers ein kleiner Schnurring. Dieser wird vom Daumen und Zeigefinger der rechten Hand bis etwa in die Figurmitte nach rechts geschoben.

7. Bewegungen 3 bis 6 wiederholen, wobei die neuerdings entstandenen kleinen Schnurringe bis etwa 7 cm an die vorherigen Schnurringe herangeschoben werden.

8. Daumen greift von distal durch die Zeigefingerschlaufe und übernimmt diese. Zeigefinger greift von proximal durch die distale Daumenschlaufe und übernimmt diese.

9. Amwangyio (Bewegungen 7 bis 18 der Figur »Nabel mit Nabelschnüren« auf Seite 107).

10. Nauru-Ende (Bewegungen 4 bis 7 der Figur »Amwangiyo« auf Seite 108).

Diese Figur ist eine Variante bzw. Erweiterung einer Nauru-Figur (Abb. 107). Ich habe sie 1987 entwickelt und – wie auf Nauru üblich – einer Person gewidmet: Honor Maude, der in Australien lebenden großen alten Dame der ozeanischen Schnurfigurenforschung.

Die Figur läßt sich sehr erfolgreich und äußerst vielseitig mit Bewegungen der »zwei Teiche« kombinieren.

Abb. 108

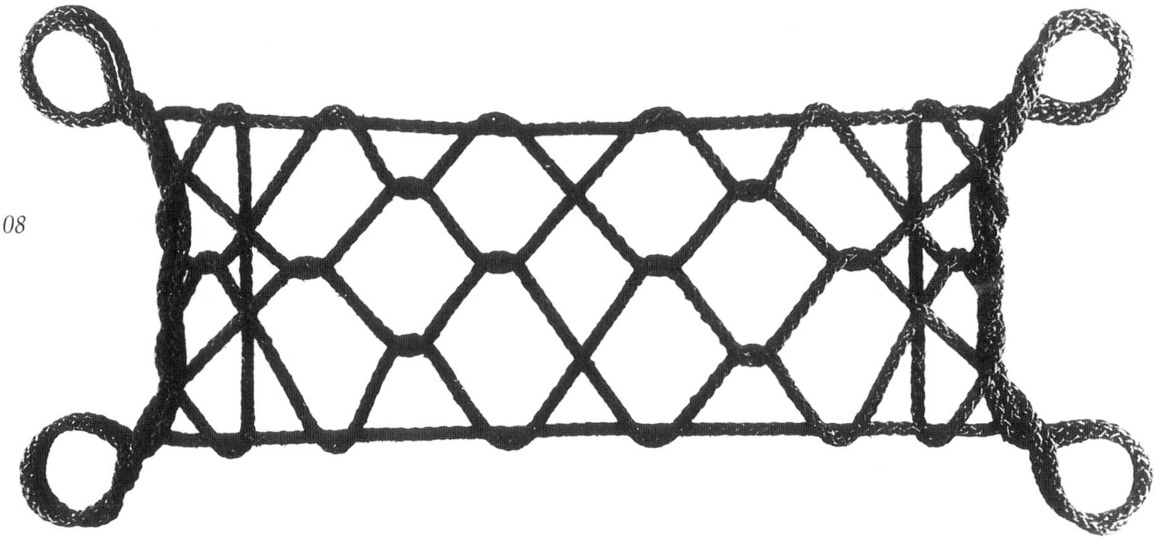

Apachen-Tür-Variante (350/III)

1. Opening A.

2. Daumen greift von distal durch die Zeigefingerschlaufe, sodann von proximal durch die Kleinfingerschlaufe, nimmt die radiale Kleinfingerschnur auf und kehrt mit ihr durch die Zeigefingerschlaufe zurück.

3. Zeigefinger greift distal zur Palmarschnur und zur eigenen Radialschnur von proximal durch die proximale Daumenschlaufe und nimmt deren ulnare Schnur auf. Daumen entlassen.

4. Daumen greift von distal durch die proximale Zeigefingerschlaufe, proximal an der Kleinfingerschlaufe vorbei, nimmt die ulnare Kleinfingerschnur auf und kehrt mit dieser proximal zur radialen Kleinfingerschnur und durch die proximale Zeigefingerschlaufe zurück. Kleinfinger entlassen.

5. Kleinfinger greift von distal durch die distale Zeigefingerschlaufe und übernimmt diese.

6. Daumen greift distal zur Zeigefingerschlaufe von proximal durch die Kleinfingerschlaufe und nimmt die radiale Kleinfingerschnur auf.

7. Kleinfinger greift distal zur Zeigefingerschlaufe von proximal durch die proximale Daumenschlaufe und nimmt deren ulnare Schnur auf.

8. Daumen und Zeigefinger der rechten Hand ergreifen die linke distale ulnare Kleinfingerschnur und heben die distale Kleinfingerschlaufe vom linken Kleinfinger ab. Der linke Kleinfinger greift distal an der vom rechten Daumen und Zeigefinger gehaltenen Schnur vorbei und proximal durch die linke Zeigefingerschlaufe (rechts von beiden Palmarschnüren) und nimmt die ulnare linke Zeigefingerschnur auf. Rechter Daumen und Zeigefinger lassen die von ihnen gehaltene Schnur los – Bewegung entsprechend an der rechten Hand wiederholen.

9. Daumen und Zeigefinger der rechten Hand ergreifen die linke distale radiale Daumenschnur und heben die distale Daumenschlaufe vom linken Daumen ab. Der linke Daumen greift distal an der vom rechten Daumen und Zeigefinger gehaltenen Schnur vorbei und von proximal durch die linke Zeigefingerschlaufe (rechts von beiden Palmarschnüren) und nimmt die radiale linke Zeigefingerschnur auf. Rechter Daumen und Zeigefinger lassen die von ihnen gehaltene Schnur los. – Bewegung an der rechten Hand wiederholen. – Beide Zeigefinger entlassen.

10. Die Finger der rechten Hand heben vorsichtig alle Schnüre von der linken Hand ab. Die ehemalige linke Palmarschnur wird um 180 Grad im Uhrzeigersinn (also vom Spieler weg) umgeschlagen und als Handgelenkschlaufe über die ganze linke Hand gehängt. Linke Daumen – und Kleinfingerschlaufen werden unverändert auf ihre Finger zurückgehängt.

11. Bewegung 10 spiegelbildlich an der rechten Hand wiederholen.

12. Kleinfinger greift von proximal durch die Daumenschlaufe.

13. Daumen greift von proximal durch die proximale Kleinfingerschlaufe.

14. Rechter Daumen rotiert nach radial, proximal, proximal zu allen Schnüren nach ulnar und dann wieder nach distal. Daumen und Zeigefinger der linken Hand bewegen sich distal zu allen Schnüren und fassen die beiden Dorsalschnüre des rechten Daumens. Rechten Daumen entlassen und und proximal an allen Schnüren vorbei wieder nach radial bringen. Linker Daumen und Zeigefinger ziehen die beiden von ihnen gehaltenen Schlaufen distal an allen Schnüren vorbei nach radial und hängen sie wieder auf den rechten Daumen. – Bewegung entsprechend an der linken Hand wiederholen.

15. Dorsalschnüre beider Hände über alle Finger auf die palmare Handseite bringen und dort fallen lassen. Figur zwischen Daumen und Kleinfingern spannen. Dabei die Hände mit parallelen Handflächen abwechselnd vom Spieler weg- und auf diesen zubewegen, damit sich das Muster weiter öffnet. Die Zeigefinger müssen das Muster anschließend noch etwas ordnen (Abb. 108).

Die Figur ist eine anspruchsvollere Variante eines unter Schnurfigurenfreunden gut bekannten Fadenspiels der Apachen. Die originale »Apachen-Tür« entsteht, wenn man nach Opening A Daumen, Mittel-, Ring- und Kleinfinger von proximal durch die Zeigefingerschlaufe steckt und dann die Bewegungen 13, 12, 14 und 15 ausführt.

Zu der »Apachen-Tür« – gemeint ist ein geflochtenes türähnliches Gebilde am Eingang des Teepees, also des Indianerzelts – sind in jüngster Zeit zahlreiche schöne Varianten entwickelt worden. Die hier beschriebene stammt von dem Japaner Tetsuo Saito, der sie zusammen mit noch wesentlich komplexeren Motivvariationen 1982 entwickelte.

Ein Pascalsches Hexagon (250/III)

1. Opening A.

2. Daumen entlassen.

3. Ringfinger greift von distal in die Zeigefingerschlaufe und übernimmt diese.

4. Rechter Daumen greift von distal durch die rechte Ringfingerschlaufe und von proximal in die rechte Kleinfingerschlaufe, nimmt die radiale rechte Kleinfingerschnur auf und kehrt zurück. Rechten Kleinfinger entlassen.

5. Rechter Zeigefinger greift von proximal durch die rechte Ringfingerschlaufe.

6. Rechter Kleinfinger greift distal zur rechten Ring-Zeigefingerschlaufe von proximal in die rechte Daumenschlaufe und nimmt die rechte ulnare Daumenschnur auf.

7. Linker Daumen greift in der Nähe des rechten Daumens von radial/proximal durch die rechte Daumenschlaufe und dann von proximal hinter die rechte palmare Mittelfingerschnur. Diese und die rechte radiale Daumenschnur zieht er auf seinem Rücken gemeinsam nach links.

8. Die linken radialen Daumenschnüre werden so geordnet, daß die zum rechten Daumen verlaufende Schnur distal liegt. Navaho linken Daumen.

9. Mittelfinger greift von distal zwischen die Handfläche der gleichen Hand und die Palmarschnur und nimmt – sich wieder streckend – diese Schnur auf seinem Rücken auf.

10. Beide Ringfinger und rechten Zeigefinger entlassen.

11. Rechter Mittelfinger greift von distal hinter die linke dorsale Mittelfingerschnur und übernimmt die linke Mittelfingerschlaufe als eigene distale Schlaufe. Linker Mittelfinger greift von distal hinter die proximale rechte Mittelfingerschlaufe, zieht sie über die distale rechte Mittel-

Abb. 109

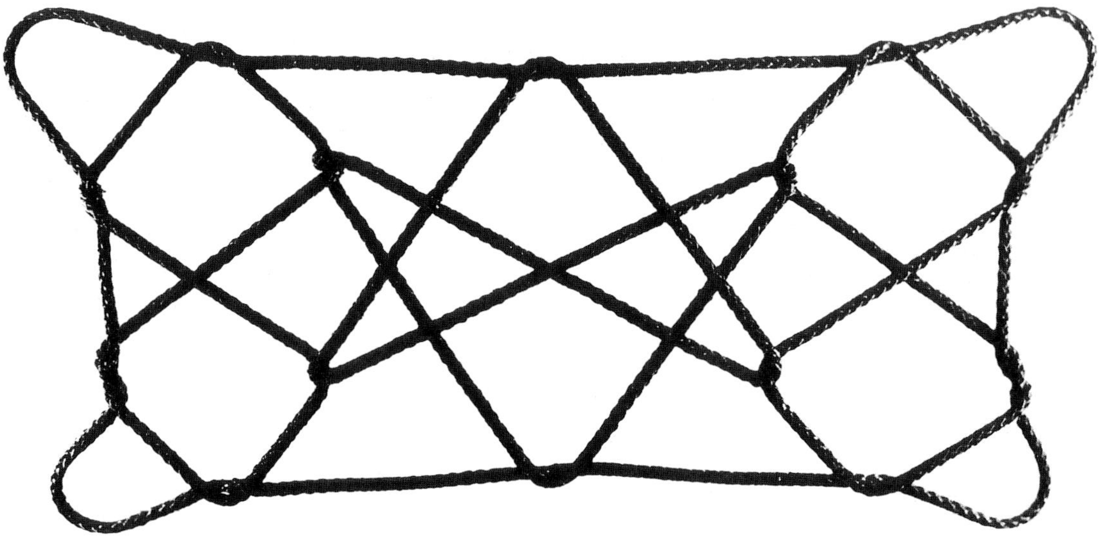

fingerschlaufe und über den rechten Mittelfinger und übernimmt sie als eigene Schlaufe. Schnüre spannen. Sodann die beiden Mittelfingerschlaufen wieder zurücktauschen. Die Bewegung dient nur dazu, alle Schlaufen an den Fingern zu verlängern.

12. Zeigefinger greift von distal durch die Daumenschlaufe und übernimmt diese.

13. Daumen greift proximal zur Zeigefingerschlaufe von proximal durch die Mittelfingerschlaufe, zieht auf seinem Rücken die radiale Mittelfingerschnur in radiale Richtung und greift dann von proximal in die Zeigefingerschlaufe. Mittelfinger entlassen.

14. Mittelfinger greift distal zur ulnaren Zeigefingerschnur von proximal in die proximale Daumenschlaufe und nimmt deren ulnare Schnur auf. Daumen entlassen.

15. Daumen greift proximal zu allen Schnüren, nimmt auf seinem Rücken die ulnare Kleinfingerschnur auf und zieht sie proximal zu allen Schnüren nach radial. Sodann greift er von distal durch die Zeigefingerschlaufe und rotiert weiter nach proximal, radial und wieder nach distal, wobei seine alte Dorsalschnur von seinem Rükken rutscht.

16. Zeigefinger greift von proximal in die Daumenschlaufe. Daumen entlassen.

17. Auf der proximalen Seite verläuft ein kurzes Schnurstück quer über die distale Zeigefingerschlaufe (die Verlängerung der ulnaren Kleinfingerschnur). Dieses Schnurstück nimmt innerhalb der distalen Zeigefingerschlaufe der Daumen von proximal nach distal greifend auf seinem Rücken auf und zieht es durch die distale Zeigefingerschlaufe nach radial. Distale Zeigefingerschlaufe entlassen. Kleinfinger entlassen.

18. Kleinfinger greift distal zur ulnaren Mittelfingerschnur und innerhalb der Mittelfingerschlaufe von proximal durch die Zeigefingerschlaufe und zieht die ulnare Zeigefingerschnur nach distal durch die Mittelfingerschlaufe.

19. Mittelfinger entlassen. Dann Figur spannen und dabei Zeigefinger vorsichtig entlassen. Das Muster muß eventuell noch etwas geordnet werden (Abb. 109).

Diese sehr schöne Figur erfand zwischen 1979 und 1982 der Japaner Yukio Shishido, der im gleichen Zeitraum eine größere Zahl hervorragender geometrischer Schnurmuster entwikkelte. Interessant ist seine völlig neue Methode, ein zentrales Muster seitlich durch vier Rauten – der englische Ausdruck dafür heißt »four diamonds« – zu halten. Entsprechend taufte Shishido die Bewegungen 11 bis 19, die in den meisten seiner Figuren vorkommen, *Four-Diamonds-Ending*.

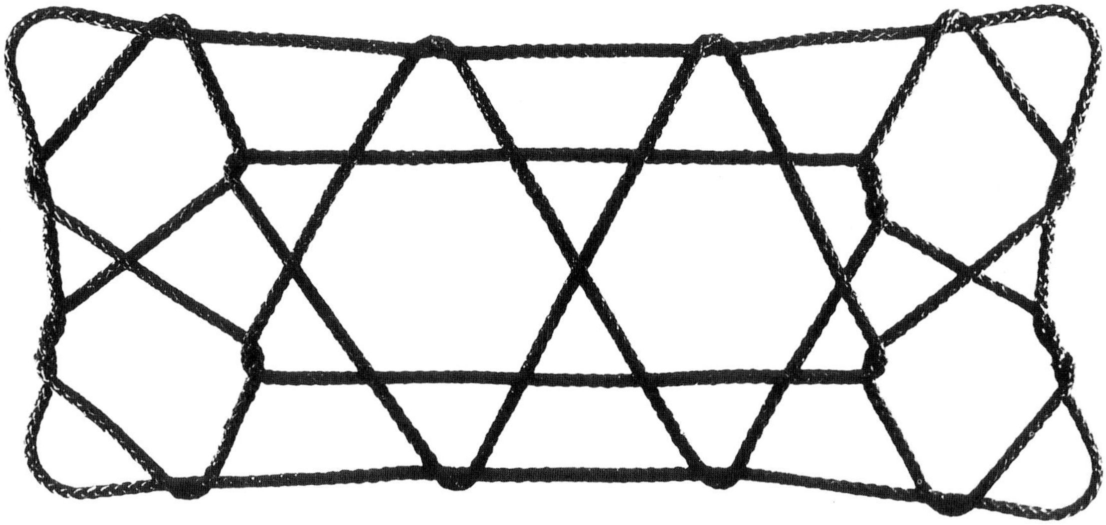

Abb. 110

Zwei Hexagramme (250/III)

1. Opening A.

2. Daumen entlassen.

3. Daumen greift proximal zur Zeigefingerschlaufe von proximal durch die Kleinfingerschlaufe und kehrt mit der radialen Kleinfingerschnur zurück. Kleinfinger entlassen.

4. Kleinfinger greift von proximal durch die Zeigefingerschlaufe und übernimmt diese.

5. Rechter Zeigefinger greift von distal in die rechte Kleinfingerschlaufe. Zugleich beugt sich der rechte Mittelfinger auf die ulnare Seite der ulnaren rechten Kleinfingerschnur. Zeige- und Mittelfinger klemmen diese Schnur zwischen sich fest und rotieren gemeinsam durch die Kleinfingerschlaufe so nach radial und distal, daß diese Schnur auf den Rücken des Mittelfingers gelangt.

6. Rechter Kleinfinger greift von proximal durch die rechte Mittelfingerschlaufe. Rechte distale ulnare Kleinfingerschnur nach unten schieben, daß sie zur proximalen ulnaren Kleinfingerschnur wird.

7. Linker Mittelfinger greift von proximal durch die rechte Mittelfingerschlaufe und weitet diese nach links aus.

8. Linker Kleinfinger greift von proximal durch die linke Mittelfingerschlaufe.

9. Daumen greift distal über die radiale Mittelfingerschnur und die radiale Kleinfingerschnur und zieht beide Schnüre in seiner Beuge nach radial.

10. Zeigefinger greift von distal durch beide Kleinfingerschlaufen, zieht auf seinem Rücken die proximale ulnare Kleinfingerschnur so weit nach distal, bis er sich distal über die distale ulnare Kleinfingerschnur beugen kann. Diese nimmt er in seiner Beuge auf und rotiert mit ihr proximal zur proximalen ulnaren Kleinfingerschnur, die von seinem Rücken gleitet, nach radial und schließlich nach distal. Daumen wieder in normale Position bringen.

11. Kleinfinger entlassen. Kleinfinger greift distal zur Mittelfingerschlauf von proximal durch die Zeigefingerschlaufe. Zeigefinger entlassen.

12. Daumen greift von proximal durch die Mittelfingerschlaufe. Navaho Daumen. Mittelfinger entlassen.

13. Mittelfinger greift von distal zwischen die eigene Handfläche und die Palmarschnur, streckt sich wieder und nimmt dabei die Palmarschnur genau in ihrer Mitte zwischen je zwei Schlaufen auf seinem Rücken auf.

14. »Four-Diamonds Ende« (Bewegungen 11 bis 19 der Figur »Pascalsches Hexagon« auf Seite 140).

Auch diese Figur (Abb. 110) erfand zwischen 1979 und 1982 der Japaner Yukio Shishido.

Oh Augenblick, verweile!

»Oh Augenblick, verweile, du bist so schön.« – Es müssen nicht gerade die Worte aus Goethes Faust sein, aber so oder ähnlich denkt wohl jeder Schnurfiguren-Fan gelegentlich, wenn er ein besonders eindrucksvolles Muster zwischen seinen Fingern hält. Weiß er doch, daß es in wenigen Sekunden wieder spurlos verschwunden sein wird. Gewiß, in diesem Flüchtigen liegt nicht zuletzt ein besonderer Reiz des Fadenspiels. Vielleicht ist es gerade diese Komponente, die es in manchen Kulturen zur Magie werden ließ und Brücken zur Mythologie schlug. Und doch wünschen sich Ästheten wie Ethnologen gleichermaßen, die kunstvoll verschlungene Schnur erstarren lassen zu können, um den Figuren Dauerhaftigkeit zu verleihen.

Bevor die Ärzte Rivers und Haddon ihre anatomische Beschreibungsweise für die Konstruktionsmethode von Schnurfiguren einführten, behalfen sich manche Sammler damit, die fertigen Muster auf Papier oder Karton zu nähen, was aber leider allzu oft zu verzerrten Gebilden aus schlaffen Schnüren führte, die außer ihrer Topologie nicht mehr viel mit dem Original gemeinsam hatten. Auch heute noch greifen völkerkundliche Museen auf diese Methode zurück, um Schnurfiguren in ihren Sammlungen präsentieren zu können.

Mitte der 70er Jahre habe ich ein Verfahren entwickelt, das erstmals äußerst befriedigende Ergebnisse liefert. Es ist allerdings etwas zeitaufwendig. Eine komplizierte Figur einwandfrei zu konservieren, dauert ein bis zwei Stunden. Aber die Mühe lohnt sich. Die Abbildungen in diesem Buch zeigen durchweg konservierte Figuren aus meiner Sammlung.

Das Verfahren ist einfach: Zunächst fertigt man einen Spannrahmen an. Er sollte etwa 30 × 42 cm Innenmaß haben und kann aus Hartholzstäben mit quadratischem Querschnitt von 3 cm Kantenlänge hergestellt werden. Die Ecken müssen möglichst stabil ausgeführt sein. Einfaches stumpfes Aneinandersetzen und Verleimen oder Nageln genügt nicht, weil die Kräfte beim Spannen der Figur erheblich sein können. Es empfiehlt sich eine solide Schwalbenschwanzverbindung. Wer sich diese handwerkliche Arbeit nicht selbst zutraut, dem hilft ein Schreiner oder ein Bilderrahmengeschäft weiter. Sehr gut eigenen sich auch Stahlvierkantrohre von 25 oder 30 mm Kantenlänge, für die es in manchen Baumärkten fertige Eckverbindungen mit Kunststoff-Klemmanschetten zum Einschlagen gibt. Ich selbst verwende derartige Rahmen (Abb. 111). In diesem Rahmen werden rundum in gleichmäßigen Abständen Nägel eingeschlagen oder Schrauben eingedreht, zehn bis zwölf auf jeder Schmalseite und zwölf bis vierzehn auf jeder Längsseite.

Den fertigen Rahmen legt man auf den Tisch. Die zu konservierende Schnurfigur wird vorsichtig von den Fingern genommen und zentral in den Rahmen gelegt. Zuerst muß man sie an ihren vier Ecken spannen. Es ist optisch schöner, wenn die Ecken bei der fertig konservierten Figur etwas abgerundet sind. Ich habe deshalb kleine Kunststoffröllchen mit einer breiten Nut in ihrem Umfang mit einem gebogenen Draht durch ihre Mittelbohrung versehen, wie es die Abb. 112 zeigt. In die Nuten solcher Röllchen werden einfach die vier (oder mehr) Fingerschlaufen der Figur eingehängt. Mit einer Hand preßt man nun die gesamte Figur auf der Unterlage fest, während die andere ein Röllchen nach dem anderen mit zwei oder drei Gummiringen an einem der Nägel in den Eckgegenden des Rahmens spannt. Danach kann man die Figur loslassen. Je nach Muster zieht sie sich meist sofort mehr oder weniger stark zusammen. Jetzt muß überall dort, wo sich eine Schnur um die äußeren Spannschnüre der Figur schlingt, ein Gummiring durchgefädelt werden und die Figur an der betreffenden Stelle mit dem Gummiring an einem geeigneten Rahmennagel festgespannt werden. Um ein kompliziertes Muster auf diese Weise völlig regelmäßig zu spannen, bedarf es einiger Routine. Die ersten Versuche werden etwas längere Zeit in Anspruch nehmen.

Ist die Figur zufriedenstellend gespannt (Abb. 111), dann beginnt die eigentliche Konservierung. Hierbei liegt das größte Problem darin, geeignete Chemikalien zu finden. Erforderlich ist ein Zweikomponenten-Polyurethan-Kunstharzlack. Im deutschen Handel heißt er gele-

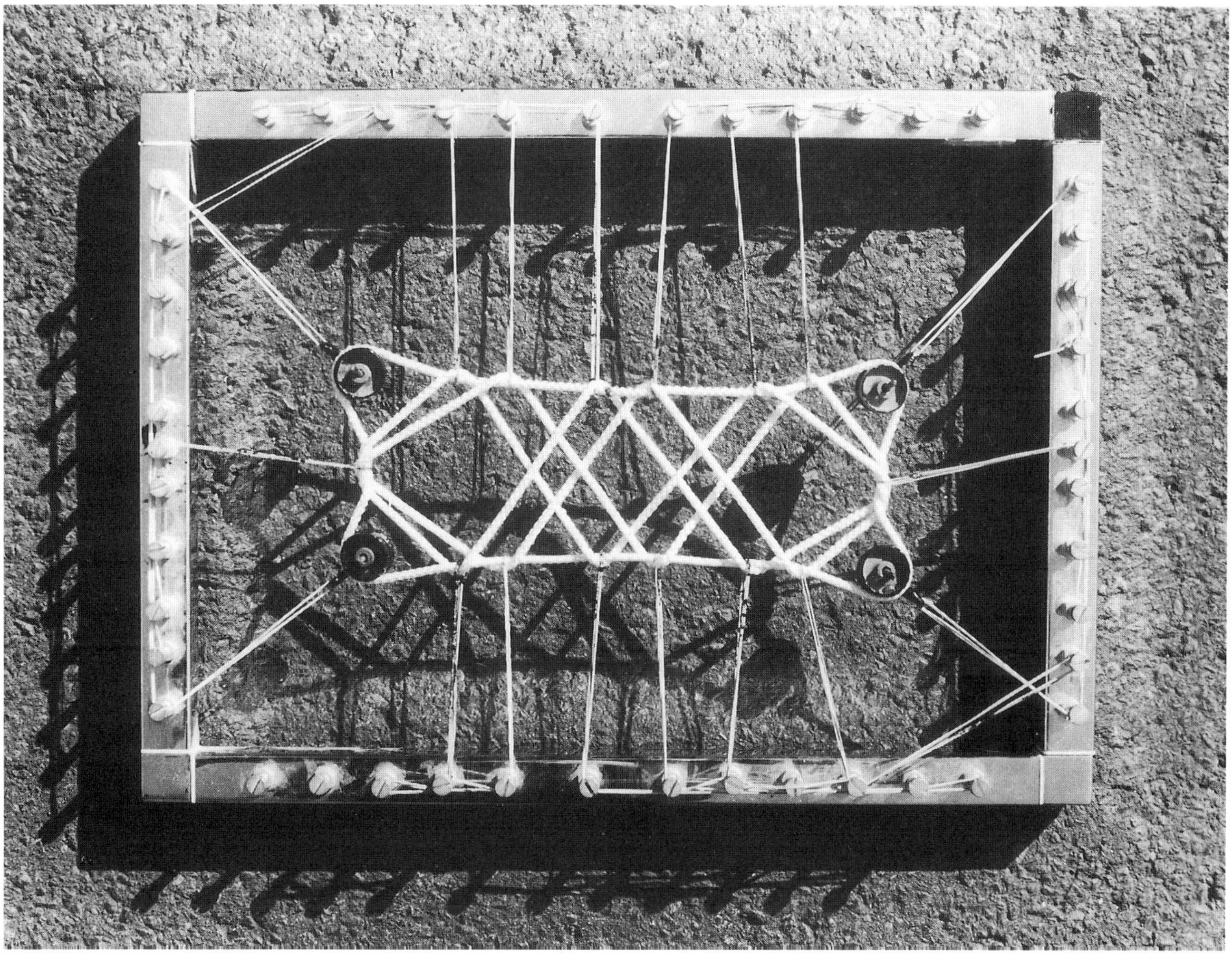

Abb. 111

gentlich DD-Lack. Am ehesten ist er in farblos zu erhalten. Die Lackfabrik CWS in Düren – deren Produkte man in den meisten guten Farbgeschäften erhält – produziert Polyurethan-Lacke unter der Bezeichnung »COWIDUR Emaillelack« sogar in zwölf verschiedenen Farben. Ich selbst bevorzuge ihn in Schwarz. Gegenüber anderen Lacken hat das Zweikomponentensystem, das man unmittelbar vor der Verarbeitung zusammenmischt, die herausragende Eigenschaft, in etwa 24 Stunden vollkommen auszuhärten. Streicht man die gespannte Schnurfigur mit einem Pinsel sorgfältig mit Polyurethan-Lack ein, dann ist sie schon etwa zehn Stunden später so steif, daß sie sich sauber fixiert vom Rahmen nehmen läßt.

Im Gegensatz zur alten Eskimotradition, Schnurfiguren nur in der dunklen Jahreszeit herzustellen, empfiehlt es sich allerdings, die Figuren bevorzugt im Sommer zu konservieren. Man kann dann bei geöffneten Fenstern oder – besser noch – auf dem Balkon oder der Terrasse

Abb. 112

arbeiten und atmet weniger von den nicht gerade gesundheitsförderlichen Dämpfen ein, die das frisch angerührte Gemisch aus Farbträger- und Härterflüssigkeit abgibt.

Der Kreis schließt sich, wie die geschlossene String-Figure-Schlinge, von der Eskimo-Mythologie über die Kunststoffchemie. Vielleicht hilft hier eine moderne Technik mit, die Freude an alten kulturellen Traditionen noch zu steigern, vor allem aber, der Freude am flüchtigen Spiel eine dauerhafte Komponente zu verleihen.

Verwendete Literatur

Andersen, J. C.: *Maori String Figures* Wellington 1927

Blixen, O.: *Figuras de Hilo Tradicionales de la Isla de Pascua*, Montevideo 1979

Cunnington, W. A.: *String Figures and Tricks from Central Africa*, London 1906

Davidson, D. S.: *Aboriginal Australian String Figures*, Philadelphia 1941

Dickey, L. A.: *String Figures from Hawaii*, Honolulu 1928

Emory, K. P. und H. C. Maude: *String Figures from the Tuamotus*, Canberra 1979

Evans-Pritchard, E. E.: *Zande String Figures*, London 1972

Firth, R. und H. C. Maude: *Tikopia String Figures*, London 1970

Gordon, G. B.: *Notes on the Western Eskimo*, Philadelphia 1906

Gray, J.: *Some Scottish String Figures*, London 1903

Griaule, M.: *Jeux Dogons*, Paris 1938

Griffith, C. L. T.: *Gold Coast String Games*, London 1925

Griffith, C. L. T. und K. Haddon: *Some Bramanic String Figures*, London 1914

Haddon, A. C.: *String Figures from South Africa*, London 1906

Haddon, K.: *Some Australian String Figures*, Victoria 1918

Hambruch, P.: *Nauru*, Hamburg 1914

Handy, W. C.: *String Figures from the Marquesas and Society Islands*, Honolulu 1925

Harrington, L.: *Eskimo String Figures*, Ottawa 1951

Hingston, M. A.: *»The Candles« String Figure in Somerset*, London 1903

Hornell, J.: *String Figures from Fiji and Western Polynesia*, Honolulu 1927

Hornell, J.: *The String Games and Tricks of Sierra Leone*, Sierra Leone 1928

Hornell, J.: *String Figures from Gujarat and Kathiawar*, Calcutta 1932

Hornell, J.: *String Figures from the Anglo-Egypt Sudan*, Karthoum 1940

Jayne, C. F.: *String Figures*, New York 1906

Jenness, D.: *Papuan Cat's Cradles*, London 1920

Jenness, D.: *Eskimo String Figures*, Ottawa 1924

Kissenberth: *Beiträge zur Kenntnis der Tapirape Indianer*, Leipzig 1916

Landtmann, G.: *Cat's Cradles of the Kiwai Papuans, British New-Guinea*, London 1914

Leakey, M. D. und L. S. B.: *Some String Figures from North-East Angola*, Lisboa 1949

Lindblom, G.: *String Figures in Africa*, Stockholm 1930

Lutz, P. E.: *String Figures from the Patomana Indians of British Guiana*, New York 1912

Mary-Rousselière, G.: *Les Jeux de Ficelle des Arviligjuarmiut* Ottawa 1969

Maude, H. C.: *The String Figures of Nauru Island*, Adelaide 1971

Maude, H. C.: *Solomon Islands String Figures*, Canberra 1978

Maude, H. C. und H. E.: *String Figures from the Gilbert Islands*, Wellington 1958

McCarthy, F. D.: *The String Figures of Yirrkalla*, Melbourne 1960

McIlwraith, T. F.: *The Bella Coola Indians*, Vol. II, Toronto 1948

Miller, L. G.: *Earliest (?) Description of a String Figure*, USA 1945

Mindt-Paturi, F. R.: *Reconstruction of a Quebracho Tree*, Tokyo 1985

Noble, P. D.: *String Figures of Papua New Guinea*, Boroko 1979

Noguchi, H.: *String Figures in Japan I-IV*, Tokyo 1982–1987

Oribasius von Pergamon: *Iatrikon Synagogos*, Pergamon um 400

Parkinson, J.: *Yoruba String Figures, London 1906*

Paterson, T. T.: *Eskimo String Figures and Their Origin*, København 1949

Read, R.: *Reconstructions of some South American String Figures*, Tokyo 1982

Rivers, W. H. R. und A. C. Haddon: *A Method of Recording String Figures and Tricks*, London 1902

Rydén, S.: *South American String Figures*, Göteborg 1934

Saito, T.: *Ayatori Itotori (Vol. I-III)*, Tokyo 1982

Saito, T.: *»Apache Doors« Interwining at Many Points*, Tokyo 1982

Shishido, Y.: *Geometrical Figures 1–3*, Tokyo 1981–1982

Stanley, G. A. V.: *String Figures of the North Queensland Aborigines*, Queensland 1926

Tenicheff, W.: *Games of the Esquimaux*, Paris 1898

Tessmann, G., E. M. Hornbostel und K. Haddon: *Chama String Games (Peru)*, London 1939

Victor, P. E.: *Jeux d'Enfants et d'Adultes chez les Eskimo d'Angmagssalik: Les Jeux de Ficelle*, København 1940

Wedgwood, C. H. und I. Schapera: *String Figures from Bechuanaland Protectorate*, Johannesburg 1931

Yuasa, S. und T. Ariki: *Tanoshii Ayatori Asobi*, Nagoya (Japan) 1973